AF612970

DES PROGRÈS

DE

LA RÉVOLUTION

ET

DE LA GUERRE CONTRE L'ÉGLISE.

IMPRIMERIE DE J. GRATIOT,
rue du Foin Saint-Jacques, Maison de la Reine Blanche, n° 18.

DES PROGRÈS
DE
LA RÉVOLUTION
ET
DE LA GUERRE CONTRE L'ÉGLISE.

PAR L'ABBÉ F. DE LA MENNAIS.

Studiosiùs itaque catholicis improbis posse resistere imminendum est, ne torpore desidiæ oppressi, culpæ taciturnitatis teneamur obnoxii, et quasi favorem impendentes judicemur, dùm adversa catholicæ fidei propulsare negligimus.

Epist. Victoris Carthagin. Episc. ad Theodor. Papam. Labbe. *T. VI*, *col.* 156.

PARIS,

A LA LIBRAIRIE CLASSIQUE-ÉLÉMENTAIRE ET CATHOLIQUE
DE BELIN-MANDAR ET DEVAUX,
Rue Saint-André-des-Arcs, n° 55;
ET A BRUXELLES, MÊME MAISON
Rue de la Chancellerie, place Sainte-Gudule.

1829.

PRÉFACE.

Que la France et l'Europe s'acheminent vers des révolutions nouvelles, c'est maintenant ce que chacun voit. Les plus intrépides espérances, nourries long-temps par l'intérêt ou par l'imbécillité, cèdent à l'évidence des faits, sur lesquels il n'est plus possible à qui que ce soit de se faire illusion. Rien ne sauroit demeurer tel qu'il est; tout chancelle, tout penche : *conturbatæ sunt gentes, et inclinata sunt regna*[1]. La persécution religieuse à laquelle le Pouvoir s'est laissé entraîner, et qui dépassera de beaucoup le point où il se flatte de l'arrêter peut-être, donne à ses ennemis la mesure de sa foiblesse, et annonce sa ruine; car toute faction qui a pu dominer le Pouvoir, le renversera tôt ou tard, et commander c'est déjà régner : le reste n'est qu'une simple forme. Dans cette position, il est naturel qu'on porte ses regards sur l'avenir, et qu'on cherche,

---

[1] Ps. XLV, 7.

en méditant les lois essentielles de la société, les chances de salut qu'il peut encore offrir, lorsque le désordre aura parcouru les périodes successifs de sa durée nécessaire. Nul autre moyen, d'ailleurs, de se reconnoître, au milieu de l'effroyable confusion des doctrines qui se croisent en mille sens divers, et des événements qui se précipitent. Il a donc fallu, pour juger des unes et des autres, les comparer avec la seule théorie sociale qui nous paroisse vraie et même concevable. Mais comme nous n'avons pu, dans un écrit de la nature de celui-ci, la développer complètement, ni l'environner de ses preuves, qui ne sont, en grande partie, que la tradition générale du genre humain et la tradition particulière de l'Eglise chrétienne, il se pourroit que quelques esprits ne la saisissent pas d'abord parfaitement; et c'est pourquoi nous prions qu'on ne se hâte pas de se prévenir contre elle, à raison de ce qu'elle renferme d'opposé à certaines idées modernes, auxquelles l'expérience n'a pas dû attacher beaucoup ceux qui tiennent à la stabilité des Etats et au bonheur des peuples. Nous espérons au moins qu'en nous lisant on sentira que nos désirs n'ont point d'autre objet; et, sous ce rapport, nous présentons cet ouvrage avec confiance à quiconque, dégagé des petitesses de l'esprit de parti, a une âme capable de comprendre les pures inspirations de la foi et le zèle désintéressé. Que les autres nous jugent comme ils voudront, qu'ils nous réfutent par l'injure ou par la violence, leur dernière et souvent leur unique raison, peu nous importe. Lorsqu'en des temps semblables à ceux-ci, un homme isolé, sans appui, se décide à dire la vérité à toutes les forces qui abusent d'elles-mêmes, on doit croire qu'il sait à quoi il s'expose, et qu'il est préparé à tout.

Nous demandons pour l'Eglise catholique la liberté promise par la charte à toutes les religions, la liberté dont jouissent les protestants, les juifs, dont jouiroient les sectateurs de Mahomet et de Bouddha, s'il en existoit en France. Ce n'est pas, je pense, trop demander, et vingt-cinq millions de catholiques ont bien le droit aussi de se compter pour quelque chose, le droit de ne pas trouver bon que l'on fasse d'eux un peuple de serfs, des espèces d'ilotes ou de parias. On s'est trop habitué à ne voir en eux qu'une masse inerte, née pour subir le joug qu'on voudra lui imposer. Le repos de l'avenir exige qu'on se détrompe à cet égard. Que le libéralisme s'en souvienne.

Nous demandons la liberté de conscience, la liberté de la presse, la liberté de l'éducation : et c'est là ce que demandent comme nous les catholiques belges, opprimés par un gouvernement persécuteur. Ils ont senti que, menacés d'une église nationale, ils ne pouvoient éviter le schisme qu'en opposant à l'odieuse et lâche tyrannie du Pouvoir, les droits imprescriptibles des nations chrétiennes, et en les défendant avec cette énergie qui triomphe tôt ou tard, parce qu'à la longue il n'est point de puissance qui prévale contre ce qui est juste et vrai. Il ne s'agit point ici de querelles politiques, de systèmes d'administration; il s'agit de ce qu'on ne peut sans crime ravir à nul homme quel qu'il soit, et il est temps enfin que les catholiques sachent si l'on entend les mettre hors de la loi commune, et les réduire à un esclavage tel qu'il n'en exista jamais d'égal dans le monde. Que l'on s'explique là-dessus, car alors la question changeroit. Jusque-là il est permis de discuter toutes celles qui se lient à de si grands intérêts : il est permis de réclamer ce qu'on ne sauroit refuser à personne sans violer les principes mêmes sur lesquels repose l'Etat, et les garanties les plus solennelles.

Cet écrit étoit achevé, lorsque nous avons acquis la certitude que la lettre de Rome, dont le ministère a voulu se servir pour diviser l'Épiscopat, loin de contenir aucune approbation des Ordonnances, louoit au contraire les réclamations et la fermeté des Évêques, et ne parloit de *la piété du Roi*, que comme d'un motif d'espérer qu'il en modifieroit l'exécution : et cette espérance eût été, certes, une entière et douce certitude, si le Roi avoit été maître de suivre en cela les religieuses inspirations de sa conscience et de son cœur. Les ministres répondront seuls de la violence qu'ils ont faite à ses sentiments connus, ainsi que de l'indigne fourberie par laquelle ils ont essayé de tromper les catholiques françois et leurs premiers Pasteurs.

Au reste, on ne sauroit trop admirer la noble constance qu'ont déployée presque tous ceux-ci. Fermes dans leur résistance aux dispositions antichrétiennes qu'ils avoient signalées dans les Ordonnances, il a fallu plus que du courage à M. Feutrier pour oser supposer leur adhésion, malgré les déclarations les plus formelles soutenues jusqu'à la fin. L'histoire, en dévoilant les impostures sans nombre accumulées par ce Prélat dans ses correspondances et dans le Journal officiel, dira ce qu'une sorte de pudeur nous empêche de dire avant elle.

Tandis qu'il s'efforce de surprendre la bonne foi des évêques et d'abuser la France sur leur pensée réelle, M. de Vatimesnil poursuit la persécution avec une ardeur qui lui a justement mérité les éloges et la confiance de la faction révolutionnaire. Déjà nombre d'écoles ont été détruites, beaucoup d'autres sont menacées de l'être prochainement ; et comme si le meurtre légal de tant d'établissements où la jeunesse trouvoit un asile contre l'impiété et les mauvaises mœurs, ne suffisoit pas à cet exécuteur des hautes-œuvres du libéralisme, il organise encore un vaste système d'espionnage et de délation, pour atteindre jusqu'aux curés qui, recueillant au fond des campagnes, dans la solitude de leurs presbytères, une partie des débris de ces grandes destructions, oseroient en secret parler de Dieu à quelques pauvres enfants, les instruire de sa loi, et les préparer à l'annoncer au monde. Grâce aux soins du ministre, des départements presque entiers ne tarderont pas d'être privés complètement de tout moyen d'éducation, et on reverra les jours de Julien l'Apostat, premier inventeur de ce genre d'attaque contre l'Église et le christianisme. La Religion en est reduite à regretter les temps du Directoire et de l'Empire ; et nous ne sommes encore qu'au commencement, et bientôt les catholiques seront soumis à de nouvelles et de plus dures épreuves. Puisse leur union les abréger ! Puisse le sentiment de leurs droits ouvertement violés, éveiller dans leurs cœurs l'inébranlable résolution de les défendre! Puissent-ils, toujours soumis au Pouvoir véritable, prendre avec eux-mêmes l'engagement sacré de ne jamais courber la tête sous la tyrannie des factions, et de mourir plutôt que de renoncer à la liberté sainte que le Christ leur a acquise de son sang! Tels sont les vœux que nous formons, et ce sont des vœux d'ordre et de paix, car il n'y a de paix et d'ordre que sous le règne, égal pour tous, de la justice et du droit.

DES PROGRÈS

DE

LA RÉVOLUTION

ET

DE LA GUERRE CONTRE L'EGLISE.

CHAPITRE I.

De l'Époque actuelle.

Si l'on veut se faire une juste idée de notre position présente, il faut d'abord comprendre que nul gouvernement, nulle police, nul ordre ne seroit possible, si les hommes n'étoient unis antérieurement par des liens qui les constituent déjà en état de société, c'est-à-dire, par des croyances communes conçues sous la notion de devoir : et cette société toute spirituelle est au fond la seule vraie, puisque nulle autre ne peut sans elle s'établir ni subsister. Les lois humaines règlent uniquement les rapports extérieurs : là s'arrête leur action ; elles ne sauroient atteindre la pensée ni la volonté, qui demeurent, sous leur empire, dans une indépendance absolue. Or quiconque a le droit de penser ce qu'il veut, a le droit d'agir comme il veut, et dès lors tout principe d'obligation morale étant détruit, le pouvoir n'est plus que la force, et l'obéissance que la servitude.

Quand donc l'autorité des traditions divines qui forment le lien des esprits, s'affoiblit chez un peuple, ou quand la société spirituelle se dissout, le corps politique périt en même temps. Je ne sais quelle défaillance interne se manifeste de toutes parts. Les institutions restent, mais sans vigueur, sans vie. Chacun s'isole et ne songe qu'à soi, à ses passions, à ses intérêts. Du sein du doute et de l'indifférence, s'élèvent de vagues opinions, semblables aux nuées stériles qui flottent dans un ciel d'hiver. Peu à peu la nuit se fait ; tout s'engourdit, tout meurt.

Tel étoit l'état du monde, lorsque Jésus-Christ parut. Il sauva le genre humain, en ranimant la foi, c'est-à-dire en ramenant l'homme à sa véritable nature; car *l'homme*, dit Pascal, *croit naturellement*; et c'est pour cela qu'il est naturellement sociable.

Dès que la parole du Christ eut soumis deux disciples à sa doctrine, une société nouvelle fut fondée; société spirituelle d'où sortit ensuite sous des formes diverses de gouvernement, une société politique créée par l'Église, dont elle relevoit, et qui embrassoit comme elle dans son unité tous les peuples adorateurs du Messie.

Il n'est pas de notre sujet de retracer l'histoire de cette magnifique institution, ni d'exposer les principes à la fois si élevés et si simples sur lesquels elle reposoit. Peut-être l'essaierons-nous ailleurs; ici nous ne voulons que faire remarquer la double influence exercée par le christianisme sur les individus et sur les états.

Et d'abord, en établissant au-dessus de la raison de chaque homme une raison plus haute, la raison de Dieu même, perpétuellement manifestée dans l'enseignement de l'Église, il les assujettit tous sans exception à une loi immuable de croyances, dont l'un des effets est de produire entre eux l'union la plus intime qu'il soit possible de se représenter : car ils ont, et savent qu'ils ont dans l'esprit les mêmes pensées, dans le cœur le même amour, dans la conscience les mêmes devoirs; unité merveilleuse, hors de laquelle on ne peut concevoir de véritables liens entre les hommes, et qui est la société même.

Ce fondement posé, le christianisme qui règle l'usage des facultés humaines et ne les enchaîne pas, laisse à chacune sa libre expansion. Par ses dogmes qui contiennent toute vérité, par ses préceptes et ses conseils qui renferment toute vertu, il tend incessamment à développer l'intelligence et le sentiment de la perfection morale. C'est ainsi qu'il agit sans interruption sur les mœurs, les sciences, les lettres, la philosophie, les lois; et ce développement qui ne s'arrête jamais, forme le vrai progrès des lumières, exclusivement propre aux nations chrétiennes. Tout peuple qui cesse d'être chrétien, retombe à l'instant dans la barbarie, et on en retrouve des traces profondément marquées partout où ne règne plus le véritable christianisme, le christianisme complet.

Son influence sur l'ordre politique et les gouvernements ne fut pas moins, sous d'autres rapports, favorable à l'humanité. Il montra dans le souverain *le ministre de Dieu* [1], le représentant du Christ, mais en l'avertissant que son droit, fondé sur la Loi divine qui l'obligeoit comme ses sujets, expiroit aussitôt qu'il se révoltoit contre le Chef suprême de qui dérivoit son pouvoir. Les mêmes préceptes régloient les rapports des particuliers entre eux, et des particuliers avec l'État. Il n'existoit point deux morales, l'une publique, l'autre privée; et quand la force abusoit d'elle-même, l'Église intervenoit pour protéger le foible, et le garantir de l'oppression. Ce n'étoit point à l'homme qu'on obéissoit, mais à Jésus-Christ. Simple exécuteur de ses commandements, le souverain régnoit en son nom; sacré comme lui, aussi long-

---

[1] Rom., XIII, 4.

temps qu'il usoit de la puissance pour maintenir l'ordre établi par le Sauveur-Roi ; sans autorité dès qu'il le violoit. Ainsi la justice et la liberté constituoient le fondement de la société chrétienne. La soumission du peuple au Prince avoit pour condition la soumission du Prince à Dieu et à sa loi, charte éternelle des droits et des devoirs, contre laquelle venoit se briser toute volonté arbitraire et désordonnée.

Malgré la résistance opiniâtre et violente des souverainetés temporelles, cette grande action du christianisme sur les gouvernements alla croissant durant plusieurs siècles. De funestes circonstances en arrêtèrent plus tard, pour le malheur des peuples et de leurs chefs, le salutaire développement. Peu à peu les rois s'affranchirent de cette haute juridiction qui coordonnoit l'ordre politique à l'ordre spirituel. Ils voulurent régner par eux-mêmes, en vertu d'un droit dont le Christ n'étoit pas la source. Dès lors il y eut deux sociétés mutuellement indépendantes ; l'une civile et l'autre religieuse. Celle-ci fondée sur les devoirs, celle-là sur les intérêts ; la première régie par le droit, la seconde opprimée par la force. Louis XIV proclama solennellement cette séparation, et fit ainsi du despotisme la loi fondamentale de l'État. Il ramena, sous ce rapport, la société, détruite dans sa base, au point où le christianisme l'avoit trouvée, et en préparant son entière dissolution dont nous sommes témoins, il légua aux princes des échafauds, à l'Europe d'indicibles calamités, et remit en question l'existence du genre humain.

En effet, le genre humain ne sauroit subsister dans un état contre nature : il a les lois de sa vie qui ne peuvent être violées impunément. Or la Révolution, ou la théorie philosophique moderne, les renverse toutes, en renversant le christianisme ; et c'est là le caractère distinctif de l'époque actuelle. Ses doctrines purement négatives, se réduisent à l'abolition absolue de tout lien social.

Et d'abord elles détruisent la société spirituelle, qui consiste, comme on l'a vu, dans l'union des esprits par des croyances communes ; union qui ne peut s'établir et se conserver à moins que tous ne reconnoissent une autorité supérieure à la raison de chacun, une autorité divine ayant le droit de commander la foi.

Au lieu de cela, l'on pose dogmatiquement pour base du nouvel état social qu'on veut substituer à l'état social chrétien, l'indépendance universelle de chaque raison, le droit qu'a chaque homme de se faire seul *sa religion et sa morale* [1], c'est-à-dire qu'on nie tous les devoirs en niant l'existence d'une morale et d'une religion obligatoires. Effectivement, selon la même doctrine, *rien n'étant absolument vrai et absolument faux* [2], rien n'est absolument juste et absolument injuste, et le penchant, l'attrait, l'intérêt devient l'unique règle des actions, comme il l'est aussi des croyances, puisque la vérité n'est qu'une chimère, et qu'il seroit d'ailleurs ab-

---

[1] « Ces doctrines, *qui doivent présider à notre vie* « *morale, religieuse, politique, littéraire, c'est à nous* « *à les faire ;* car nos pères ne nous en ont légué que « de stériles et d'usées.... Il nous faut donc en forger « de nouvelles. » Globe, n° 32.

[2] *Ibid.*, n° 56.

surde de se conduire d'après les aperçus d'une raison qui se trompe toutes les fois qu'elle affirme quelque chose absolument. Le monde sera donc livré à des opinions sans nombre et perpétuellement variables. Il y aura autant de morales que de passions diverses, autant de religions que de têtes, et l'on en convient nettement. « Notre siècle « doute, et dans le doute, sa religion c'est la « liberté, parce que c'est le seul dogme qui « permette à chacun de suivre ce qui lui « plaît aujourd'hui, de le rejeter demain. Le « caractère de ce siècle est de ne pas avoir « une religion, mais d'en avoir mille, mais « d'en avoir presque autant qu'il y a de fa- « milles dans chaque nation [1] ».

Qu'est-ce que cela, sinon l'anéantissement de toute société spirituelle, et l'anarchie la plus profonde qui se puisse même imaginer? En voulez-vous l'aveu formel ? Écoutez :

« On veut en vain se le dissimuler, la « Révolution, et après elle la Charte qui n'en

[1] Globe, n° 137.

« est souvent que la traduction légale, ont « complètement changé le principe fondamental de la société. Jusque-là toute « croyance étoit réglée par le sacerdoce; « c'est lui qui faisoit la vérité ou l'erreur [1]; « la loi morale même venoit de lui, et il « l'imposoit telle qu'il la concevoit à la loi « politique. En vain les dissidents de tous les « âges avoient tenté l'affranchissement; il a « fallu la philosophie du dix-huitième siècle, « ses longs et patients combats, et enfin la « terrible ruine qui les a suivis. La vérité, « telle que le catholicisme, telle même que « le christianisme l'avoit proclamée, a cessé « d'être la vérité universelle. Travaillées de « tous les doutes en présence de mille re- « ligions diverses, de mille systèmes con-

---

[1] On ne fait point la vérité, et le sacerdoce n'eut jamais cette absurde prétention. Le prêtre, comme le simple fidèle, croit ce qu'enseigne l'Eglise, dépositaire des révélations divines qu'elle conserve par la tradition. Sont-elles attaquées sur quelque point, elle dit : Voilà ce qu'on a cru toujours; et cela suffit pour convaincre d'erreur l'opinion nouvelle opposée au dogme primitif.

« tradictoires, cherchant sans tutelle et sans « prêtre la solution du grand problème de « Dieu, de la nature et de l'homme, les in- « telligences se sont proclamées souveraines « chacune de leur côté. Qu'il y ait heur ou « malheur à cette émancipation audacieuse, « qu'il y ait foiblesse ou force *dans cette « anarchie des esprits*, il n'importe; *elle « est aujourd'hui notre premier désir, « notre premier bien, notre vie :* et voilà « pourquoi la loi, cette expression variable de « la nécessité, a constaté et consacré l'anar- « chie. Par elle, *toute opinion*, ce qui est « bien plus général qu'un *culte*, toute opi- « nion a été déclarée libre et autorisée à se « proclamer. Ainsi sont tombés sous la juri- « diction de chacun toutes les révélations, « tous les sacerdoces, tous les livres saints. « Si l'État a reconnu des mystères, des « livres et un culte, c'est pour ainsi dire un « choix privé qu'il a fait; il a parlé pour une « collection d'hommes qui aimoient et révé- « roient ce culte, ces livres, ces mystères. Mais « il ne leur a point donné le caractère de la « vérité légale et obligatoire, il ne les a point

« soustraits à la discussion. Sous notre légis-
« lation, l'Évangile, comme la loi de Moïse,
« comme les Védas, comme le Coran, est le
« domaine de tous. Divine ou humaine, cette
« pensée dès là qu'elle est écrite ou prêchée
« est notre bien; j'en prends ce que je veux,
« j'en retranche ce que je veux..... Telle est
« notre liberté en religion [1]. »

Vous l'avez entendu, *la vérité, telle que le catholicisme, telle même que le christianisme l'avoit proclamée, a cessé d'être la vérité universelle;* ses croyances ne sont plus le lien des esprits; on rejette son autorité : mais en admet-on quelque autre? Nullement : *Les intelligences se sont proclamées souveraines chacune de leur côté. Ainsi sont tombés sous la juridiction de chacun toutes les révélations, tous les sacerdoces, tous les livres saints : l'Evangile, comme la loi de Moïse, comme les Védas, comme le Coran, est le domaine de tous. Cette pensée, dès là qu'elle est écrite ou prêchée, est mon bien; j'en prends ce que je veux,*

[1] Globe du 21 novembre 1826.

j'en retranche ce que je veux. Rien d'obligatoire, rien de commun que la liberté de tout admettre et de tout nier, sans exception, ni limites. Oui, certes, *on a complètement changé le principe fondamental de la société*. Et qu'est-il résulté de ce changement? *L'anarchie des esprits : elle est aujourd'hui notre premier désir, notre premier bien, notre vie.* Ainsi la société humaine, composée d'êtres intelligents, reposera sur l'anarchie des intelligences : la division la plus absolue sera le principe d'union, et le chaos le fondement de l'ordre. Voilà ce qu'on établit systématiquement ; et l'on ne sauroit trop louer ceux qui parlent avec cette franchise, qui exposent de bonne foi leurs doctrines tout entières, n'en dissimulant aucunes conséquences. Il y a dans cette sincérité, de l'honneur et même de la force, et nous ne connoissons pas de plus sûr moyen de hâter le progrès de la discussion, et le triomphe de la vérité.

Quelques personnes s'étonneront peut-être des maximes étranges qu'on vient de lire, et se persuaderont difficilement qu'elles puissent former une opinion générale et influente. Il est vrai cependant qu'elles expriment très exactement la pensée implicite de toute cette partie de la population qui a cessé d'être chrétienne, et qui n'a pu cesser de l'être, sans tomber nécessairement, de droit et de fait, dans l'anarchie que l'on représente comme le premier besoin du siècle. A peu d'exceptions près, elle est partout *constatée, consacrée par les lois*; et même elle n'est devenue de nos jours une théorie, qu'après avoir été long-temps la doctrine pratique des gouvernements.

Enfin toute société spirituelle, c'est-à-dire, toute croyance commune, toute notion de devoir, tout lien moral et intellectuel, étant détruit, il s'agit de savoir comment l'on concevra la souveraineté, et sur quelle base on établira la société politique.

Le christianisme, en enseignant que *le pouvoir est de Dieu* [1] et qu'il a pour règle la Loi divine, explique le droit de commander, le devoir d'obéir, et place entre l'un

---

[1] Rom., XIII, 1.

et l'autre et au-dessus de tous deux la justice inflexible. Cette doctrine est claire, et le monde l'a conçue. Pendant une longue suite de siècles, il n'en a point connu d'autre. Voyons quelle est celle qu'on y substitue.

« Comme il s'est fait des dieux, l'homme « s'est fait des maîtres. Il a essayé de placer « la souveraineté sur la terre aussi bien que « la Divinité. Il a voulu que sur lui régnât « un pouvoir qui eût à son obéissance un « droit immuable et certain. Il n'a pas mieux « réussi à fixer, sans limite et sans retour, « son obéissance que sa foi. Il a investi de « cette souveraineté originelle et complète, « tantôt un homme, tantôt plusieurs; ici une « famille, là une caste, ailleurs le peuple « entier. A peine leur étoit-elle attribuée « qu'il s'est vu contraint de la leur contester, « de la leur retirer. Il vouloit un maître « constamment et parfaitement légitime : nul-« le part et en aucun temps il n'a pu le ren-« contrer. Cependant il n'a pas cessé de le « chercher ou de croire qu'enfin il l'avoit « trouvé.

« C'est l'histoire des sociétés humaines.....

« En matière de gouvernement, on a vu le « droit divin des rois s'élever sur les ruines « du droit de conquête, la souveraineté du « peuple sur les ruines du droit divin des « rois..... Le souverain, seul légitime éter- « nellement et par sa nature, c'est la raison, « la vérité, la justice; ou pour parler un « langage plus philosophique, c'est l'être im- « muable de qui la raison, la justice et la « vérité sont les lois.....

« Quand on a voulu fonder la souveraineté « des rois, on a dit que les rois sont l'image « de Dieu sur la terre; quand on a voulu « fonder la souveraineté du peuple, on a dit « que la voix du peuple est la voix de Dieu: « donc Dieu seul est souverain.

« Dieu est souverain, parce qu'il est infail- « lible, parce que sa volonté, comme sa pen- « sée, est la vérité, rien que la vérité, toute « la vérité.

« Voici donc l'alternative où sont placés « tous les souverains de la terre, quels que « soient leur forme et leur nom. Il faut qu'ils « se disent infaillibles, ou qu'ils cessent de « se prétendre souverains.

« Autrement ils seroient contraints de dire
« que la souveraineté, j'entends la souve-
« raineté de droit, peut appartenir à l'erreur,
« au mal, à une volonté qui ignore ou re-
« pousse la justice, la vérité, la raison.
« C'est ce que nul n'a encore osé.

« Comment donc ont-ils osé se prétendre
« souverains ?.....

« On a vu les gouvernements, une fois en
« possession de la souveraineté de droit, in-
« terdire aux hommes tout examen, tout
« contrôle de leur conduite ; et soutenir que
« ce pouvoir définitif, indispensable aux so-
« ciétés humaines, résidoit dans leur volonté
« seule, sans que nul eût le droit d'en con-
« tester le mérite, ou d'en discuter les motifs.

« Qu'est-ce qu'une telle prétention sinon
« celle de l'infaillibilité ?

« Les philosophes ont procédé comme les
« gouvernements. A peine avoient-ils déposé
« quelque part la souveraineté de droit, qu'en-
« traînés par une irrésistible pente, ils lui ont
« accordé l'infaillibilité, seule capable de
« la légitimer. *Le souverain*, dit Rousseau,
« *par cela seul qu'il est, est toujours tout*

« *ce qu'il doit être*[1]. Étrange timidité de la « pensée humaine, même aux jours de sa plus « grande audace! Rousseau n'a pas osé porter « le dernier coup à l'orgueil de l'homme, et « dire que nul n'étant, ne pouvant être ici-« bas tout ce qu'il doit être, nul n'a le droit « de se dire souverain.

« Ainsi, soit qu'affirmant l'infaillibilité on « en déduise la souveraineté, soit que, posant « d'abord la souveraineté en principe, l'in-« faillibilité en découle à son tour, on est « poussé, par l'une ou l'autre voie, à recon-« noître, à sanctionner un pouvoir absolu. « Et le résultat est également imposé, soit « que des gouvernements oppriment, ou que « des philosophes raisonnent, soit qu'on « prenne pour souverain le peuple ou César.

« La conséquence est odieuse, inadmissible « en fait comme en droit; nul pouvoir absolu « ne sauroit être légitime. Donc le principe « est menteur; donc il n'y a, sur la terre, « point de souveraineté de droit, point de

---

[1] Contrat social, liv. I, chap. 5.

« force pleinement et à jamais investie du « droit de commander[1]. »

Remarquons avant tout deux conséquences de ces principes :

Premièrement, que le christianisme complet, le christianisme catholique étant admis, il en résulte une société parfaite.

Secondement, que, dès qu'on rejette le christianisme catholique, toute société devient radicalement impossible.

Que faut-il, en effet, pour constituer une société parfaite ?

1° Ne reconnoître *de souveraineté absolue et éternellement légitime qu'en Dieu, de qui la raison, la vérité et la justice sont les lois.*

2° Ne considérer le pouvoir humain, ou la souveraineté subalterne et dérivée, que comme le ministre de Dieu, et ne possédant dès lors qu'un droit conditionnel; légitime quand il gouverne suivant la raison, la vérité,

---

[1] Traité de *Philosophie politique*, par M. Guizot; livre *de la Souveraineté*. Globe du 25 novembre 1826.

la justice ; sans autorité, dès qu'il les viole. « Partout, en effet, où le pouvoir trouve à « s'exercer, il a une règle légitime à suivre. « Ces règles sont les lois du souverain légitime « (les lois de Dieu); et c'est celui-là que « poursuivent tous les vœux, tous les travaux « du genre humain.... À la vérité, à la jus- « tice, est réservée la souveraineté, et les « hommes ont droit de n'obéir qu'à la loi de « Dieu. [1] »

3° Admettre qu'il existe un moyen *infaillible* de connoître *la vérité et la justice*, c'est-à-dire *la règle légitime*, *la vraie loi*, la Loi divine d'après laquelle le pouvoir humain, le ministre de Dieu doit gouverner; sans quoi nul ne seroit obligé à l'obéissance. « Si la souveraineté de droit ne peut apparte- « nir qu'à l'infaillibilité, à coup sûr elle lui « appartient; car si l'homme a droit de n'o- « béir qu'à la vérité, à la raison, en revanche « il est absolument tenu de leur obéir [2]. »

Or, toutes ces choses, nous les trouvons

---

[1] *Ibid.*

[2] *Ibid.*

dans le christianisme catholique; elles forment le résumé exact et complet de sa doctrine sur la société. Il ne reconnoît de souverain *absolu et éternellement légitime* que Dieu, *Roi des rois et Seigneur des seigneurs.*

Il ne considère le pouvoir humain, ou la souveraineté subalterne et dérivée, que comme *le ministre de Dieu pour le bien*; obligé de gouverner selon sa loi, selon la vérité, la justice, et perdant tout droit de commander, dès qu'il les viole fondamentalement.

Il enseigne enfin qu'il existe, dans l'autorité de l'Église, un moyen *infaillible* de connoître toujours cette justice, cette vérité, règle légitime du pouvoir : ce qui lie étroitement, d'après un mode de subordination nécessaire, l'ordre politique et l'ordre religieux, l'action humaine et la raison divine; de sorte que, par le principe de son institution, la souveraineté dévolue à l'être faillible n'est que la manifestation, l'exercice extérieur de la souveraineté de Dieu, et la société est une comme l'homme même.

Qu'on rejette, au contraire, le christianisme catholique, on est contraint de nier l'existence d'un moyen *infaillible* de connoître la Loi divine, la justice et la vérité éternellement immuables. Le pouvoir n'a plus de règle que sa pensée propre; et aussitôt il faut conclure *qu'il n'y a point, sur la terre, de souveraineté de droit*, ou, en d'autres termes, point de droit de commander, point de devoir d'obéir; maxime qui exclut radicalement la possibilité qu'il existe une société légitime quelconque.

Telle est la théorie philosophique du jour [1]. Il est clair que Dieu y apparoît uniquement pour la forme, puisqu'en supposant qu'il ait parlé, on ne peut savoir ce qu'il a dit; aucune autorité infaillible ne peut apprendre aux hommes quelles sont les lois qu'il leur a prescrites, ce que c'est que la vérité, la justice,

---

[1] « Cette théorie de la souveraineté de la raison, que « les études historiques ont fait découvrir à M. Guizot, « un autre jeune professeur, M. Cousin, la déduisoit « alors aussi de ses études métaphysiques et psycholo- « giques; et peu de temps après, M. Benjamin Cons- « tant l'établissoit dans son commentaire sur Filangieri ». *Ibid.*

l'ordre enfin. Ainsi, en réalité, le Dieu souverain n'est que la raison souveraine, et c'est encore ce que l'on avoue formellement.

« La révolution de 1814 remit tout en ques-
« tion, les doctrines encore plus que les cou-
« ronnes. Mais comme le droit divin se don-
« noit pour l'emblème particulier du pouvoir
« absolu, la souveraineté du peuple ne man-
« qua pas d'être arborée comme l'étendard de
« la liberté. Les courtisans de Bonaparte, les
« fonctionnaires sans emploi, se rappelèrent
« que leur ancien maître avoit régné en vertu
« des constitutions de l'empire, lesquelles
« avoient été sanctionnées par le peuple. A
« ceux-ci se joignirent quelques vieux répu-
« blicains, quelques vieux philosophes ency-
« clopédistes; et la France resta d'autant plus
« fidèle au culte de la souveraineté du peuple,
« qui se retrouvoit au fond de tous les écrits
« de l'opposition, que jadis elle l'avoit invo-
« quée avec succès contre une tyrannie dont
« elle se croyoit encore menacée.

« C'est alors qu'une nouvelle école philo-
« sophique osa s'élever contre les prétentions
« d'une doctrine qui, depuis trois siècles,

« servoit de bannière aux opprimés. La nou-
« velle école démontra que le pouvoir absolu
« ne change point de nature parce qu'il est
« exercé par le peuple, ou au nom du peuple,
« ou par une caste, ou par un maître, et au
« nom de Dieu. Aux droits de l'homme invo-
« qués jadis contre la cour, elle opposa les
« droits de l'individu, si souvent sacrifiés par
« la société. *La doctrine beaucoup plus pro-*
« *fonde de l'individualisme devint la base*
« *de la nouvelle politique rationnelle.* L'in-
« dividu fut en quelque sorte créé élément
« vivant de la cité, obéissant aux lois qu'elle
« lui impose, mais n'en reconnoissant d'ab-
« solues que celles qui sont justes ; se soumet-
« tant à toutes les souverainetés, mais n'ac-
« ceptant comme légitime que celle de la
« Raison[1]. »

Tant que la puissance publique contient les résistances particulières, force est bien aux individus de se soumettre aux lois, aux souverainetés établies. Mais il s'agit de savoir

[1] Globe du 30 janvier 1828.

s'il en est de légitimes ou qui aient droit de commander l'obéissance. Or, selon la philosophie du siècle, point de souveraineté légitime que celle de la raison. Et comme, en même temps, cette philosophie ne reconnoît de raison que la raison individuelle, donc aussi point de souveraineté que la souveraineté individuelle. Chacun est souverain de soi-même dans le sens absolu du mot. Sa raison voilà sa loi, sa vérité, sa justice. Prétendre lui imposer un devoir qu'il ne se soit pas auparavant imposé lui-même par sa pensée propre et sa volonté, c'est violer le plus sacré de ses droits, celui qui les comprend tous; c'est commettre le crime de lèse-majesté individuelle. Donc nulle législation, nul pouvoir possible; et la même doctrine qui produit l'anarchie des esprits, produit encore une irremédiable anarchie politique, et renverse jusque dans ses premiers fondements la société humaine.

Cependant l'homme ne vit que dans la société. Si donc ces prodigieux principes, déjà si répandus, venoient à prédominer entièrement, que pourroit-on prévoir que des troubles, des désordres, des calamités sans fin et une dissolution universelle ? L'état extérieur du monde n'est jamais que l'expression fidèle de l'état des intelligences. Point de chimère plus vaine que celle d'un ordre purement matériel. Les institutions, les lois, les gouvernements tirent toute leur force d'un certain concours général des pensées et des volontés. Qu'est-ce que le pouvoir sans l'obéissance ? Qu'est-ce que le droit sans le devoir ? *L'individualisme* qui détruit l'idée même d'obéissance et de devoir, détruit donc le pouvoir, détruit donc le droit; et alors que reste-t-il qu'une effroyable confusion d'intérêts, de passions, d'opinions diverses ? Telle est *la base de la nouvelle politique rationnelle*, et le terme inévitable où doit aboutir toute doctrine exclusive du christianisme. La souveraineté de chaque raison dans l'ordre spirituel une fois admise, la souveraineté de chaque homme dans l'ordre politique s'en déduit immédiatement, et de ces deux maximes inséparablement liées, il résulte que la domination, toujours dépourvue de droit, n'a d'autre fondement que la force; qu'il ne sauroit y avoir sur la terre que des pouvoirs usurpés, des gouvernements tyranniques par le seul fait de leur existence; qu'ainsi les corps peuvent être soumis, mais la raison, la conscience jamais; que nul commandement n'oblige; qu'au contraire, commander c'est opprimer, et que dès lors, sitôt qu'il en a la puissance, chacun est libre de rentrer dans son indépendance première, ou de reconquérir sur la force usurpatrice son inaliénable souveraineté. On nous dit que cette doctrine est celle du siècle, et cela est vrai en partie, comme il est vrai qu'entre elle et la doctrine du christianisme il n'existe aucun milieu. Il faut nécessairement se décider pour l'une ou pour l'autre, et l'avenir des peuples dépendra du choix auquel ils s'arrêteront. Les destinées de l'homme sont celles qu'il se fait : *Dieu l'a laissé dès le commencement dans la main de son conseil* [1], et quand viendra la fin, quand le dernier jour luira sur le monde, l'extinction totale

---

[1] Eccles., XV, 14.

de la société, la mort du genre humain ne sera point le châtiment d'une simple erreur de la raison, mais d'un crime de la volonté.

CHAPITRE II.

Du Libéralisme et du Gallicanisme.

Depuis que les gouvernements se sont séparés du christianisme, en se séparant de l'Église, la société politique a été livrée à l'action de deux doctrines qui se combattent perpétuellement, sans qu'aucune d'elles ait pu obtenir un triomphe complet, parce qu'elles sont à divers égards également fausses, également opposées aux lois essentielles de l'ordre social. L'une est présentée comme l'égide des peuples contre la tyrannie des rois; l'autre comme la garantie des rois contre la rébellion des peuples. La première, connue sous le nom de doctrine libérale, a été exposée dans le chapitre précédent; la seconde, qu'on appelle doctrine royaliste, seroit mieux nommée doctrine gallicane, ainsi qu'on le verra bientôt, lorsque nous en expliquerons la nature et les effets.

On ne doit pas croire cependant que les hommes dont se composent les différents partis entre lesquels se divise la société, aient tous une idée bien nette des théories qui caractérisent le parti même auquel ils appartiennent; ils sont au contraire, pour la plupart, incapables de s'en former presque aucune idée. Ce qui les attache à telle bannière, ce qui les pousse dans telle ou telle voie, c'est une sorte d'instinct, de sentiment vague, bien plus que des maximes spéculatives que la multitude comprend peu, et n'a nul besoin de comprendre; et ce sentiment qui repose d'ordinaire sur quelque principe de justice et de vérité, devient néanmoins une cause de désordre, parce qu'à l'insu de ceux qu'il anime, son action, soumise à l'influence d'un système erroné, en favorise le développement, porte ainsi le trouble dans l'État et avance sa ruine.

Cette distinction entre les partis et les doctrines des partis, mérite, sous plusieurs rapports, une sérieuse considération. Elle explique les contrastes qu'on remarque souvent entre les hommes et leurs œuvres, adoucit les haines, rapproche les esprits, ou au moins les dispose à se rapprocher, en montrant que le plus grand nombre va au-delà de ses vœux et de son opinion, et même s'éloigne entièrement du but qu'il se propose d'atteindre.

Parlons d'abord du libéralisme, et commençons par définir d'une manière précise le sens que nous attachons à ce mot.

Aux époques de révolution, il apparoît toujours une race d'êtres pervers, à qui le mal plaît, et qui l'aiment pour lui-même; ils ne respirent à l'aise que sur les ruines, et, quand la puissance leur est laissée, le crime sort de leur âme, comme la lave déborde du cratère. D'autres, occupés seulement de ce qui leur est personnel, et indifférents à tout le reste, fomentent le désordre pour y chercher des chances favorables à leurs intérêts. Vendus à quiconque les veut payer, aujourd'hui ils demanderont dans un club la tête des rois, et demain on les verra, à genoux aux pieds du plus vil tyran, adorer ses caprices, et légitimer ses forfaits.

Certes, nous ne confondons pas avec ces

misérables, cette portion nombreuse de la société qui, en Europe et hors de l'Europe, combat obstinément pour ce qu'on appelle la cause libérale. Nous le disons sans détour, ce mouvement est trop général, trop constant, pour que l'erreur et les passions en soient l'unique principe. Dégagé de ses fausses théories et de leurs conséquences, le libéralisme est le sentiment qui partout où règne la religion du Christ, soulève une partie du peuple au nom de la liberté. Ce n'est autre chose que l'impuissance où toute nation chrétienne est de supporter un pouvoir purement humain, qui ne relève que de lui-même, et n'a de règle que sa volonté. Jamais une pareille domination ne s'établira d'une manière durable sur ceux que *la vérité*, que *Jésus-Christ a affranchis* [1].

Si les peuples catholiques sont aujourd'hui plus agités, s'ils se montrent plus que les autres impatients du joug de l'homme, c'est que parmi eux le christianisme est plus vivant, et que son esprit pénètre la société en-

---

[1] Cognoscetis veritatem, et veritas liberabit vos. Joan., VIII, 32. — Christus nos liberavit. Galat., IV, 31.

tière ; *Mens agitat molem.* Continuant de développer par sa force interne, comme nous l'avons dit, le sentiment de la perfection morale dans les individus, alors même que les gouvernements s'étoient soustraits à son action [1], il a rendu impossible désormais un despotisme stable et tranquille; *car où est l'esprit de Dieu, là est la liberté* [2].

La Loi évangélique ayant élevé l'intelligence sociale jusqu'aux plus hautes notions du droit, nulle puissance ne sauroit obtenir une vraie soumission, si elle n'est fondée sur le droit, et ne gouverne selon le droit. Voilà pourquoi la raison philosophique, après avoir nié le droit chrétien, cherche de tous côtés un nouveau droit, pour en faire la base de la société nouvelle dont elle rêve l'établissement. Et il est remarquable que cette re-

[1] Ces deux faits simultanés expliquent le double phénomène si remarquable des progrès du spiritualisme dans les peuples, et du matérialisme dans les gouvernements. De là, guerre nécessaire entre les gouvernements et les peuples : et comme *la vraie force est toute spirituelle*, il n'est pas difficile de prévoir qui triomphera.

[2] II Cor., III, 17.

cherche n'occupe les esprits que dans les contrées catholiques. Les protestants, déchus du véritable christianisme, subissent partout bien plus aisément le pouvoir arbitraire, en déclamant par habitude contre le pouvoir absolu. Le Danemarck s'est placé de lui-même et par choix, sous une autorité despotique. La Prusse est régie militairement; la religion et l'état y dépendent également du bon plaisir du Prince. Aucun peuple catholique ne supporteroit ce que supporte le peuple anglois de la tyrannie industrielle, qui, pour assouvir sa cupidité, a réduit, ce n'est pas trop dire, à un esclavage réel une partie de la population [1]. Dans *cette terre classique de la liberté*, cent mille personnes encombrent habituellement les prisons; le reste, contenu par des lois de fer, vit ou meurt au gré des maîtres dont la classe qui ne possède rien dépend pour son travail et le prix de son travail. Seulement, entre elle et la misère

[1] Voyez l'ouvrage du colonel Swan, de Boston, intitulé : *Courtes observations sur l'état actuel des manufactures*, etc.

poussée à ses dernières angoisses, la loi a mis la taxe des pauvres. Lorsqu'en face du luxe et de l'opulence, la faim les moissonne par milliers, comme dans la dernière crise commerciale, l'État leur jette d'une main, le morceau de pain légal, et de l'autre, leur montrant le sabre de la *yeomanry*, il leur dit : Que demandez-vous de plus ?

Considérez, en général, les pays séparés du catholicisme, l'Angleterre, la Russie, l'Allemagne protestante, vous ne trouverez nulle part une populace aussi abrutie, aussi dépourvue du sens moral, aussi étrangère aux idées intellectuelles, à tout ce qui élève l'âme et ennoblit l'existence humaine. Sortez de cette boue, montez ; que voyez-vous dans les classes plus hautes ? La passion de l'or, une ardente recherche des jouissances physiques, les soins, les pensées, les désirs tournés exclusivement vers le bien-être matériel. Il y a, au contraire, chez les catholiques, une certaine dignité de mœurs qui attache à ce sybarisme le mépris et le ridicule. L'homme parmi eux est d'autant plus grand, il inspire d'autant plus d'estime et de respect, qu'il sait mieux se passer de la richesse, et se rendre indépendant des choses extérieures. Souffrir sans peine les privations, s'en imposer même de volontaires, lutter contre le corps et le vaincre par la force de la volonté, voilà ce qui fait palpiter leur cœur d'une noble admiration. Leur vie propre, c'est la vie de l'âme. Aussi, pour l'ordinaire, sont-ils très peu touchés de certains vices d'administration, qui n'intéressent que l'ordre matériel. Ils supporteront beaucoup en ce genre, bien plus peut-être que les protestants; mais le désordre spirituel, mais l'oppression morale, jamais.

Deux choses constituent la liberté : la légitimité du pouvoir, et la conformité de son action avec la justice immuable; et la liberté, dès lors, est la loi première, la loi fondamentale, essentielle, de la société. Quand donc le libéralisme demande la liberté, il demande l'ordre, il demande ce que nul n'a le droit de refuser aux hommes, ce que Dieu lui-même leur commande de vouloir et d'aimer. Mais cette liberté que ses vœux appellent, ses doctrines la repoussent, et, quoi qu'il fasse, elles conduisent les peuples à une servitude inévitable.

En effet, nous avons dit que la liberté consistoit d'abord dans la légitimité du pouvoir; et rien de plus évident. Or, le seul pouvoir légitime, de l'aveu du libéralisme, est celui de Dieu; et comme il nie fondamentalement la transmission du pouvoir divin, il nie par cela même la possibilité qu'il existe un pouvoir légitime parmi les hommes: d'où il suit qu'il y a servitude dès qu'il y a société.

Et comment trouver ailleurs qu'en Dieu la raison du devoir, le principe d'obligation qui soumet des volontés jusqu'alors indépendantes, à une autre volonté égale? Quel droit l'homme possède-t-il naturellement sur l'homme? Et n'est-ce pas l'impuissance d'établir ce droit qui contraint la philosophie du siècle à déclarer que chacun est souverain de soi-même? Ainsi donc point de société, si la force ne brise le droit, si l'homme, en tant qu'homme, n'impose violemment sa volonté pour loi aux autres hommes; c'est-à-dire encore, point de société, si la servitude n'en est la base essentielle et immuable.

Sous ce premier rapport, le libéralisme s'éloigne donc de son but, et trompe manifestement le juste désir de liberté qui émeut les nations chrétiennes. Ses doctrines restant ce qu'elles sont, il ne peut, sans se contredire, donner aux peuples qu'un de ces deux conseils : « Détruisez la société radicalement incompatible avec vos droits inaliénables » ; ou, si l'anarchie et ses horreurs l'effraient plus que le despotisme : « Renoncez à des droits dont l'exercice vous seroit mortel ; courbez le front, et subissez le joug de quiconque étendra son épée sur vos têtes ».

Certes ce n'est pas là le langage du christianisme. Il enseigne aux hommes qu'aucun autre homme n'a sur eux, par lui-même, d'empire légitime et naturel ; qu'à Dieu seul appartient la vraie souveraineté. Mais comme il veut l'ordre, et que nul ordre ne seroit possible sans un pouvoir qui le conserve, *il a préposé sur chaque nation un chef pour la conduire* [1]. Ce chef *est son ministre*

---

[1] Eccles., XVII, 14. Cela ne veut pas dire que Dieu désigne immédiatement le souverain, mais qu'il commu-

pour le bien [1], et il n'a de puissance que celle qu'il lui communique : car *c'est de lui que toute paternité*, tout pouvoir, *sur la terre et dans le Ciel*, *tire son nom* [2], c'est-à-dire, son droit, son autorité; et quand l'antiquité païenne prononçoit cette sentence: *Le roi est l'image vivante de Dieu* [3], elle énonçoit le même dogme proclamé en tous lieux par la tradition. Il y a donc pour les chrétiens des souverainetés *légitimes*, parce qu'elles dérivent de la souveraineté primitive et absolue, exclusivement propre à Dieu; en obéissant au pouvoir qui vient de lui, c'est à lui seul qu'ils obéissent [4], et ils peuvent et doivent dire, ce que disoit, au second siècle, l'auteur de l'Apologétique:

---

nique son autorité à quiconque possède légitimement le pouvoir. La manière légale d'y arriver, ainsi que sa forme, sont d'institution humaine, et varient selon les temps et les lieux.

[1] Rom., XIII, 4.

[2] Ephes., III, 5.

[3] Divers. sent. inter Gnomic., p. 213.

[4] Cum bonâ voluntate servientes, sicut Domino, et non hominibus. *Ephes.*, *VI*, 7.

Je consens à reconnoître César, pourvu qu'il n'exige rien de contraire aux droits de celui dont il exerce l'autorité : « car du reste « je suis libre ; je n'ai d'autre maître que le « Dieu tout-puissant, éternel, qui est aussi « le maître de César » [1].

Ainsi tandis que le libéralisme est conduit par ses doctrines à la servitude, ou à la la destruction de la société, le christianisme en élevant l'homme jusqu'à la vraie source du pouvoir, établit, à la fois, sur une base inébranlable, la société et la liberté.

Cependant, pour qu'elle existe, il ne suffit pas que le pouvoir soit légitime : il faut encore que son action ait une règle immuable ; il faut qu'il règne par la justice, et que la justice règne sur lui. Aussi a-t-on reconnu, dans tous les âges et chez tous les peuples, une *Loi céleste*, une *Loi divine*, fondement de toutes les autres lois [2], *qui établit la distinction du juste et de l'injuste ; Loi*

---

[1] Tertul., Apolog., cap. XXXVII.

[2] Cicer., de Legib., lib. II, cap. IV et V. — Demophil. Sent. Pythagor., p. 36.

véritable et souveraine, à laquelle il appartient d'ordonner et de défendre, et qui est la droite raison du Dieu suprême[1], comme parle l'antiquité. On l'appeloit *la Loi royale*[2], ou la Loi par excellence, *la Loi commune*[3], *la Loi du Ciel*[4], *la vérité, reine des mortels et des immortels*[5]. Perpétuellement la même, elle oblige le genre humain tout entier, dont elle est le lien. Sans elle nuls devoirs, nulle justice, nul ordre. « Dieu, est-il dit dans les Védas, ayant « créé les quatre classes, n'avoit pas encore « complété son ouvrage; mais, de peur que « la classe royale et militaire ne devînt in« supportable par sa puissance et sa férocité, « il produisit le corps suprême de la Loi: car « la Loi est le premier souverain, beaucoup « plus puissante et sévère que les rois; rien

---

[1] Cicer., de Legib., *ubi suprà*.

[2] Plat. Minos; oper., t. VI, p. 133.

[3] Arist. rhetor., lib. I, cap. X.

[4] L'Invariable Milieu, chap. XX, § 18, p. 81.

[5] Pindar. ap. Stob., serm. LIX, p. 230. — Schol. Pindar. ad Nem., IX, 35.

« ne sauroit être plus puissant que la Loi, « dont le secours, comme celui du suprême « Monarque, peut donner au foible l'avantage « sur le fort[1]. »

Cette doctrine inaltérable, contre laquelle ne peuvent rien le temps ni l'opinion, constitue la foi même et la conscience du genre humain. Elle est le titre de sa liberté: car, s'il n'existe pas une loi première, universelle, invariable, qui établisse les droits en fixant les devoirs, une loi obligatoire et par conséquent divine, la justice n'est qu'un vain nom, et le monde est livré irremédiablement aux caprices de la force.

Or le principe le plus général du libéralisme dogmatique, est la souveraineté de la raison individuelle, ou son indépendance absolue; principe qui, en excluant toute autorité extérieure, exclut dès lors toute loi commune, toute loi divine et obligatoire, et détruit la notion même de justice et de devoir. Qu'importe la croyance du genre humain? c'est la mienne seule qui est ma règle.

---

[1] Recherches asiatiques, t. I, p. 405.

Qu'importe même que Dieu ait parlé? sa parole, ses commandements n'obligeant point sous le rapport légal, puisque l'État doit être étranger à toute religion, *j'en prends ce que je veux, j'en retranche ce que je veux*. Or l'homme-pouvoir est nécessairement souverain de lui même, comme tout autre homme : comme tout autre homme, il n'a de règle que sa raison et que sa volonté. Tout ce qu'il pensera sera donc vrai, tout ce qu'il voudra sera donc juste. Et quand il existeroit une autre justice, une autre vérité, il ne pourroit pas les reconnoître comme chef de l'État, et leur imprimer *le caractère légal et obligatoire*; car ce seroit soumettre l'ordre civil à l'ordre spirituel, et transformer la loi religieuse en loi politique. Le libéralisme ne sauroit donc, s'il n'abandonne ses maximes, établir jamais qu'un pouvoir complètement et radicalement arbitraire ; et sous ce second rapport, il trompe encore le juste désir de liberté qui émeut les nations chrétiennes.

Pour résumer ce qui vient d'être dit, dès qu'on n'admet qu'un pouvoir humain, on consacre la servitude : dès qu'on rejette la Loi divine, on rejette tout principe de justice obligatoire, et l'on consacre la tyrannie : dès qu'on sépare l'ordre politique de l'ordre religieux, on se prive de toute garantie imaginable contre l'arbitraire. Qu'est-ce, en effet, que gouverner arbitrairement? C'est substituer à la Loi de justice, sa volonté propre, son caprice. Donc, pour se garantir de cet abus, il sera nécessaire d'opposer à la force qu'on appelle pouvoir, une autre force qui la réprime. Mais cette force sera-t-elle spirituelle ou matérielle? Si elle est matérielle, comme il faudra qu'elle soit plus puissante que le pouvoir pour l'arrêter, elle sera elle-même le pouvoir, ou la force dernière et prédominante. Nous voilà donc contraints de recourir à une troisième force pour réprimer à son tour celle-ci, et ensuite à une quatrième, et ainsi jusqu'à l'infini. Si, au contraire, elle est spirituelle, nous retombons dans le système des deux puissances subordonnées, c'est-à-dire, dans le système chrétien.

On voit ici pourquoi le libéralisme, éminemment social en tant qu'il veut la liberté, est néanmoins, à cause des doctrines qui l'égarent, destructeur par son action. Il repousse le joug de l'homme, le pouvoir sans droit et sans règle; il réclame une garantie contre l'arbitraire qui ôte à l'obéissance sa sécurité: rien de mieux jusques-là; mais, séparé de l'ordre spirituel, il est contraint de chercher cette garantie si désirée, où elle n'est pas et ne peut pas être, dans des formes matérielles de gouvernement. Le vice qui l'irrite et l'inquiète est inhérent à la nature du seul pouvoir qu'il veuille reconnoître. Il le renverse aujourd'hui par un motif qui l'oblige à renverser demain celui qu'il aura mis à sa place; et ainsi sans fin et sans repos.

Frappée de ces conséquences aussi funestes qu'inévitables des maximes du libéralisme, une autre classe d'hommes se jette aveuglément dans les extrémités contraires, non moins fatales en réalité, bien qu'il y ait encore au fond même des erreurs qui l'abusent, un sentiment juste et vrai. Que veulent, en effet, les royalistes? un ordre stable, qui ne peut exister sans l'obéissance au pouvoir. Ils ont donc raison de rejeter des principes incompatibles avec toute obéissance, avec tout pouvoir, quel qu'il soit. Mais à ces principes faux, ils en opposent d'également faux, et qui choquent violemment la conscience humaine; de sorte que, dans la vérité, on ne dispute de part et d'autre que sur le mode de destruction, et qu'il n'est pas plus possible de constituer une société durable avec les doctrines royalistes gallicanes, qu'avec les doctrines appelées libérales.

L'origine du gallicanisme remonte aux temps où les Princes s'étant affranchis de l'autorité de l'Eglise, qui imposoit pour règle à leur pouvoir la Loi de justice universelle, n'en reconnurent plus d'autres que leur bon plaisir et leur intérêt, et après avoir peu à peu renversé les anciennes barrières qui défendoient les droits de chacun et la liberté de tous, transformèrent en despotisme l'antique monarchie chrétienne [1]. Afin de consacrer

---

[1] « Non seulement il s'agit de finir la guerre au dehors, « mais il s'agit encore de rendre au dedans du pain aux « moribonds, de rétablir l'agriculture et le commerce, « de réformer le luxe qui gangrène toutes les mœurs de

ces envahissements successifs, on inventa surtout en France, un nouveau droit public, dont les parlements se firent les gardiens; et, en 1682, des évêques serviles proclamèrent comme un dogme de la religion, ce qui n'avoit été jusques-là qu'une lâche flatterie des cours judiciaires, savoir, que la souveraineté chez les peuples chrétiens est indépendante du Christ et de sa loi. On conçoit que, depuis lors, les maximes des Princes soient devenues les maximes de ceux qui leur étoient dévoués; qu'on ait conçu le pouvoir comme ils le concevoient eux-mêmes; qu'on se soit attaché sans examen à ce qui existoit de fait, et qu'ainsi l'on ait confondu très dange-

« la nation, de se ressouvenir de la vraie forme du « royaume, et de tempérer *le despotisme, cause de tous « nos maux* ». *Lettre de Fénélon au duc de Chevreuse;* Corresp., t. I, p. 392. — « Depuis environ trente ans, « vos principaux ministres ont ébranlé et renversé pres- « que toutes les anciennes maximes de l'État, pour faire « monter jusqu'au comble votre autorité.... On n'a plus « parlé ni de l'État ni des règles, on n'a parlé que du « Roi et de son bon plaisir ». *Lettre de Fénelon à Louis XIV;* Corresp., t. II, p. 334.

reusement pour la société, et plus encore pour les souverains, la théorie du despotisme avec la doctrine de la royauté. Il est temps enfin de renoncer à cette funeste erreur, qui, en détachant les nations de leurs chefs et de Dieu même, a ébranlé les trônes, rompu tous les liens sociaux, et précipité l'Europe dans un abîme de calamités. Nous dirons, avec l'Esprit saint, aux Rois éblouis de leur puissance, et qui en méconnoissent les limites et la règle : « Entendez maintenant, ô Rois : « instruisez-vous, vous qui jugez la terre ! [1] » Et à ceux qui partagent et qui entretiennent leurs funestes illusions, à ceux qui assoupissent leur conscience par de trompeurs enseignements, que dirons-nous, sinon ce que disoit le Prophète : « Malheur à vous qui « donnez au mal le nom de bien, et au bien « le nom de mal, appelant les ténèbres la lu- « mière, et la lumière les ténèbres ! Malheur « à vous qui êtes sages à vos propres yeux, « et qui vous applaudissez de votre prudence ! « Comme le feu dévore la paille, vous serez

---

[1] Ps. II, 10.

« ainsi dévorés, et ce qui restera de vous s'élè-
« vera comme la cendre dans les airs: car vous
« aurez rejeté la loi du Seigneur des armées,
« et profané la parole du Saint d'Israël [1]. »

Afin d'établir le droit de commander et le devoir d'obéir, ce qu'on ne sauroit faire à moins de remonter plus haut que l'homme, le gallicanisme reconnoît d'abord, d'après l'Écriture, que *toute puissance est de Dieu* [2], en ce sens qu'il institue immédiatement le souverain, pour gouverner les peuples dans l'ordre temporel; puis détruisant, entre cet ordre et l'ordre spirituel, toute subordination nécessaire, et les séparant l'un de l'autre d'une manière absolue, il déclare que *les Rois et les souverains ne sont soumis à aucune puissance ecclésiastique, par l'ordre de Dieu, dans les choses temporelles* [3]; de sorte que, dans l'ordre temporel, c'est-à-dire en tout ce qui regarde l'exercice propre de la souveraineté, les souverains n'ont aucun juge,

---

[1] Is., V, 20 et seq.

[2] Rom., III, 1.

[3] Déclarat. de 1682, art. 1er.

ni temporel, sans quoi ils ne seroient pas souverains, ni spirituel, sans quoi ils ne seroient pas indépendants, comme souverains, de la puissance ecclésiastique ou spirituelle. D'où il suit, d'un côté, que personne n'ayant le droit de discuter leurs actes, ce qu'ils commandent est toujours légitime, ou supposé tel; et, d'un autre côté, que la doctrine gallicane sur la souveraineté est identique avec la doctrine de Jurieu et de J.-J. Rousseau, selon laquelle le souverain *n'a pas besoin de raison pour valider ses actes.*

De plus, les souverains n'ont et ne peuvent avoir, d'après les principes gallicans, en ce qui regarde l'usage du pouvoir, aucune règle de conduite extérieurement obligatoire; ne sont assujettis à aucune loi de justice immuable et universelle: car cette loi, toute spirituelle, n'est que la religion même, en tant qu'elle détermine les devoirs de chaque homme envers Dieu et les autres hommes. Si donc elle obligeoit les souverains, elle les obligeroit, comme tous les hommes, en vertu de l'autorité par qui seule on la connoît certainement, et qui a reçu la mission divine de la conserver sur la terre. Ils seroient donc soumis, sous ce rapport, à la puissance ecclésiastique, dans les choses temporelles, puisqu'ils seroient obligés de régler l'exercice de leur pouvoir, dans les choses temporelles, sur la loi que promulgue la puissance ecclésiastique.

De ces maximes fondamentales et qui constituent, à proprement parler, tout le gallicanisme, il tire deux conclusions qui s'en déduisent rigoureusement :

1°. Que la souveraineté qu'il appelle *légitime*, et qui seroit nommée plus exactement *légale*, est inamissible par son essence ; en un mot, que quiconque arrive au pouvoir selon la forme établie par les lois politiques du pays, ne peut plus, en aucun cas, être privé de son droit, ou cesser d'être souverain légitime, fût-il *tyran*, *hérétique*, *persécuteur*, *impie*[1] ; qu'il n'est jamais permis ni de se soustraire à son empire, ni d'opposer à ses volontés une résistance active ; et qu'à quelque degré qu'il opprimât le peuple, le peuple

---

[1] Les vrais principes de l'Église gallicane ; par M. D. Frayssinous, évêque d'Hermopolis ; p. 71, 3e édition.

éternellement seroit tenu de souffrir l'oppression, *par l'ordre de Dieu.*

2° Que bien qu'il ait, comme homme, les mêmes devoirs que les autres hommes, il n'en est aucun qui l'oblige extérieurement comme souverain. « Les Princes, dit Pierre « Dupuy, font bien quelquefois des choses « honteuses, qu'on ne peut blâmer quand « elles sont utiles à leurs états; car la honte « étant couverte par le profit, on la nomme « sagesse [1] ». L'intérêt, voilà donc leur règle, tant envers les autres Princes, qu'envers leurs sujets. Nulle loi de justice pour eux. Ils peuvent légitimement tout ce qu'ils veulent, par cela même qu'ils le veulent; et s'il semble qu'ici nous exagérions, qu'on écoute le gallicanisme lui-même :

« Le Roy donc en Israël, représentant « l'Église à advenir, qui est la présente, « qu'est-il? N'est-il pas juge sur tous? chef « de son armée? le plus hault et le plus sou-

---

[1] Apologie pour la publication des preuves de l'Église gallicane; par Pierre Dupuy. *France cathol.*, XVe livraison, p. 144.

« verain de tous ? N'est-il pas en sa puis-
« sance de prendre les enfants de ses sub-
« jects, et les mettre à ses chariots ? N'est-il
« pas en luy d'en faire des centeniers, des
« grans mareschaux, des laboureurs de ses
« terres, des moissonneurs de ses bleds, des
« armuriers, et des charrons ? Il a la puissance
« de prendre les filles de ses subjects, et em-
« ployer les unes à lui faire unguents et par-
« fums, les autres tenir pour concubines, les
« autres panetières : somme, il peult confis-
« quer les champs et héritages, vignes, et
« lieux plantez d'oliviers de ses subjects, s'ils
« viennent à faillir, et en faire donation à
« qui bon lui semblera ; et prendre la dixième
« partie du revenu des bleds et vignes des
« siens, et à la parfin commander corvées,
« ou à un chacun en particulier, ou à tous
« en général. *Voilà donc que c'est d'un*
« *Roi en l'Eglise* ; je dy l'Église, c'est-à-
« dire, au peuple régénéré par l'eau et le
« Saint-Esprit, avec une confession du nom
« du Christ, du temple et maison de Dieu,
« colonne et firmament de vérité, de la
« sainte vierge de l'Église catholique, chaste

« espouse de Christ, tirée de ses os et de sa « chair, qui est sans macule et ride aucune, « gardant inviolablement les droicts et or« donnances divines : *en l'Eglise, dy-je,* « *tout ce que dessus y est pour sûr, et ce,* « *est la dignité royalle.* Car l'Eglise est la « royne revestue en magnificence d'habits « dorez et de diverses couleurs, et enrichis « d'une vigne ès costez et environs de la mai« son de Dieu.... Que si les prebstres refusent « à estre le sarment de ceste vigne en la com« pagnie de la personne du Roy que l'Eglise « tient, advoue et recognoist pour le plus « hault et souverain sarment, que reste-t-il « à faire, sinon les coupper et les jetter dedans « le feu pour brusler[1]. »

Tel est le droit royal, comme le conçoit le gallicanisme; *tout ce que dessus y est pour sûr :* il ne tolère ni un doute, ni une exception. Et c'est ici qu'il faut se donner le spectacle de l'extravagance humaine. Des hommes qui se prétendent les amis, les défen-

[1] Traictez des droicts et libertez de l'Église gallicane. Paris, chez Pierre Chevalier, 1612; p. 108 et 109.

seurs de la liberté, se prendront d'un amour tendre pour les maximes gallicanes, les adopteront comme un symbole, les présenteront aux peuples avec respect; et accusant les prêtres qui repoussent avec horreur cette doctrine folle et abominable, de favoriser le despotisme, le pouvoir arbitraire et ses excès, ils diront d'eux aussi : *Que reste-t-il à faire, sinon les coupper et les jetter dedans le feu pour brusler?* Eh bien donc, qu'ils coupent et qu'ils brûlent ces prêtres séditieux qui osent nier que Dieu ait livré aux Rois les biens de leurs sujets et leurs personnes, pour en user selon leurs caprices; pour faire de leurs fils *des armuriers et des charrons*, et de leurs filles *des panetières et des concubines:* encore une fois, qu'ils coupent et qu'ils brûlent; on ne brûle pas la conscience, et tant qu'il restera sur la terre un vrai chrétien, sa voix, qu'on n'étouffera jamais, s'élèvera pour protester contre ces principes de servitude, et pour réclamer les droits sacrés que le gallicanisme essaie de ravir à l'humanité au nom de Dieu.

Certes, on ne parviendra pas plus à établir

de solides gouvernements avec cette doctrine dégradante, qu'avec la doctrine du libéralisme. Le vice particulier de celle-ci est de détruire radicalement ce que l'autre corrompt, la notion du pouvoir et de l'obéissance. Leur vice commun est de constituer, sous quelque forme de police qu'on puisse imaginer, un esclavage profond, inévitable, éternel. Le pouvoir, dans l'une et dans l'autre, essentiellement arbitraire, n'est jamais que la volonté variable de l'homme : et comme il est sans règle, il est aussi sans limites, puisqu'il n'en sauroit avoir que dans une loi extérieurement obligatoire, dans une loi indépendante et du peuple et de lui, qui statue sur les droits et les devoirs réciproques : par conséquent dans une Loi divine, proclamée et maintenue perpétuellement par une autorité infaillible : car, « si la souveraineté de droit ne peut appartenir « qu'à l'infaillibilité, à coup sûr elle lui appartient ; si l'homme a droit de n'obéir « qu'à la vérité, à la raison, en revanche il est « absolument tenu de lui obéir [1] ». Or le li-

---

[1] M. Guizot, Globe du 25 novembre 1826.

béralisme refuse de reconnoître la Loi divine, aussi bien que l'autorité par qui seule on peut la connoître certainement, et le gallicanisme affranchit de l'une et de l'autre le souverain, en tant que souverain. Il est donc impossible que les nations chrétiennes, qui veulent invinciblement la liberté que leur a acquise Jésus-Christ, retrouvent le repos, tandis que la société continuera d'être sous l'influence exclusive de deux systèmes d'erreur, dont il ne peut sortir qu'une servitude également honteuse et intolérable.

Ce qui a pu, à certains égards, faire illusion sur la nature et les effets du système gallican, c'est la sorte de noblesse et de grandeur apparente que le dévouement au Prince avoit empruntée des anciennes mœurs chrétiennes et chevaleresques. On est toujours près d'admirer, et avec raison, ce qu'inspire l'esprit de sacrifice. Quand donc on voyoit des hommes, distingués d'ailleurs par tant d'avantages sociaux et de qualités brillantes, prodiguer, au moindre signe du maître [1],

---

[1] Cette expression de *Maître*, toute moderne en com-

et leurs biens et leur vie, cet abandon total de soi, qu'on appeloit honneur, frappoit comme quelque chose d'élevé : et pourtant, si on se rappelle que ce Prince, cessant d'être le ministre, le vicaire du Christ-Roi, étoit descendu volontairement de cette haute dignité pour se faire un homme comme l'un de nous; qu'étoit-ce que cet aveugle dévouement, sinon celui des derniers esclaves, au temps de la plus indigne servitude, alors que des gladiateurs qui alloient mourir pour distraire un moment le despote stupide, lui crioient en passant : *Morituri te salutant!*

Vers la fin de la monarchie, le pouvoir humain étoit devenu, grâce au gallicanisme, l'objet d'une réelle idolâtrie [1]. Élevé au-

paraison de celles de *Roi* et de *Seigneur*, étoit seule l'indice d'un changement total survenu dans les rapports du souverain avec les sujets : et le langage chrétien s'étoit perdu avec la liberté chrétienne.

[1] Pendant les guerres de Flandre, Louis XIV ordonna de démolir un monastère, qui étoit à la fois un magnifique monument d'architecture, et un objet de vénération pour les habitants du pays, à cause des souvenirs religieux qui s'y rattachoient. Des réclamations furent adres-

dessus de Dieu même, dans l'ordre temporel, on adoroit à genoux ses volontés, comme les immuables décrets de la justice suprême et de la raison souveraine. *Tout cela est à vous*, disoit à Louis XV enfant, le duc de Villeroi, son gouverneur, en lui montrant le peuple assemblé dans un jour de fête. Mais ces abjectes adulations ne sauroient étouffer, là où règne le christianisme, le sentiment des vérités qu'il grave au fond des cœurs ineffaçablement. Les nations, affranchies par le Christ, n'ignorent pas qu'il donne à leurs chefs de tout autres leçons: « Vous savez que « ceux qui paroissent posséder le pouvoir,

---

sées, mais inutilement, à l'officier général, grand seigneur et homme de la cour, qui commandoit alors en Flandre pour le Roi; on ne put jamais obtenir de lui que cette réponse briève et péremptoire: « J'ai l'ordre « de démolir et je démolirai. *Si le Roi m'ordonnoit de « tirer sur le Saint-Sacrement, je tirerois* ». Un ministre de Charles X a trouvé tout simple dernièrement de faire une déclaration à peu près semblable. Aussi faut-il dire qu'il n'est point de plus fier ennemi du *pouvoir absolu*, et de défenseur plus ardent des *libertés constitutionnelles*.

« chez les gentils, dominent sur eux; et leurs « princes ont puissance sur leurs personnes. « Or, il n'en sera pas ainsi parmi vous; mais « quiconque voudra s'élever au-dessus des « autres, sera votre serviteur, et quiconque « voudra être le premier entre vous, sera le « serviteur de tous : car le Fils de l'homme « lui-même n'est pas venu pour être servi, « mais pour servir, et pour donner sa vie « pour la rédemption de plusieurs [1]. »

« Il faut vouloir être le père et non le « maître. Il ne faut pas que tous soient à un « seul, mais un seul doit être à tous pour « faire leur bonheur..... S'il commande, ce « n'est pas pour lui, c'est pour le bien de « ceux qu'il gouverne. Il ne doit être que « l'homme des lois et l'homme de Dieu [2]. »

L'oubli de ces maximes a ébranlé la base des trônes, en détachant les peuples d'un pouvoir oppressif par son essence et tyranni-

---

[1] Marc., X, 42, 45.

[2] Lettre de Fénelon sur la mort du Dauphin, fils de Louis XIV. *Corresp.*, t. I, p. 452. — Lettre à Louis XIV. *Ibid.*, t. II, p. 439.

que de droit, alors même que, dans son exercice, il se montroit facile et doux. Et comme le gallicanisme établissoit l'arbitraire au nom de la religion, presque tous ceux que travailloit le besoin de la liberté, voyant à tort dans la religion, l'alliée naturelle du despotisme, se séparèrent d'elle avec haine, et fondèrent sur sa destruction l'espérance d'un ordre social meilleur. Telle est l'origine du libéralisme, et l'une des causes toujours subsistantes du caractère anti-chrétien de ses doctrines et de son action.

Certainement on ne doit pas se flatter qu'il s'opère, à cet égard, de changement prochain dans les esprits. Il faut du temps, et beaucoup de temps, pour que les hommes s'éclairent; il faut surtout que le dur enseignement du malheur, plus puissant que la raison même, les dispose à considérer de sang-froid et sans préventions, la vérité qu'ils méconnoissoient. Quand ce moment sera venu, ils s'étonneront d'avoir cherché au loin si vainement, avec tant de fatigue et de douleur, ce que le christianisme leur offroit de lui-même, et qu'ils ne pouvoient trouver qu'en lui seul, l'union de l'ordre et de la liberté.

N'est-ce pas, en effet, sous l'empire du christianisme catholique qu'ont pris naissance et se sont développées toutes les libertés européennes, en Espagne, en Italie, en France, en Angleterre, et partout où s'étendoit l'influence pontificale? Ce n'est pas là, sans doute, ce que nous dit l'histoire, telle que les passions et les préjugés l'ont écrite depuis deux siècles; mais c'est là ce que disent à chaque page les monuments contemporains; et la curiosité heureuse qui porte aujourd'hui à les étudier, aura pour dernier résultat de venger l'Église des calomnies et des impostures accumulées contre elle pendant l'âge précédent.

Et déjà comparez sa vraie doctrine avec celle du gallicanisme. Voyez comme elle affermit le pouvoir et ennoblit l'obéissance, comme elle pose d'une main ferme les limites de l'un et de l'autre, élevant pour ainsi dire, autour de la liberté, une barrière également insurmontable et à la rébellion et à la tyrannie. Elle distingue deux puissances, mais sans diviser la société, qui est une essentiellement. Jésus-Christ en est le Chef suprême; et, comme le Pontife, successeur de Pierre, est son Vicaire dans l'ordre spirituel, le Roi est son Vicaire, son ministre, dans l'ordre temporel. Car la société suppose deux choses, une loi éternelle, immuable, de justice et de vérité, fondement et règle des devoirs et des droits, et une force qui contraigne les volontés rebelles à se soumettre à cette loi. Donc *deux glaives*, pour parler le langage de l'Église : le glaive spirituel qui retranche l'erreur, et dont l'usage appartient au seul Pontife; le glaive matériel qui retranche le mal, et dont l'usage appartient au Prince seul. Mais, comme la force que ne dirigent point la justice et la vérité, est elle-même le plus grand mal, et ne peut être qu'une cause de désordre et de ruine, le glaive matériel est nécessairement subordonné au glaive spirituel, de même que le corps doit être subordonné à la raison : autrement il faudroit admettre deux puissances indépendantes, l'une conservatrice de la justice et de la vérité, l'autre aveugle et dès lors destructive, par sa nature, de la vérité et de la justice. Or, qu'est-ce que cela, sinon livrer le monde à l'empire de deux principes, l'un bon, l'autre mauvais, et constituer un véritable manichéisme social? Quiconque, dit l'Église, homme ou peuple, adopte cette erreur monstrueuse, sort par là même des voies du salut[1].

Nul droit, s'il ne vient de Dieu et n'est relatif à l'intelligence. « Les Rois donc règnent « par la sagesse, c'est-à-dire par le Christ, « Roi des rois, qui est la Sagesse du Père[2] ». Cette royauté du Christ, *qui est écrite sur ses vêtements et sur son propre corps*[3], les gallicans la rejettent; ils disent comme les juifs : *Nous ne voulons pas qu'il règne sur nous*[4]; nous n'avons point d'autre roi que César[5] : et aussitôt ils tombent dans la servi-

---

[1] Voyez les Pièces justificatives, N° I.

[2] Per sapientiam ergò reges regnant, quia sapientia Patris, juxta Apostolum, Christus est, qui est Rex regum. *Epist. Nicol. I. ad Carol. calv. Labbe*, t. VIII, col. 409.

[3] Apoc., XIX, 16.

[4] Luc., XIX, 14.

[5] Joan., XIX, 15.

tude de l'homme, car César n'ayant dès lors aucun supérieur sur la terre, ne devant compte à personne de ses actes, et ne reconnoissant aucune loi qui l'oblige en tant que César, ne sauroit jamais, quoi qu'il fasse, et à quelque degré qu'il opprime, cesser d'être le souverain véritable et légitime, ni perdre son droit de commandement. Peuples qui gémissez sous l'exécrable tyrannie d'un Néron, ou d'un Henri VIII, obéissez donc, le gallicanisme vous l'ordonne; souffrez avec patience, souffrez, s'il le faut, éternellement; c'est Dieu qui vous éprouve, ou qui vous châtie, selon les desseins qu'il a formés dans ses conseils impénétrables [1].

Mais voici qu'il s'élève une autre voix, la voix d'un des plus saints Pontifes qu'ait suscités la Providence pour conduire l'Église du Christ: « Quant à ce que vous dites, que vous « êtes soumis aux rois et aux princes à cause « du précepte de l'Apôtre: *Obéissez au roi*

---

[1] Le jansénisme a porté jusqu'au dernier excès cette espèce de fatalisme horrible et dégradant. Voyez les Pièces justificatives, N° II.

« *comme au souverain*[1], je vous approuve « en cela. Cependant voyez si ces rois et ces « princes auxquels vous êtes soumis, dites-« vous, sont véritablement rois et princes. « Voyez s'ils régissent bien, eux-mêmes d'a-« bord, ensuite le peuple qui leur est confié. « Voyez s'ils gouvernent selon le droit : au-« trement on devroit plutôt les tenir pour « tyrans que pour rois, et leur résister, et « s'élever contre eux, plutôt que de leur être « soumis. Car si nous étions soumis à de tels « princes, et non préposés sur eux, nous ne « pourrions éviter de favoriser leurs vices. « Obéissez donc au Roi qui est au-dessus des « autres par ses vertus, et non par ses vices ; « obéissez, mais, comme dit l'Apôtre, à cause « de Dieu, et non contre Dieu[2] ».

---

[1] I Petr., II, 13.

[2] Illud verò quod dicitis, regibus et principibus vos esse subjectos, eo quod dicat Apostolus : *Sive regi quasi præcellenti*, placet. Verumtamen videte, utrùm reges isti et principes quibus vos subjectos esse dicitis, veraciter reges et principes sint. Videte si primùm se benè regunt, deindè subditum populum : *Nam qui sibi nequam est, cui alii bonus erit?* Videte si juré prin-

En même temps donc que le christianisme, établissant le pouvoir sur une base divine, prête à la majesté royale un caractère sacré, il n'abandonne pas les peuples aux volontés arbitraires des Rois, et ne les laisse point sans remède contre les abus de la force. Il y a, au-dessus de l'ordre temporel, une puissance qui veille sans cesse pour y maintenir l'observation de la Loi de justice et de vérité [1]; et

---

cipantur : alioqui potiùs tyranni credendi sunt, quàm reges habendi; quibus magis resistere, et ex adverso ascendere, quàm subdi debemus. Alioquin si talibus subditi, et non prælati fuerimus nos, necesse est eorum viciis faveamus. Ergò regi quasi præcellenti, virtutibus scilicet, et non vitiis, subditi estote, sed, sicut Apostolus ait, propter Deum, et non contra Deum. *Nicol. I, Append. I; Epist. IV ad adventitium Episc. Metensem.* Labbe, t. VIII, col. 487.

[1] Parmi la foule de ceux qui accusent le christianisme romain de fomenter le despotisme et de tendre partout à établir le pouvoir arbitraire, il y en a peut-être qui seront étonnés d'apprendre, qu'une des règles de l'*Index* frappe spécialement les livres *propres à favoriser la tyrannie politique, et ce qu'on appelle la raison d'état.* « Item quæ ex gentilium placitis, moribus, exemplis, tyrannicam politicam favent, et quam falsò vocant rationem status, ab evangelicâ et chris-

le Prince qui la viole fondamentalement, le Prince qui essaie de substituer un pouvoir purement humain au pouvoir qu'il tient de Dieu, sous certaines conditions imprescriptibles; le Prince qui, refusant d'être le ministre, le vicaire du Christ, se révolte contre l'autorité de qui la sienne dérive, perd tous ses titres à l'obéissance; et le peuple opprimé peut et doit, à son tour, selon les lois de la société spirituelle, user de la force, pour défendre son vrai souverain, et se reconstituer chrétiennement [1]. C'est ainsi que, de nos jours même, on a vu les Pays-Bas, par un généreux mouvement de patriotisme et de foi, reconquérir les armes à la main,

---

tianâ lege abhorrentem inducant, deleantur ». *Regulæ et observationes in Indicem librorum prohibitorum. De correctione*, § *II.*

[1] L'unique différence qui existe à cet égard entre la doctrine catholique et la doctrine protestante, c'est que, d'après la première, ces grandes questions qui intéressent la vie des peuples, doivent être décidées par le tribunal suprême de l'Église, tandis que, d'après la seconde, chacun les décide par son jugement privé. Voyez les Pièces justificatives, N° III.

leurs libertés religieuses et politiques envahies par Joseph II[1]; et c'est ainsi encore que les Bretons et les Vendéens, alors qu'une horrible tyrannie pesoit sur la France, ont combattu jusqu'à la mort pour leur Dieu et pour leurs autels.

Mais jamais on n'aperçut mieux à quel point le catholicisme empreint dans les âmes le sentiment de la liberté, sans néanmoins altérer le principe nécessaire de la soumission au pouvoir légitime, qu'à l'époque trop peu connue de la Ligue, l'une des plus belles de notre histoire, s'il est beau pour une nation de sauver à la fois, par un noble élan et une résolution ferme, ce qu'il y a de plus saint sur la terre, et de plus cher à l'homme qui ne vit pas d'une vie purement matérielle, la

---

[1] L'Irlande, mais avec des doctrines moins pures, et qui pourroient plus tard compromettre sa cause, si elles pénétroient jusque dans le peuple, offre, en ce moment, le même spectacle, et les libéraux mêmes le remarquent. « Ouvertement, à la face du jour, un peuple « de sept millions d'hommes, ses prêtres en tête, cons- « pire pour la liberté civile et religieuse ». *Globe du 24 septembre* 1828.

Religion et les lois fondamentales de l'Etat. Nous savons tout ce qu'on peut dire sur les désordres de ces temps et sur les crimes qui ensanglantèrent particulièrement la capitale, et ce n'est pas nous assurément qui les justifierons. Mais l'odieuse tyrannie des Seize n'étoit pas la Ligue. La Ligue triompha, et les Seize périrent. Les Seize, à la tête d'une troupe de brigands, exercèrent, comme les membres du Comité de salut-public, un despotisme populaire. La Ligue, malgré les passions et les intérêts privés qui s'y mêlèrent; dirigée par les maximes du droit public reçu, replaça la monarchie sur ses bases ébranlées. Et c'est surtout cet ancien droit, ce droit chrétien, aujourd'hui presque ignoré, que nous voulons faire remarquer dans cette grande confédération catholique, dont il fut le principe et la règle.

Un monument précieux, que les historiens appellent *le Manifeste de la Ligue*, nous fournit, à cet égard, toutes les lumières désirables. Cet acte, intitulé : DÉCLARATION *des causes qui ont mu Monseigneur le Cardinal de Bourbon, et les Pairs, Princes,*

Seigneurs, Villes et Communes catholiques de ce royaume de France, de s'opposer à ceux qui par tous moyens s'efforcent de subvertir la Religion catholique et l'Etat, commencé ainsi [1] :

« Au nom de Dieu tout-puissant, Roi des « rois, soit manifesté à tous les hommes, « que, ayant la France depuis vingt-quatre « ans, été tourmentée d'une pestilente sédi- « tion, émue pour subvertir l'ancienne Reli- « gion de nos pères, qui est le fort lien de « l'État, il y a été appliqué des remèdes, les- « quels (contre l'espérance de leurs Majes- « tés) se sont rendus plus propres à nourrir « le mal qu'à l'éteindre; qui n'ont eu de la « paix que le nom, et n'ont établi le repos « que pour ceux qui l'auroient troublé, lais- « sant les gens de bien scandalisés en leur « âme et intéressés en leurs biens.

« Et au lieu de remède, qu'avec le temps « on pouvoit espérer de ces maux, Dieu a « permis que les derniers Rois soient morts

---

[1] Voyez l'acte entier parmi les Pièces justificatives, N° IV.

« jeunes, sans laisser jusques ici aucuns en-
« fants habiles à succéder à cette Couronne,
« et ne lui en a plû encore (au regret de
« tous les gens de bien) donner au Roi, qui
« maintenant règne [1], bien que ses bons sujets
« n'aient obmis, comme ils n'obmettront à
« l'avenir, leurs plus affectionnées prières
« pour en obtenir de la bonté de notre Dieu:
« en sorte qu'étant demeuré seul de tant d'en-
« fants que Dieu avoit donné au feu bon Roi
« Henry, il est trop à craindre (ce que Dieu
« ne veuille) que cette maison s'en aille,
« à notre grand malheur, éteinte sans aucune
« espérance d'avoir lignée: et qu'en l'établis-
« sement d'un successeur en l'État Royal, il
« n'advienne de grands troubles par toute la
« chrétienté, et peut-être la totale subver-
« sion de la Religion Catholique, Apostolique
« et Romaine en ce Royaume très chrétien,
« auquel on ne souffriroit jamais régner un
« hérétique, attendu que les sujets ne sont
« tenus de reconnoître, ni souffrir la domi-
« nation d'un Prince dévoyé de la foi Chré-

[1] Henri III.

« tienne et Catholique, étant le premier ser-
« ment que nos Rois font, lorsqu'on leur met
« la couronne sur la tête, de maintenir la
« Religion Catholique, Apostolique et Ro-
« maine, sous lequel serment ils reçoivent
« celui de fidélité de leurs sujets, et non
« autrement. »

Tel étoit anciennement le droit public, non seulement de la France, mais de l'Europe entière. Il n'est point de nation qui ne reconnût la Religion catholique, apostolique, romaine, comme la Loi première et fondamentale de l'État; c'est-à-dire, que partout l'ordre politique avoit sa racine dans l'ordre religieux, et que l'on n'imaginoit pas l'existence possible d'une société civile indépendante de la société spirituelle : d'où il résultoit que le Prince infracteur de cette Loi première et fondamentale, étoit déchu de droit, et pouvoit être déclaré de fait déchu de la souveraineté; car, d'un côté, il violoit le serment qui formoit le lien entre lui et le peuple; et, de l'autre, en détruisant la société spirituelle, base nécessaire de la société politique, il dissolvoit la société toute entière, et par conséquent sa propre souveraineté.

Ainsi l'avoient conçu toutes les nations chrétiennes; et de là s'ensuivoit le droit manifeste, ou plutôt le devoir sacré de recourir aux moyens les plus efficaces pour maintenir l'ordre légitime, sauver la Religion, la justice, les lois, et prévenir la ruine totale de l'État. La constitution de la France offroit, dans l'assemblée des états généraux, un expédient moins violent que l'emploi des armes, pour atteindre ce but. Mais, à l'époque dont il s'agit, l'expérience avoit montré l'insuffisance de ce remède.

« Il avoit paru quelque rayon d'espérance, « quand sur les fréquentes plaintes et cla- « meurs de ce Royaume, on publia la convo- « cation des États généraux à Blois, qui est « l'ancien remède des plaies domestiques et « comme une conférence entre le Prince et « les sujets, pour revenir ensemble à compte « *de la due obéissance d'une part, et de* « *la due conservation d'autre, toutes deux* « *jurées, toutes deux nées avec le nom*

« *Royal et règles fondamentales de l'Etat* « *de France ;* mais de cette chère et pénible « entreprise ne resta sinon l'autorisement du « mauvais conseil d'aucuns, qui se feignant « bons politiques, étoient en effet très mal « affectionnés au service de Dieu et bien de « l'Etat : lesquels ne s'étant contentés de « jetter le Roi, de son naturel très enclin à « la piété, hors de la sainte et très utile dé- « libération qu'à la très humble requête « de tous ses États, il avoit fait de réunir « tous ses sujets à une seule Religion Catho- « lique, Apostolique et Romaine, afin de les « faire vivre en l'ancienne piété avec laquelle « ce Royaume avoit été établi, s'étoit con- « servé, et depuis accru jusques à être le plus « puissant de la Chrétienté, qui se pouvoit « alors exécuter sans péril et presque sans « résistance, lui auroient au contraire per- « suadé être nécessaire pour son service « d'affoiblir et diminuer l'autorité des Princes « et Seigneurs catholiques, qui avec grand « zèle avoient grandement hazardé leurs vies « combattant sous ses enseignes, pour la « défense de la Religion Catholique : comme

« si la réputation qu'ils avoient acquise par « leurs vertus et fidélité, les eût dû rendre « suspects, au lieu de les faire honorer. »

La foiblesse de Henri III, l'empire qu'exerçoient sur lui des hommes insensés et pervers, le renversement des anciennes règles, le progrès sans cesse croissant de l'influence calviniste, le pouvoir royal près de tomber entre les mains d'un Prince élevé dans l'hérésie, et qui alors même combattoit pour elle, tout cela ne justifioit que trop les alarmes des catholiques.

D'autres griefs d'une autre nature venoient se joindre en foule à ces graves appréhensions : les lois sans force, les droits les plus saints violés ouvertement, tous les Ordres de l'Etat opprimés par un arbitraire intolérable : « outre le mépris des choses sacrées de la « sainte Eglise de Dieu, en laquelle désormais « tout est tollu et pollu, la Noblesse annul- « lée, asservie et vilennée et tous les jours « foulée misérablement de taxes et indues « exactions qu'elle paie malgré elle, si elle « veut substanter la vie, c'est-à dire, boire, « manger et se vêtir; les villes, les officiers

« Royaux et menu peuple serrés de si « près par la fréquentation de nouvelles « impositions que l'on appelle inventions, « qu'il ne reste plus rien à inventer, sinon « le seul moyen d'y donner un bon re- « mède ».

Que faire en ces circonstances? Falloit-il souffrir qu'on abolît, avec la Religion catholique, apostolique, romaine, la loi première et fondamentale de l'Etat? Falloit-il ployer sous l'oppression, abandonner des droits non moins légitimes, non moins sacrés que ceux de la royauté même, consentir à l'établissement d'un régime arbitraire, en sacrifiant toutes les antiques libertés nationales, et enfin, par je ne sais quelle superstition d'obéissance, accepter passivement la servitude, et laisser périr la société chrétienne? Les catholiques ne le pensèrent pas. Chacun d'eux, élevant la voix, s'écria comme Mathathias : « Quand tous obéiroient au Roi, et renonce- « roient à la loi de leurs pères, pour se sou- « mettre à ses commandements; moi, mes fils « et mes frères, nous obéirons à la loi de nos « pères. Que Dieu nous soit propice! Il ne

« nous est pas bon d'abandonner ses justices et « sa loi [1] ».

De là cette généreuse et invariable résolution, qui, pour le salut de la France, triompha de tous les obstacles, et raffermit autant qu'il se pouvoit alors, sur leur vrai fondement, les libertés publiques et la royauté.

« Pour ces justes causes et considérations, « nous Charles de Bourbon, premier Prince « du sang, Cardinal de l'Eglise Catholique, « Apostolique et Romaine, comme à celui qui « touche de plus près de prendre en sauve- « garde et protection la Religion Catholique « en ce Royaume, et la conservation des bons « et loyaux serviteurs de sa Majesté et de « l'État, assisté de plusieurs Princes du sang, « Cardinaux et autres Princes, Pairs, Prélats, « Officiers de la Couronne, Gouverneurs de « Provinces, principaux Seigneurs, Gentils- « hommes, de beaucoup de bonnes Villes et « Communautés, et d'un bon nombre de bons « et fidèles sujets, faisant la meilleure et la « plus saine partie de ce Royaume; après

---

[1] I Machab., II, 19, 20.

« avoir sagement posé le motif de cette entre-« prise, et en avoir pris l'avis, tant de nos « bons amis très affectionnés au bien et repos « de ce Royaume, que des gens de savoir et « craignant Dieu, que nous ne voudrions of-« fenser en ceci pour rien du monde : décla-« rons avoir tous juré et saintement promis « de tenir la main forte, et armes, à ce que « la sainte Eglise de Dieu soit réintégrée en sa « dignité et en la vraie et seule catholique Re-« ligion; que la Noblesse jouisse, comme elle « doit, de sa franchise toute entière, et le « peuple soit soulagé, de nouvelles imposi-« tions abolies, et toutes crûes otées, depuis le « Règne du Roi Charles neuvième, que Dieu « absolve; que les parlements soient remis en « la plénitude de leurs connoissances et en « leur entière souveraineté de leurs jugements, « chacun en son ressort, et tous sujets du « Royaume maintenus en leurs gouverne-« ments, charges et offices, sans qu'on leur « puisse ôter sinon en trois cas des anciens « établissements et par jugement des juges or-« dinaires, ressortissant ès parlements ».

Cependant le respect pour la souveraineté

demeuroit tout vivant au fond des cœurs, alors même qu'une nécessité extrême et les plus saints devoirs obligeoient les catholiques d'opposer au Pouvoir égaré, mais non encore déchu, une efficace résistance.

« Protestant, disent-ils, que ce n'est con-« tre le Roi notre souverain Seigneur que pre-« nons les armes, ains pour la tuition et dé-« fense de sa personne, de sa vie et de son « Etat, pour lequel nous jurons et promettons « tous exposer nos biens et nos vies, jusqu'à « la dernière goutte de notre sang, avec pa-« reille fidélité qu'avons fait par le passé : et « de poser les armes aussitôt qu'il aura plu à « sa Majesté faire cesser le péril qui menace « la ruine du service de Dieu et de tant de « gens de bien : ce que nous supplions très « humblement faire au plutôt, témoignant à « chacun par vrai et bon effet, qu'il est vrai-« ment Roi très chrétien : ayant la crainte de « Dieu et le zèle de la Religion empreints en « son âme, ainsi que nous l'avons toujours « connu, et comme bon père, et Roi très af-« fectionné à la conservation de ses sujets. En « quoi faisant, sa Majesté sera d'autant plus

« obéie, reconnue et honorée de nous et de « tous les autres sujets, avec beaucoup de « bienveillance; ce que nous désirons sur « toutes les choses du monde ».

Ainsi, dévouement sans bornes, soumission pleine d'amour au Prince fidèle à Dieu, et qui gouverne selon sa loi. Mais si, abusant contre ce même Dieu de la puissance qu'il a reçue de lui, il s'affranchit de ses commandements, met en péril la foi des peuples, substitue la force au droit, ses volontés à la justice, renverse les règles, et s'efforce d'élever un pouvoir humain sur toutes ces ruines : résistance inflexible, inébranlable résolution de tout sacrifier, repos, biens, et la vie même, plutôt que de subir cet indigne joug, et d'humilier devant un homme des fronts que le Christ a marqués du sceau de la liberté. C'est là ce que fit la Ligue. Elle appela les vrais chrétiens à la défense des seules choses qui donnent du prix à notre frêle existence; et les convoquant, au nom de tout ce qui est doux et sacré, sous la bannière du Roi-Sauveur, elle leur dit : « Recevons avec nous tous les « bons qui auront zèle à l'honneur de Dieu et

« de sa sainte Eglise, et au bien et réputation « de la très chrétienne Religion françoise, « sous protestation néanmoins de ne poser « jamais les armes jusques à l'entière exécu- « tion des choses susdites, et plutôt y mourir « tous de bon cœur, avec désir d'être amon- « celés dans une sépulture consacrée aux der- « niers françois morts en armes pour le ser- « vice de Dieu et de leur patrie ».

Libéraux, gallicans, montrez-nous une doctrine qui inspire des sentiments semblables et de semblables paroles, alors, peut-être nous vous écouterons. Mais ne vous flattez pas de nous faire descendre jusqu'à vos lâches et serviles systèmes. Que si la Révolution, violant tous les droits religieux et politiques, nous replaçoit, sous ce rapport, dans des circonstances pareilles à celles où se trouvèrent nos pères, nous tournerions sur eux nos regards, et nous animant à la vue des grands exemples qu'ils nous ont laissés, nous dirions : Et nous aussi *mourons dans notre simplicité : il est beau de mourir pour les saintes lois de Dieu et de la patrie*[1].

---

[1] I Machab., II, 37. *Ibid.*, cap. VI, 28.

CHAPITRE III.

Conséquences de ce qui précède.

Reprenons en peu de mots ce qui vient d'être dit. On a fait voir d'abord qu'il n'existe, à proprement parler, qu'une société, la société spirituelle, parce que les hommes ne peuvent être unis que par des croyances communes, d'où résultent des devoirs communs. Les lois civiles, qui règlent uniquement les rapports externes, supposent donc des lois antérieures, qui pénètrent au dedans de l'homme, pour régler ses pensées et ses affections, et par conséquent une autorité souveraine et infaillible de laquelle émanent ces lois, et qui les rende moralement obligatoires: de sorte qu'on ne sauroit concevoir, d'une part, l'existence de la société civile, s'il n'existoit pas auparavant une société spirituelle où se trouve le véritable lien des hommes entre eux; ni, de l'autre, la possibilité que ces deux sociétés existent séparément, dans une parfaite indépendance, et sans un ordre de relation qui subordonne la société civile à la société spirituelle qui en est le fondement.

On a montré ensuite que le libéralisme dogmatique détruit toute société spirituelle, en proclamant la souveraineté de chaque raison; qu'au lieu de croyances communes et permanentes, il ne peut plus y avoir dès lors que des opinions individuelles perpétuellement variables; que la notion même de loi et de devoir est, dans ce système, non seulement incompréhensible, mais manifestement absurde, et qu'il établit de droit et de fait, sous le nom de liberté, une irremédiable anarchie des esprits. Or la société civile repose sur la société spirituelle; donc en détruisant la société spirituelle, le libéralisme dogmatique détruit aussi la société civile.

Il la détruit encore par une autre voie, de son propre aveu. Car la société, même purement civile, renferme dans sa notion une souveraineté, un pouvoir qui commande et à qui l'on obéisse: et comme ce pouvoir commande à des êtres intelligents, il doit être lui-même intelligent, et, s'il est souverain, souverainement intelligent; « autrement on « seroit contraint de dire que la souveraineté « de droit peut appartenir à l'erreur, au mal, « à une volonté qui ignore ou repousse la « justice, la vérité, la raison [1]. » Donc la vraie souveraineté, *la souveraineté de droit*, appartient primitivement à Dieu, « parce « qu'il est infaillible, parce que sa volonté, « comme sa pensée, est la vérité, rien que « la vérité, toute la vérité [2] »

Mais Dieu ne gouverne pas immédiatement le genre humain. Il faut à chaque peuple un pouvoir extérieur qui le régisse, et il faut de plus que ce pouvoir soit légitime, ou possède la souveraineté de droit; sans quoi, ne différant pas de la force matérielle, nul ne seroit tenu à l'obéissance envers lui. Mais la souveraineté de droit implique nécessai-

---

[1] M. Guizot.

[2] *Idem.*

rement l'infaillibilité. Si donc, comme le soutient le libéralisme dogmatique, il n'existe et ne peut exister sur la terre aucune autorité infaillible, qui gouverne directement, ou qui dirige ceux qui gouvernent, et procure par eux l'observation de la Loi immuable de justice et de vérité; il ne peut exister non plus aucune souveraineté de droit, et la société civile croule par le fondement, aussi bien que la société spirituelle.

Après avoir prouvé que ce sont là les conséquences inévitables des doctrines du libéralisme, nous faisons voir que tout ce qu'il exige pour constituer une société parfaite, se trouve dans le christianisme complet ou le christianisme catholique, et ne se trouve que là : de sorte que la négation du catholicisme équivaut, parmi les chrétiens, à la négation de toute société soit spirituelle, soit civile; qu'avec lui l'ordre entier, tel même que le conçoit le libéralisme dogmatique, naît à l'instant, et qu'il disparoît sans retour avec lui.

Observant ensuite que le libéralisme, considéré comme un des partis entre lesquels se divise actuellement la société, offre quelque chose de trop constant et de trop général pour que l'erreur en soit l'unique principe, nous cherchons ce qui constitue, si on peut le dire, son essence, ce qu'il y a d'uniforme et d'invariable en lui, et nous trouvons qu'il n'est, toute doctrine mise à part, que le sentiment qui, partout où règne le christianisme, soulève une partie de la population, au nom de la liberté; sentiment juste et vrai, et qui, en réalité, n'est que l'impuissance où tout peuple chrétien est de supporter un gouvernement arbitraire, ou le joug d'un pouvoir purement humain.

Mais cette liberté à laquelle aspire le libéralisme, il ne sauroit l'atteindre, parce que les fausses maximes qui dirigent son action, l'en éloignent nécessairement. En niant la communication du pouvoir divin, il nie la possibilité même d'un pouvoir légitime, et dès lors il est contraint ou de détruire la société, ou d'accepter la servitude. En niant l'existence d'une Loi commune, immuable, universelle, de justice et de vérité, *obligatoire* pour chacun, il nie que le pouvoir, quel qu'il soit, ait d'autre règle que sa pensée et sa volonté; et il est de nouveau contraint ou de détruire le pouvoir, et avec lui la société, ou d'accepter la servitude.

Si maintenant nous considérons le parti opposé au libéralisme, c'est-à-dire, cette fraction de la société qui se range autour des gouvernements établis, pour les défendre contre les attaques continuelles dont ils sont l'objet; ici encore, on doit reconnoître un sentiment juste et vrai, le sentiment de la nécessité indispensable du pouvoir, d'un pouvoir légitime ou originairement divin, pour conserver quelque ordre sur la terre, et prévenir la ruine totale de la société.

Mais, d'une autre part, les royalistes, ou plutôt les gallicans, en séparant, comme les libéraux, d'une manière absolue, l'ordre temporel de l'ordre spirituel, ne laissent comme eux au pouvoir que sa pensée et sa volonté pour règle, et consacrent ainsi, et à jamais, la tyrannie des Rois et la servitude des peuples : de sorte que leur doctrine, qui aboutit de fait aux mêmes conséquences que celle du libéralisme, n'est pas moins destructive de la société. Les uns, au nom de la liberté, établissent l'esclavage ; les autres, au nom de l'obéissance, établissent l'arbitraire, et, par une suite prochaine, l'anarchie : tous choquent violemment la raison et la conscience humaine.

L'histoire du monde, à aucune époque, ne présente rien de semblable. Jamais, depuis l'origine du christianisme, on n'avoit enseigné que les Princes sont, *par l'ordre de Dieu*, indépendants de toute autorité spirituelle, c'est-à-dire, indépendants de Jésus-Christ et de sa loi ; jamais, avant le christianisme, on n'avoit cru que le droit de commander pût appartenir à quiconque ne reconnoissoit pas la Loi divine, la Loi immuable et universelle, pour règle de son pouvoir. Jamais non plus on n'avoit songé à soumettre cette loi au jugement de chaque homme, ou, en d'autres termes, à la dépouiller de son caractère de loi, pour la transformer en une simple opinion qu'on peut admettre ou rejeter à son gré, et qui n'impose aucune obligation réelle. C'est là ce qui rabaisse le libéralisme au-dessous même de l'état païen : et il falloit nécessairement qu'il en vînt jusqu'à cet excès, dès qu'il protestoit contre l'autorité de l'Église chrétienne ; car il étoit contraint de protester en même temps contre la foi de tous les peuples et de tous les âges, contre les traditions générales qui forment une partie des dogmes invariables de l'Église, et sur lesquelles repose son autorité. Réduit dès lors au jugement privé, pour unique fondement du vrai et du juste, et forcé de renverser la base de la société spirituelle en proclamant l'indépendance ou la souveraineté de chaque raison, tout moyen d'établir une société quelconque lui échappoit au même instant, et dépassant ainsi de bien loin les limites connues du désordre, il se mettoit, par sa doctrine et les conséquences de sa doctrine, hors de la civilisation païenne elle-même, hors du genre humain.

Il est visible que la Chrétienté, divisée entre deux partis, l'un desquels rêve l'établissement d'un pouvoir impossible, d'un pouvoir sans règle, libre de toute loi divine ou humaine extérieurement obligatoire ; et l'autre essaie de constituer, parmi des êtres intelligents, un ordre purement matériel, une république de souverains où l'on ne peut concevoir ni l'autorité ni l'obéissance, ni un droit ni un devoir : il est visible, disons-nous, que la Chrétienté périroit, si un pareil état se prolongeoit indéfiniment. Deux principes se combattent dans son sein : la force aveugle, et indépendante de la justice et de la vérité, qu'on a nommée pouvoir; l'autorité conservatrice de la vérité et de la justice, qui tend à replacer les nations chrétiennes sous l'empire d'une loi immuable, et à les affranchir de la servitude de l'homme, en les soumettant à la souveraineté de Dieu. L'esprit lutte contre la matière, la raison éternelle contre l'opinion variable, la foi contre le doute, l'ordre contre le désordre, la liberté contre l'esclavage qui, de toutes parts, sort des maximes publiquement établies : et ce qui reste de vie sociale n'est dû qu'à l'influence qu'exerce encore le Christianisme, malgré, non pas les Princes, mais les gouvernements, sur les mœurs et même sur les lois. Or un combat de cette nature ne sauroit ni durer toujours, ni se prolonger long-temps. La puissance extérieure, soit qu'elle favorise l'anarchie libérale, soit qu'elle s'allie au gallicanisme, dirigée par de fausses doctrines et leur prêtant son appui, finiroit par anéantir la société spirituelle et toute société. Il faut donc ou que la dissolution universelle se consomme, et que le genre humain expire sur les débris de l'ordre, ou que le Christianisme triomphe définitivement.

En même temps que les erreurs diverses sous l'influence desquelles ils sont placés, en éloignent momentanément les peuples, ils gravitent vers lui en vertu d'une force interne qui se manifeste dans les vœux, les sentiments, j'ai presque dit l'instinct des partis. Que veulent en effet les royalistes? un pouvoir légitime et stable qui les préserve de l'anarchie. Que veulent les libéraux? la liberté, c'est-à-dire, une autorité qui les préserve de l'oppression d'un pouvoir sans règle, en maintenant le règne de la justice, qui n'est que le règne de Dieu. L'union de ces deux choses satisferoit aux désirs de tous, aux désirs réels, indépendants des systèmes et des passions; et jamais l'ordre ne renaîtra et le calme avec lui, qu'ils ne soient pleinement satisfaits, car ils renferment les conditions premières de l'existence de la société.

Mais ces conditions indispensables, on ne les trouve, nous le répétons, que dans le christianisme catholique. Sans lui, point de pouvoir légitime et stable pour les nations qu'il a élevées à l'intelligence du *droit :* sans lui encore, point de garantie contre l'abus de la puissance, contre l'arbitraire et la tyrannie; nous l'avons, ce nous semble, clairement prouvé.

Donc le salut du monde social dépend du retour des peuples au vrai christianisme, dont ils se sont partout politiquement détachés. Il faut, de toute nécessité, qu'ils se reconstituent chrétiennement, sous le régime divin, qui, liant l'ordre temporel à l'ordre spirituel et les ramenant à un centre commun, explique l'autorité et l'obéissance, et subordonne la force à la raison, à la justice, à la vérité infailliblement connue. Jusque là nulle paix, nul repos; car « si le législateur, se trompant « dans son objet, établit un principe différent « de celui qui naît de la nature des choses, « l'État ne cessera d'être agité, jusqu'à ce qu'il

« soit détruit ou changé, et que l'invincible « nature ait repris son empire [1]. »

Mais pour que cette grande restauration de la société s'opère, qu'on se persuade bien d'abord, que le temps en doit être le premier ministre, et que des générations successives passeront, avant que les peuples y soient complètement préparés : en second lieu, que l'intervention de la puissance civile, et en général tout moyen de contrainte, loin d'en hâter le progrès, n'auroit d'autre effet que de la retarder indéfiniment. Elle ne sauroit être réelle et durable, qu'autant qu'elle sera le fruit d'une profonde persuasion. Il s'agit de changer, non l'état matériel des choses, mais l'état des intelligences. Elevez au dessus des ruines de la civilisation chrétienne le sacré flambeau de la vérité ; qu'il brille à tous les yeux, et que ses rayons se prolongeant à travers les nuages de l'erreur, éclairent peu à peu les esprits égarés en des voies trompeuses. Montrez sous toutes leurs faces, les immuables principes du droit ;

---

[1] Contrat social.

développez les lois éternelles, fondement inébranlable du pouvoir et de la liberté, jusqu'à ce que la raison, lasse enfin de ses stériles labeurs, comprenne qu'il n'y a, et ne peut y avoir, hors du christianisme catholique, qu'erreur, désordre, calamités et servitude sans remède.

Cette noble et pacifique conquête des intelligences, forcées par l'ascendant de la vérité et de l'amour à venir d'elles-mêmes reprendre la place que leur assigna le Créateur dans *la plus parfaite des cités, sous le plus parfait des monarques*, pour parler avec Leibnitz; cette sublime mission proposée par la Providence aux catholiques, et dont l'objet est de sauver une seconde fois le genre humain, en le ramenant des extrémités de l'esclavage et de l'anarchie à l'unité, source et perfection de l'ordre, et à *la liberté des enfants de Dieu*, exige que la discussion soit, de part et d'autre, dégagée de toute entrave, afin que nul ne puisse dire, nul ne puisse penser n'avoir pas été entendu, et que la conclusion dernière, résultat général des efforts particuliers, ne semble pas être le triomphe de quelques hommes sur d'autres hommes, mais une victoire commune, qui assure à chacun la jouissance d'un bien, qui n'est pour qui que ce soit un avantage exclusif, une propriété en quelque manière personnelle, et que tous possèdent indivisiblement.

Lorsque les croyances sociales, n'ayant point encore été altérées, subsistent dans leur pleine vigueur, et règnent sans opposition sur le peuple entier, on conçoit que l'autorité publique tremble à l'apparence d'une scission, et regarde comme un devoir de la prévenir, en interdisant des controverses inutiles et dangereuses. C'est la sagesse et la raison même qui commandent d'en user ainsi. Mais quand déjà la scission existe, quand les croyances sont divisées, et que des opinions sans nombre ont succédé à l'antique foi, alors l'unité ne peut renaître qu'à la suite d'un libre combat. Le silence laisse chacun dans sa conviction, et la moindre gêne apportée à la discussion l'y confirme. Ceux qui, effrayés de l'erreur, sollicitent aujourd'hui des restrictions à la faculté légale de défendre par le raisonnement ce que l'on croit vrai, s'abusent doublement. Dans l'état actuel de l'Europe, les gouvernements n'ayant aucunes doctrines, ou n'en ayant que de fausses, l'oppression de la censure pèsera presque exclusivement sur les catholiques, ainsi qu'on l'a vu durant la révolution, et long-temps avant, depuis Louis XIV, sous le despotisme gallican de la monarchie dégénérée. De plus, c'est en vain qu'on essaie d'enchaîner la parole, tant qu'on ne peut enchaîner la pensée elle-même. Malgré les obstacles qu'on oppose à sa manisfestation, elle se dégage de tous les liens et se produit forcément au dehors. Renoncez donc à l'idée folle de mettre les esprits aux fers; comprenez que, lorsqu'ils s'égarent, on ne les ramène jamais que par une libre persuasion, et qu'on ne les soumet à ce qui est juste et vrai, que par des armes toutes spirituelles. Le mal, le grand mal est qu'on n'a pas foi à la puissance de la vérité; on croit à la violence de l'homme, et l'on ne croit pas à la force de Dieu.

Tel est le besoin qu'ont les nations d'un pouvoir légitime et de la liberté, qu'il est impossible que, tôt ou tard, après avoir inutilement cherché l'un et l'autre hors du christianisme, elles ne reconnoissent pas qu'en lui seul est la source du droit et du devoir, la règle souveraine de ceux qui commandent, la sauve-garde de ceux qui obéissent, le principe enfin de l'existence sociale. Alors les peuples seront préparés pour une restauration véritable. Jusque là on ne doit pas se flatter d'arrêter le mouvement qui les précipite, eux et leurs chefs, dans des voies de désordre, errant comme Israël dans le désert, et ne trouvant nulle part de *cité habitable*[1]. L'unique but immédiat que l'on puisse aujourd'hui se proposer raisonnablement, est de seconder ce retour par des moyens appropriés à la situation des esprits, c'est-à-dire, en essayant de répandre la lumière sur les questions vitales d'où dépend le salut du monde, et en le disposant ainsi à tirer, des expériences fatales que l'on continuera de tenter, les hautes instructions qu'elles renferment. Du reste il n'est donné à personne de pré-

---

[1] Ps. CVI, 4.

voir de quelle manière l'Église et l'État, quand le moment sera venu, se replaceront dans leurs vrais rapports. Il est certain qu'une intime alliance s'établira de nouveau entre les deux sociétés, spirituelle et politique : mais quelle en sera la forme? On l'ignore. La Providence divine gouverne le genre humain par des lois invariables dans leur essence, et flexibles dans le mode de leur application. Ce qu'il est seulement important qu'on sache, c'est que l'Église n'a rien, à cet égard, à désirer pour elle-même. Plus, en demeurant libre, elle est séparée de ce qui passe avec le temps, plus elle acquiert de vigueur interne. Quelle que soit l'influence qu'elle exerce extérieurement sur les souverainetés, toujours elles tendent à s'en affranchir par l'effet des passions humaines. Cela s'est vu à toutes les époques, et l'Église ne sauroit défendre, selon l'institution divine, le droit contre la force, que la force ne réagisse contre l'Église pour la dominer. Aucun des avantages que peut lui offrir l'État, ne compense, à beaucoup près, les dangers de la guerre qu'il lui faut perpétuellement soutenir pour conserver son indépendance. Elle a constamment bien plus à craindre qu'à espérer des princes; son véritable appui est dans la confiance des foibles qu'elle protége en maintenant la Loi de justice : leur amour, voilà sa puissance. Ce sont eux plus que les Rois qui la dotèrent dans les temps antiques, et leurs offrandes qui forment en partie le patrimoine du pauvre, suffiront à ses besoins, toutes les fois qu'un despotisme persécuteur n'interposera point ses volontés arbitraires et tyranniques entre elle et la piété des peuples. Elle n'a donc nul intérêt propre à renouer les liens qui l'unissoient au corps politique : ce n'est pas, quoi qu'on en dise, un sujet d'ambition pour elle; c'est une nécessité des choses, une loi immuable de la société. Le reproche d'envahissement qu'on adresse au *parti-prêtre*, l'intention qu'on lui attribue d'usurper le pouvoir civil, a pour cause, non des faits réels, mais un sentiment vague de cette nécessité : et quant à sa véritable action, que l'on sent partout et que l'on n'aperçoit nulle part sous une forme déterminée, ce qu'on prend pour le résultat d'un dessein profondément conçu, n'est que le travail intérieur du Christianisme dans une nation croyante, et, si l'on peut ainsi parler, la végétation naturelle de l'ordre.

Mais, pour qu'il se développe complètement, il ne suffit pas que les hommes en éprouvent le besoin, et qu'ils comprennent que ce besoin ne sauroit être satisfait que dans le catholicisme et par le catholicisme. De nombreux obstacles matériels s'opposent et s'opposeront encore long-temps à la renaissance de la société chrétienne. Soumis, depuis des siècles, à l'influence de certaines doctrines diverses dans leurs formes, identiques par leur opposition au Christianisme catholique, les gouvernements trouvent en eux-mêmes une difficulté presque insurmontable à se modifier selon que l'exige l'état actuel du monde. Les institutions, privées de l'esprit qui les animoit originairement, ont cessé d'être en rapport avec les vrais intérêts des peuples. Quelques-unes subsistent, sans se lier à rien, comme de simples souvenirs du passé : parmi les autres, il en est peu qui ne soient devenues, par le vice inhérent au fond même de la société anti-chrétienne, ou de puissants moyens d'anarchie, ou des instruments de despotisme. Le pouvoir sans règle flotte au hasard; altéré jusque dans sa source, il a perdu, si je l'ose dire, son affinité native avec l'ordre. De là il résulte que, ne pouvant subsister tel qu'il est, il ne peut non plus réparer les ruines qu'il a faites, ni ses propres ruines: vérité déplorable en elle-même, et plus encore, s'il est possible, dans ses conséquences; car il s'ensuit, d'une part, qu'un changement fondamental dans le système social actuel, est nécessité par la nature des choses, et, de l'autre, que ce changement ne sauroit s'opérer sans des commotions violentes. Sur quoi nous remarquerons que le christianisme, dans les grandes révolutions qui bouleversent les États dont il a cessé d'être le principe constitutif, n'agit jamais directement pour renverser ce qu'il y a même de plus opposé à son essence. Il se tient, pour ainsi dire, en dehors du mouvement, et Dieu arrive à ses fins par des voies toutes différentes. En vertu des lois générales par lesquelles il régit le monde, l'erreur est chargée d'accomplir les destructions nécessaires, et la vérité ensuite rassemble et féconde les éléments qui doivent servir à la régénération voulue de lui. Ainsi les gouvernements, quels qu'ils soient, n'ont aujourd'hui rien à redouter de son influence. Sans doute il n'existe plus de royauté chrétienne [1]; sans doute l'obéissance due maintenant au pouvoir, n'est pas l'obéissance qui lui étoit due, lorsqu'il se présentoit au respect des peuples, comme le Vicaire au temporel, l'image vivante du Christ-Roi. Cependant on ne laisse

[1] Qu'on nous comprenne bien : la destruction du système chrétien qui unissoit les deux Puissances suivant un ordre de subordination naturel et divin, étant un fait reconnu de tout le monde, et le fondement même du droit public moderne, il s'ensuit nécessairement que la royauté n'est plus, ne peut plus être ce qu'elle étoit dans ce système universellement repoussé aujourd'hui. Elle a cessé d'être *légitime*, selon le sens chrétien du mot, pour devenir simplement *légale*; de sorte que renverser la souveraineté, c'est renverser un ordre *légal*, et non pas un ordre *divin*; car il n'y a d'ordre divin, sous l'empire du christianisme, qu'en Jésus-Christ et par Jésus-Christ, à la fois Pontife et Roi. Il appartient aux princes surtout d'examiner ce qu'ils ont gagné à ce changement.

pas de lui devoir une véritable soumission, en tant qu'il maintient encore un ordre partiel dans la société; car cet ordre dérive originairement de Dieu, il en prescrit la conservation, et la force, en soi dépourvue de droit, devient alors occasionellement son ministre. Voilà comment le chrétien lui obéit toujours, et n'obéit qu'à lui, fidèle à tout ce qui est juste, invincible à tout ce qui ne l'est pas.

Mais, quand le désordre, atteignant l'essence même du pouvoir, a envahi l'État entier, une autre loi se développe, loi de destruction, indispensable pour préparer le renouvellement futur. On a voulu l'erreur, on a voulu le mal, et le mal et l'erreur agissent selon leur nature. Ils renversent violemment, ou dissolvent peu à peu, ce qui forme un obstacle à l'action réparatrice du principe vital. C'est la tempête qui purifie l'air, c'est la fièvre qui sauve le malade, en expulsant ce qu'il y a de vicié dans son organisation. Il est donc conforme aux lois de la Providence que les fausses doctrines qui égarent les peuples continuent de prédominer, jusqu'à ce qu'elles aient accompli, au degré nécessaire que Dieu connoît, la destruction qui doit précéder l'œuvre de la régénération sociale; comme, en même temps, il faut que les vérités d'où dépend cette régénération, pénètrent les esprits disposés à les recevoir par une profonde lassitude de l'erreur, et par tout ce que l'anarchie entraîne après elle de malheurs et de calamités. Considérons un moment, sous ce point de vue, ce qui se passe sous nos yeux: si nous y trouvons des sujets de douleur, nous y trouverons des motifs d'espérance, et cette sorte de joie élevée qu'on éprouve en contemplant les voies merveilleuses de la sagesse divine dans sa conduite sur le genre humain.

CHAPITRE IV.

Progrès de la Révolution politique.

Il y a encore, bien qu'en petit nombre, de bonnes gens qui s'imaginent que deux ou trois hommes, dans leur cabinet, en arrangeant symétriquement quelques articles qu'ils appellent fondamentaux, ont créé une société, décidé toutes les grandes questions qui agitent les esprits, et fixé à jamais les destins du monde. Rien ne trouble leur quiétude : *ils ont des yeux et ne voient pas, des oreilles et n'entendent pas :* ce sont les heureux du siècle des lumières. Mais il s'en faut de beaucoup que la masse du peuple partage cette idiote sécurité. Une secrète inquiétude, de vagues alarmes, et comme un triste pressentiment de nouveaux désordres et de calamités nouvelles, voilà, au contraire, ce que l'on trouve presque partout. La plus simple réflexion suffit pour faire comprendre que l'état présent ne sauroit durer, que nous marchons vers une catastrophe. Chaque jour des voix indépendantes l'annoncent; elles en indiquent les causes, elles expliquent par quelles voies on y sera conduit [1]. Les révolutionnaires seuls affectent de croire à la stabilité de ce qui est. Ils se rient de la crainte générale qu'inspire leur ascendant toujours plus marqué. Quiconque soulève un coin du voile qui nous cache l'avenir, devient aussitôt l'objet de leurs accusations hypocrites, et pour eux, prévoir c'est conspirer. Écoutez-les; jamais la France ne fut plus tranquille, ni son gouvernement mieux affermi. Qui songe aujourd'hui à des changements? Et cependant ces changements auxquels nul ne songe, ils les provoquent sans relâche dans leurs pamphlets, dans leurs journaux, à la tribune même; et dès que le pouvoir s'arrête, ou paroît vouloir s'arrêter dans la route qu'ils lui

---

[1] Voyez l'ouvrage de M. Cottu, intitulé : *Des moyens de mettre la Charte en harmonie avec la Royauté.*

tracent impérieusement, ils grondent, menacent, et lui montrent la mort à côté de la résistance.

Mais pour se faire une idée nette de notre position sous ce rapport, il est nécessaire de remonter plus haut et jusqu'à l'époque où la Providence rappela de l'exil la famille de nos anciens rois. Nous ne chercherons point ce qu'auroit pu être la restauration, nous dirons ce qu'elle fut. Au lieu d'établir une monarchie, on constitua, comme nous l'avons prouvé ailleurs [1], une république démocratique, afin de concilier le passé et le présent, ainsi que l'expliquoient les habiles. La puissance souveraine appartient au présent; le passé accepta en échange une fiction : et de là cette belle harmonie qu'on a vu depuis quatorze ans, et cette paix qui, nous assure-t-on, ne doit être rien moins qu'éternelle.

Le premier résultat d'un traité semblable qui laissoit indécise pour le grand nombre la nature du gouvernement, dut être de produire

---

[1] De la Religion considérée dans ses rapports avec l'ordre politique et civil; chap. Ier.

une double tendance, une double action dans l'État : et si c'est là ce qu'on entend, lorsqu'on dit que l'opposition est de l'essence même du gouvernement représentatif, on a toute raison. Deux principes se combattent dans la république qu'on nous a créée, le principe des institutions, radicalement démocratique, et le principe de la monarchie despotique de Louis XIV. Il étoit, quoi qu'on fît, aussi impossible d'éviter cette lutte, que d'empêcher deux forces opposées et coexistantes de tendre à se développer et à prévaloir.

Quand donc les deux partis entre lesquels la France se divise, se sont mutuellement reproché des vues contraires au strict maintien de l'ordre, ou du désordre établi, ils n'ont, de part et d'autre, rien dit que de très vrai, en ce sens que les royalistes favorisent de leurs vœux et de leur influence le developpement de la royauté telle qu'ils la conçoivent, comme les libéraux favorisent le développement de la démocratie. Seulement on a eu le tort fréquent de trop attribuer aux desseins prémédités des hommes, ce qui n'est que la conséquence et l'effet naturel des choses.

En général les hommes, même les plus forts, ne sont jamais que des instruments à peu près passifs d'une cause supérieure indépendante de leur pensée et de leur volonté propre : placés au milieu du mouvement qui emporte la société, ils le hâtent, mais ne le produisent pas.

Bien que la Religion ne prît ni ne pût prendre aucune part directe à la guerre intérieure des partis, elle devint pour chacun d'eux, quoiqu'à divers degrés, quelque chose d'étranger, de gênant, d'hostile même, à raison des erreurs qu'ils professoient, et qui, implicitement ou explicitement, dirigeoient leur action. Le christianisme ne réprouve aucune forme de gouvernement, il s'allie à tout genre de police; mais par ses maximes et par son esprit, il est souverainement incompatible avec les doctrines d'anarchie et les doctrines de despotisme. Il ne pouvoit dès lors éviter d'être en butte aux attaques du Pouvoir et des ennemis du Pouvoir. L'abolir étoit impossible; on essaya de l'asservir.

Tout servit à ce dessein, et la proctection même. On en verra des exemples plus tard. Mais, chose remarquable, jusque dans la persécution qu'elle eut à subir, la nécessité de la Religion, ses rapports naturels, sa liaison intime avec l'ordre extérieur, se manifesta pleinement. On voulut, des deux côtés, l'attirer à soi. Le libéralisme s'efforça de la jeter dans les voies protestantes, et le Pouvoir de là ramener au gallicanisme du siècle précédent : moyens également sûrs de la détruire, mais qui montrent du moins que, dans tout système politique, elle occupe en dépit des hommes et de leurs opinions, une place fondamentale : et encore aujourd'hui, et plus que jamais, elle est en France le terme de toutes les discussions, et le centre de tous les mouvements.

Mais, pour nous renfermer dans le sujet de ce chapitre, il est évident que, la guerre dont nous venons de parler une fois établie, l'élément démocratique, à raison de la disposition générale des esprits, et de l'invincible force inhérente à tout ce qui sort du principe des institutions, devoit prévaloir contre une royauté non seulement affoiblie, mais en réalité purement fictive; car l'État tend toujours à se constituer sous une forme simple, et entreprendre d'allier la république et la monarchie, c'est semer des troubles sans fin, et déposer dans les lois mêmes un germe de révolution.

Le parti opposé aux intérêts du trône, a d'ailleurs, sur le fonds des choses disputées entre lui et le Pouvoir, un immense avantage de raison; et ceci c'est beaucoup, c'est tout à la longue. Que demandent les libéraux? l'exécution franche et loyale de la Charte jurée par le Prince. Il n'y a rien à répondre à cela.

Que demandent-ils encore? des lois complémentaires en harmonie avec cette charte, lois également promises par le Prince, et dont la nécessité est admise de part et d'autre. Il n'y a rien non plus à répondre à cela.

Mais la Charte, c'est la république; des lois complémentaires en harmonie avec la Charte ne peuvent être que des lois essentiellement républicaines, qui développent le principe démocratique des institutions, et le fassent pénétrer, par mille canaux divers, jusque dans les dernières branches de l'administration publique. De là une opiniâtre résistance du Pouvoir, qui ne se soutient devant la démocratie légale que par le despotisme administratif. Il combat pour sa vie contre les conséquences inflexibles de l'ordre qu'il a lui-même créé ; ce qui donne à ses adversaires toute la force de la logique, comme ils ont déjà la force des choses, la force de l'opinion, la force des passions, tandis qu'il s'affoiblit de jour en jour par l'apparence d'une mauvaise foi très éloignée de ses intentions véritables.

Les ministres, depuis quatorze ans, n'ont eu à tâche que de fixer ce qui existoit, quel qu'il fût, en résistant aux exigences des libéraux et des royalistes. Un *statu quo* universel a été toute leur politique. Ils semblent avoir ignoré que le monde aujourd'hui est travaillé de l'insurmontable besoin d'un ordre nouveau, qu'il s'efforce de réaliser sans le connoître ; qu'on n'arrête point le mouvement progressif de la société, qu'on le dirige tout au plus, et que dès lors il faut, sous peine de mort, que le gouvernement se décide entre les principes qui s'excluent. Les systèmes mitoyens n'ont d'autre effet

8

que de tourner contre lui tout ce qui, dans l'État, est doué de quelque action. On profite de ce qu'il cède pour l'attaquer avec plus de hardiesse et de succès : et comme il se croit obligé, pour maintenir l'équilibre des partis, de faire alternativement pencher la balance en faveur de chacun, il s'ensuit que, s'aigrissant toujours davantage, en proportion des espérances de triomphe qu'on leur a données, on s'approche aussi toujours davantage de la crise dernière et inévitable.

Des circonstances qui ne sauroient se reproduire désormais réunirent momentanément, il y a quelques années, toutes les forces de ce qu'on appeloit le parti royaliste. On accourut se ranger sous une commune bannière qui ne détruisoit pas, mais qui voiloit les dissidences réelles. La foule éblouie et pleine d'enthousiasme s'enivra d'illusions qu'étoient bien loin de partager les hommes dont le regard perçoit plus avant. Ils cherchoient en vain, dans cette alliance si brillante, les conditions qui pouvoient la rendre vraiment utile à la société. L'esprit qui ranime et qui vivifie les peuples éteints ne s'y trouvoit pas. Ce n'étoit au fond qu'une habile coalition d'intérêts, sans unité de doctrines, sans vues politiques un peu étendues, sans connoissance du mal qui ravage la Chrétienté et des remèdes qu'il exige. On disoit : Livrez-nous les places, et nous ferons marcher de front, avec un concert parfait, la démocratie constitutionnelle et le vieux despotisme gallican. Les places vinrent, le reste est encore à venir.

Imbu néanmoins de ces idées, que l'on croiroit à peine avoir pu entrer dans des têtes humaines, l'ancien ministère se proposa deux choses, qui en étoient la conséquence :

1° D'affoiblir l'opposition du parti royaliste à la démocratie;

2° D'affoiblir l'opposition de la démocratie au pouvoir qu'on nommoit royal.

Sur ce plan dont la réussite lui paroissoit à peu près certaine reposoit l'espoir qu'il avoit conçu de se perpétuer indéfiniment: et il est manifeste en effet qu'en affoiblissant les diverses oppositions, il affermissoit, autant que possible, sa propre existence. Son erreur fut de se persuader que ces oppositions gênantes résidoient dans les hommes et non dans les choses, dans quelques coteries et non dans la nation entière ; d'où il conclut que, pour les détruire, il suffisoit de les attaquer dans ceux qui en étoient les chefs et les principaux organes. De là le système de corruption et de violence qu'il adopta, et qu'il s'est obstiné à suivre jusqu'au bout avec une persévérance si aveugle. Intimider les foibles, briser ce qui resistoit, acheter ce qui étoit vénal, lui sembla un sûr moyen de parvenir à tout dominer. Mais il avoit omis de tenir compte dans ses calculs d'une force encore puissante, celle de la conscience et de l'honneur : elle le renversa. Tant il est vrai que le despotisme ne sauroit aujourd'hui s'établir, sous aucune forme, d'une manière durable.

Si, à l'époque où s'organisa le dernier ministère, le libéralisme s'étoit emparé de l'administration, c'eût été un événement moins funeste pour le trône ; car il existoit encore quelque union parmi les royalistes, et il se seroit infailliblement opéré une réaction favorable à ses intérêts. Ce qui l'a surtout ébranlé, c'est le succès partiel du plan conçu par les anciens ministres. Comme, en essayant de décomposer les deux oppositions, ils agissoient au nom du Pouvoir, le parti qui s'appuyoit sur le Pouvoir et qui le défendoit, a été complètement dissous. La révolution, au contraire, ménagée, flattée, mais inaccessible par sa nature à l'action du pouvoir royal, est demeurée toute vivante. Elle reçut avec dédain comme un tribut de la peur, les concessions qu'on se crut obligé de lui faire, et toujours plus menaçante, elle ne cessa d'en exiger de nouvelles et de les obtenir, jusqu'au moment où l'administration à laquelle elle devoit tant de reconnoissance, tomba sous le poids d'une réprobation universelle.

Alors on put mesurer l'espace qu'on avoit parcouru en six années. Il fut clair par le fait, comme il étoit déjà clair pour la raison, qu'on avoit constitué en France, sous le nom de gouvernement représentatif, une grande république : que la royauté n'étoit qu'une vaine apparence, une pure fiction; que ne pouvant exercer aucun acte quelconque d'autorité sans l'intervention légalement indispensable du ministère, le ministère lui étoit imposé malgré elle par le véritable souverain; que le ministère lui-même n'ayant de puissance que celle qu'il empruntoit de ce vrai souverain, il ne pouvoit agir en aucun sens avant d'avoir reçu ses ordres, ni s'écarter en rien de ces ordres une fois donnés. Il fut clair que la Chambre des Pairs n'avoit eu un moment d'influence réelle et de popularité, que parce qu'un moment elle étoit devenue le point d'appui, l'asile du principe démocratique; et dès qu'une fois il fut rentré, selon la nature des choses, dans la Chambre élective, la vraie puissance, la souveraineté, se trouva concentrée tout entière en elle. Il fut clair enfin, un peu plus tard, que la Chambre élective elle-même étoit dominée par une faction, qui a sa discipline, son gouvernement, ses agents partout répandus, et qui, à l'aide des journaux dévoués à ses sinistres projets, dispose de l'opinion publique libérale.

On sait tout ce qu'elle a exigé, tout ce qu'elle a obtenu, dans l'espace de quelques mois. On sait encore ce qu'elle exigera durant la session prochaine, et chacun voit le dernier terme où la France sera conduite, sans conspiration armée, par le simple développement naturel et nécessaire du principe démocratique des institutions, qui n'est lui-même que l'expression extérieure et matérielle du principe d'anarchie qui constitue le libéralisme dogmatique.

Tout se précipite tellement vers la catastrophe annoncée depuis long-temps par les hommes capables de prévoyance, qu'elle ne surprendra personne désormais. Le peuple en a le pressentiment. Une certaine classe d'habiles, pour les désigner par l'idée qu'ils ont d'eux-mêmes, se flattent seuls encore. Confondant les moyens de révolution qu'emploient les factieux, avec la cause même de la révolution, ils se persuadent qu'il seroit facile d'éviter celle-ci, parce qu'on peut, plus ou moins, arrêter l'action de ceux-là. A leurs yeux, le mal vient des erreurs ou de la foiblesse de ceux qui gouvernent, et ils s'en vont promenant leurs infatigables espérances de telle loi à telle autre loi, de tel homme à tel autre homme, qui sauveroit tout, croient-ils, si le pouvoir lui étoit confié. Ils ne voient pas que, bien qu'on puisse, à certain degré, opposer peut-être une résistance efficace à chaque attaque particulière, il y a une attaque générale, permanente, qui renaît sans cesse d'un principe toujours subsistant, et dont le succès devient dès lors infaillible tôt ou tard, parce qu'elle n'est que la tendance, la marche progressive de la société, telle qu'on nous l'a faite. Elle voudroit s'arrêter là où elle est, elle ne le pourroit pas; et de plus, il est impossible qu'elle le veuille, car elle ne peut volontairement se fixer dans un état de désordre et de souffrance: et, à mesure que cette souffrance, ce désordre croît, l'instabilité croît aussi, et la dissolution s'opère de plus en plus rapidement. Qui oseroit aujourd'hui compter sur la durée d'aucun ministère? Celui que les circonstances ont créé, lors des élections dernières, ne se maintient momentanément que par une obéissance passive aux ordres de la faction avec laquelle il s'est allié. La menace sur les lèvres, elle le traîne muet et tremblant devant tout ce qui se présente comme un obstacle à ses desseins ; elle lui commande de frapper, il frappe, et à chaque exécution, pour son salaire, elle lui permet de vivre encore quelques instants.

Mais il faudra cependant qu'il succombe ; ses lâches complaisances ne le sauveront pas. Même en accordant tout au libéralisme dominant, il lui est impossible de le satisfaire, parce que les concessions demandées, ne renferment jamais l'objet véritable, le dernier objet des vœux du parti à qui on les fait, que toujours elles tombent sur des points qui n'ont d'importance que comme moyens d'atteindre un but ultérieur, qu'elles laissent ainsi au fond des âmes le malaise qui les inquiète, les passions qui les tourmentent, et qu'enfin elles irritent de plus en plus le désir vague d'un état indéfini auquel on ne sauroit parvenir. Qu'on en juge par l'expérience : on s'est plaint de certaines mesures, de certains actes du gouvernement, puis du système entier de l'administration ; on a réclamé en des sens divers, des réformes, des lois, que chaque parti a tour à tour arrachées au Pouvoir. Qu'en est-il résulté ? loin de s'affoiblir, le mécontentement est allé croissant. Et aujourd'hui même qu'il n'existe plus en réalité de gouvernement, qu'il est devenu l'instrument, le jouet du plus audacieux ou du plus fort; aujourd'hui que la démocratie triomphe pleinement, y a-t-il plus de calme dans son propre sein? Trouveroit-on, quelle que soit d'ailleurs la nature de ses opinions, un homme, un seul homme qui veuille ce qui est, et ne veuille que ce qui est? Jamais, au contraire, on n'aspira avec une si vive ardeur, à un nouvel ordre de choses; tout le monde l'appelle, c'est-à-dire, appelle, sans se l'avouer et s'en rendre compte, une révolution.

Oui, elle viendra, parce qu'il faut que les peuples soient tout ensemble instruits et châtiés; parce qu'elle est indispensable, selon les lois générales de la Providence, pour préparer une vraie régénération sociale. La France n'en sera pas l'unique théâtre; elle s'étendra partout où domine le libéralisme, soit comme doctrine, soit comme sentiment, et sous cette dernière forme, il est universel. Mais, après la crise dont nous approchons, on ne remontera pas immédiatement à l'état chrétien. Le despotisme et l'anarchie continueront long-temps encore de se disputer l'empire, et la société restera soumise à l'influence de ces deux forces également aveugles, également funestes, jusqu'à ce que, d'une part, elles aient achevé la destruction de tout ce que le temps, les passions, l'erreur, ont altéré au point de n'être plus qu'un obstacle au renouvellement nécessaire; et, de l'autre, que les vérités d'où dépend le salut du monde, aient pénétré dans les esprits, et disposé toutes choses pour la fin voulue de Dieu.

Si cette longue attente paroît pénible; si, au milieu de tant de désordres et de calamités, le chrétien foible encore sent au dedans de soi comme une grande angoisse, qu'il se console en songeant qu'après tout l'épreuve sera courte pour lui; que les desseins de la Providence sur les nations ne sauroient s'accomplir en un temps qui ait quelque proportion avec la vie humaine; et que si l'homme est toujours pressé, parce qu'il mourra demain, Dieu qui, du haut de son éternité, découvre les effets dans leurs causes, ne précipite rien, laisse agir les lois que sa sagesse a établies, et contemple à la fois, et du même regard, par sa pensée qui embrasse tout sans succession de moments, les impuissants efforts de l'erreur et du mal qui s'agitent un instant pour prévaloir, et le triomphe éternel de l'ordre et de la vérité.

CHAPITRE V.

Progrès de la Persécution religieuse.

Tandis que le principe de dissolution ou d'anarchie, qui se développe de jour en jour dans la société politique, fait disparoître successivement de la scène du monde, au milieu de tant d'autres destructions, tout ce que le passé contenoit d'inerte, de vicié, d'usé, tout ce qui ne sauroit trouver place dans l'ordre nouveau qui se prépare et en contrarie l'établissement; la Providence, qui se sert du mal même dont les hommes sont l'instrument pour les guérir, suivant une grande loi de l'univers moral, par la souffrance et le châtiment, expiation nécessaire du crime [1],

---

[1] C'est la doctrine de l'antiquité aussi bien que celle du christianisme : « Ceux, dit Platon, que les Dieux « et les hommes punissent afin que leur punition soit

les contraint encore, alors même qu'ils croient n'obéir qu'à leurs passions, de concourir sous un autre rapport, à l'exécution de ses desseins. Il faut, comme nous l'avons dit, que les doctrines chrétiennes, mieux conçues, pénétrant dans les esprits, resserrent les liens à demi brisés de la société spirituelle, et disposent les peuples à reconnoître que les voies dangereuses où ils se sont engagés, ne conduisent qu'à la servitude, au désordre, à la mort, et qu'en s'éloignant du catholicisme, ils s'éloignent éternellement de ce qu'ils désirent avec le plus d'ardeur, et que l'instinct chrétien même les force de désirer et de vouloir, l'ordre uni à la liberté.

Mais, pour que la lumière se répande et dissipe des préjugés devenus presque universels, l'Église doit subir de nouvelles épreu-

---

« utile, sont les malheureux qui ont commis des péchés « guérissables : la douleur et les tourmens leur procurent un bien réel, car on ne peut être autrement « délivré de l'injustice ». *Gorgias.* — Et Hiéroclès : « Quand on a péché, il faut courir au devant de la « peine, comme au seul remède du vice ». *Comment. in aurea carm.*, *p.* 120.

ves; car la vérité ne se développe que par le combat, comme aussi l'erreur ne finit qu'en s'épuisant. Jusqu'à ce qu'on en ait déduit la conséquence dernière, ou jusqu'à ce qu'elle se soit dégagée de tout mélange du vrai, elle est encore vivante. Ainsi le protestantisme ne finit qu'en arrivant au déisme, le déisme qu'en tombant dans l'athéisme, et l'athéisme qu'en venant se perdre dans le scepticisme absolu : réduite alors à ce qu'elle est par son essence, à un pur néant, l'erreur expire avec la raison humaine.

On conçoit donc la nécessité, que les systèmes funestes qui excluent Dieu de la société, comme ils l'ont exclu de l'univers, produisent au dehors, si on peut le dire, tout ce qu'ils renferment en eux-mêmes, et que *la langue de l'impie continue de parcourir la terre* [1], afin qu'une autre parole, la parole toute-puissante qui a créé et qui conserve, impose un éternel silence à celle qui dévaste et qui détruit.

---

[1] Posuerunt in cœlum os suum, et lingua eorum transivit in terrâ. Ps. LXXII, 9.

Cependant la discussion qui pousse les doctrines à leur terme extrême, ne suffit pas seule; il faut de plus la persécution qui, en montrant leurs conséquences pratiques, et le désordre, et le crime, et le sang à côté du sophisme, avertit la conscience et ranime la foi. Qu'on ne s'imagine donc pas effrayer les catholiques par des menaces. Ce qu'on prépare contre eux, ils ne le craignent point, ils l'espèrent plutôt, certains que le triomphe de la cause sacrée pour laquelle ils sont prêts à sacrifier tout, et la vie même, sera d'autant plus prochain, d'autant plus complet, que la haine de ses ennemis prendra un caractère plus violent et plus sombre. Des jours viendront sans aucun doute, et ils sont déjà venus, où la ruse hypocrite et le fanatisme atroce s'allieront de nouveau pour tenter d'abolir le nom chrétien. Les catholiques le savent, et n'en sont point troublés. Qu'est-ce qu'un combat de plus dans une guerre de dix-huit siècles? Celui-ci finira comme les autres ont fini. Vous qui rêvez la ruine de ce qui a des promesses d'immortalité, disciples sanglants de la tolérance, que ferez-vous?

La vue de nos temples vous importune, vous les renverserez : mais le Dieu qu'on y adore le chasserez-vous de nos cœurs? Vous proscrirez, vous tuerez, qui? Ceux dont les désirs ne sont pas de la terre, qui ne lui demandent qu'une fosse pour y reposer, en attendant l'heure du réveil éternel. Votre puissance ne nous étonne point, elle a ses bornes que vous ignorez, et que nous connoissons. Les chrétiens en ont fatigué, en ont usé de plus grandes. On est fort, croyez-moi, quand pour vaincre il suffit de mourir.

La philosophie du siècle dernier, poursuivant l'œuvre du protestantisme, attaqua toutes les vérités dont celui-ci, moins conséquent, avoit conservé la croyance, ainsi que tous les faits qui se lient au fondement même de la Religion. Les esprits étoient mûrs pour la révolution terrible qui alloit bientôt s'opérer dans les idées, les mœurs, les lois, le gouvernement. L'impiété devint une mode, une passion; elle envahit, de proche en proche, les diverses classes de la société, et le clergé même. Il fut démontré avec évidence à l'orgueil des hommes de ce temps, que le christianisme n'étoit dans ses bases historiques, qu'un tissu de fables, et un amas d'absurdités dans ses dogmes. Mais voyez la suite. La science ennemie se met en travail pour affermir l'incrédulité : elle interroge la nature et les monuments, elle sonde toutes les sources des connoissances spéculatives et traditionelles : soixante années s'écoulent dans ce labeur : et quel en est le résultat? D'établir sur un immense corps de preuves qui s'accroissent de jour en jour, la vérité de ce que l'on nioit.

Il n'est pas un seul point de la foi chrétienne qu'on ne crût avoir ruiné par le raisonnement. Quiconque se fût permis à cet égard le moindre doute, auroit excité une pitié amère, et subi les sarcasmes des *penseurs*, comme on les appeloit à cette époque de délire. Présentés sous des formes dogmatiques, l'athéisme et le matérialisme régnoient sans opposition. On avoit réduit en système le vice et le crime même, et ces énormes excès étoient applaudis, admirés. Aujourd'hui on a cessé de raisonner contre le christianisme. Quelques écoles dont le caractère n'est pas encore clairement marqué, essaient de le reconstruire philosophiquement. D'autres se retranchent dans une sorte de scepticisme mitigé, qui ne sauroit être durable, et qui doit ou les ramener aux croyances catholiques, ou les pousser par des conséquences logiquement inévitables, hors de la raison humaine. Toutes rejettent avec mépris les doctrines matérialistes reléguées dans quelques amphithéâtres, d'où les bannira bientôt le progrès même des sciences physiologiques.

Après les sophistes vinrent les bourreaux. On abolit le culte, on brise les autels; les prêtres sont proscrits en masse; les uns meurent sous la hache légale; on jette les autres sur des plages lointaines qui dévorent leurs habitants. Plus d'instruction chrétienne pour l'enfance, plus de pratique de religion pour l'âge mur, plus de secours et de consolations pour les mourants mêmes. Qu'arrive-t-il cependant? L'orage passe, la persécution fatiguée s'arrête, et il se trouve que la foi s'est ranimée dans le cœur des peuples; que le clergé, auparavant imbu en partie de l'esprit du siècle, s'est épuré, et tout couvert encore des cicatrices du martyre, a reparu triste et calme, au milieu des ruines de la patrie, environné de la vénération qu'inspirent de grandes vertus et de longues épreuves supportées avec une héroïque constance.

Buonaparte, à son tour, entreprend d'asservir l'Eglise, et de transformer une institution divine, immuable, universelle, en instrument de son despotisme. Sa main sacrilége arrache du trône le Pontife qui l'avoit affermi sur le sien. Il le traîne, comme un malfaiteur, de prison en prison, se flattant de lasser à force de violences, le courage du saint vieillard. Il veut, ou obtenir du successeur de Pierre, l'abandon de ses droits inaliénables, ou séparer de lui le Clergé françois. *A cheval sur les quatre articles*, selon son expression, il se croit sûr d'effectuer le schisme. Les évêques rassemblés pour recevoir ses ordres, lui répondent *Non possumus*, et tous ses efforts n'aboutissent qu'à resserrer les liens qui unissent la France catholique au Saint-Siége, et à la détacher des pernicieuses maximes dont il s'armoit contre l'autorité du Vicaire de Jésus-Christ.

Il étoit dans les desseins de Dieu que le Chef de l'Église possédât une souveraineté temporelle indépendante, afin que l'exercice de la puissance pontificale, nécessaire au maintien de la société universelle, et même de l'ordre politique chrétien, ne fût soumis à aucune entrave. Sans cela, le Pape, esclave des caprices du Prince dont il eût été le sujet, auroit ressemblé au patriarche de Constantinople sous le Bas-Empire, et l'unité catholique se fût bientôt rompue en autant de parties que la Chrétienté auroit renfermé d'états. Attaquer l'indépendance temporelle du Pape, c'est donc attaquer l'unité de l'Église, et le Christianisme tout entier, car il est un, ou il n'est point. Ce fut là peut-être le plus grand crime de Buonaparte ; aussi la punition suivit-elle de près. Sa chute acquitta la justice divine, et, par le rétablissement du trône apostolique, auquel toute l'Europe concourut, prouva l'inébranlable fermeté des promesses.

Des épreuves nouvelles commencèrent avec la Restauration. Il s'établit d'abord une espèce de lutte entre la philosophie du dix-huitième siècle et le principe de foi qui se développoit rapidement dans la nation. Mais cette guerre dura peu et n'eut jamais qu'un caractère foible et indécis, parce qu'au fond les théories qu'on essayoit de faire revivre étoient épuisées : le déisme de Rousseau, le matérialisme d'Helvétius, l'athéisme de Diderot, avoient cessé d'être en harmonie avec l'état des esprits, qui, tombés dans un vague scepticisme, ne pouvoient plus s'intéresser à des controverses surannées, à des discussions dogmatiques sans résultat possible pour eux, tant que la base de toute vérité resteroit incertaine.

A ces impuissantes tentatives du raisonnement pour ranimer une philosophie expirante, se joignirent les déclamations contre le clergé, principalement contre les missionnaires, dont les travaux produisoient partout des fruits abondants. On ne leur épargna, au nom de la tolérance, ni l'injure ni la calomnie. On livra au ridicule ce qu'il y a de plus saint dans la Religion et de plus sacré sur la terre; et comme on avoit un peu besoin d'esprit tout fait, on remit en circulation celui de

Voltaire, et cette fois ce fut la populace qu'on le chargea d'instruire et d'amuser. On crut aussi pouvoir opposer avec succès à l'influence du christianisme un genre de séduction auquel la jeunesse résiste toujours plus difficilement qu'à nul autre. Des livres obscènes autant qu'impies furent distribués dans les colléges, répandus dans la France entière, et jusque dans ses derniers hameaux. On corrompit les mœurs, pour avancer, comme on parloit, la civilisation, et le progrès du vice fit partie du progrès des lumières.

Cependant, si l'on pouvoit par ces moyens infâmes, pervertir des individus, les conquêtes qu'opéroit la parole évangélique compensoient, et bien au delà, les pertes dont la foi gémissoit. La Religion n'étoit pas menacée dans son existence : son action demeuroit à peu près libre, et dès lors la victoire lui étoit assurée, car la vérité, l'ordre, la vertu, ont sur l'homme une puissance invincible, éternelle.

Mais déjà se préparoient de plus grands combats. L'Église alloit être attaquée, non dans ses dogmes, mais dans sa constitution essentielle; et cela, nécessairement, en vertu des principes divers qui agitent l'État lui-même. Nous avons vu, en effet, que depuis quinze ans, il existe une lutte permanente entre le principe démocratique des institutions que le libéralisme tend à développer, et le principe de la monarchie despotique de Louis XIV, qui forme l'esprit de l'administration, et qu'elle tend aussi à développer, pour repousser les efforts dirigés contre elle; lutte qui évidemment ne peut se terminer que par le triomphe d'un de ces deux principes, c'est-à-dire, par la démocratie pure, ou par le despotisme absolu. Jusque-là l'Église doit être perpétuellement en butte à une double aggression, et rien de plus indispensable, pour comprendre le présent et prévoir l'avenir, que de bien connoître la nature de cette persécution nouvelle.

Le Pouvoir, sans foi en tant que Pouvoir, mais convaincu de la nécessité d'une religion quelconque pour affermir son autorité et obtenir l'obéissance, veut en même temps deux choses, une loi supposée divine qui oblige les sujets et ne l'oblige pas lui-même, une église qui commande au peuple et à laquelle il commande souverainement ; ce qui renferme d'abord une énorme contradiction ; car cette loi ne sauroit lui créer un droit, si elle ne lui impose pas des devoirs ; cette église n'étant qu'un passif instrument de sa puissance, ne lui prête aucun appui ; elle n'a de force que la sienne, et ne lui en donne pas. Aussi voit-on partout les églises nationales, les églises dont le prince est le chef, tomber promptement dans une nullité complète, et perdre à la fois toute influence religieuse et politique. Dénuées de croyances, de mouvement et de vie, elles ne sont que comme un voile tiré devant l'athéisme, afin qu'il n'effraie pas les peuples.

On ne doit pas s'imaginer que, dans ce qu'ils font, soit de bien, soit de mal, les hommes qui gouvernent agissent toujours, ni même le plus souvent, d'après des vues fixes, arrêtées, suivies, et des pensées qui s'enchaînent tellement dans leur esprit, qu'en voulant le principe, ils veuillent aussi les conséquences. Au contraire, leur action habituellement aveugle, est en général déterminée par une force secrète qui les domine invisiblement et les conduit là où ils ne savent pas et ne veulent pas aller. Cette force est celle des doctrines, des institutions, des intérêts, des habitudes. Ainsi, même depuis ce qu'on a nommé la Restauration, aucun ministre ne s'est proposé directement d'effectuer le schisme, et pourtant, tout ce qu'on a fait supposeroit ce dessein. On ne vouloit point le schisme, parce qu'on en redoutoit les suites, parce qu'on sentoit que la Religion catholique une fois abolie, le peuple resteroit dépourvu de toute religion, et qu'une religion est nécessaire à l'homme, nécessaire à la société. On a tout fait pour opérer le schisme, parce qu'on ne pouvoit autrement asservir l'Église, et que le principe de despotisme inhérent au Pouvoir tel qu'on le conçoit depuis qu'il a cessé d'être chrétien, ne sauroit librement se développer, tant que l'Église conserve son indépendance. De là le système constamment suivi par l'administration : empêcher le Clergé de se constituer d'une manière stable en redevenant propriétaire, le réduire à la condition de salarié, l'abaisser ainsi en masse, et se ménager le moyen d'agir sur chaque prêtre individuellement ; affoiblir l'influence de Rome, sans rompre avec elle entièrement, et pour cela s'affranchir autant que possible des règles de la discipline générale, entraver, interdire même les communications des évêques avec le Pape, envahir peu à peu ses droits, et soutenir ces envahissements par des menaces ; abuser de la position difficile du Saint-Siége pour le précipiter dans des voies périlleuses, et l'obliger en quelque sorte, afin d'éviter des maux qu'on lui montre comme plus grands, à tourner son autorité contre elle-même ; isoler les évêques les uns des autres pour les maîtriser plus facilement ; les tenir, quant à l'exercice de leurs devoirs, même les plus sacrés, dans une dépendance presque absolue de la Puissance civile ; leur faire sentir à tous les instants qu'ils n'ont d'existence que par elle, les habituer ainsi, progressivement, à une obéissance passive ; diriger l'enseignement, s'emparer des chaires, imposer la doctrine, ne laisser, s'il se pouvoit, à l'Église de France, de catholique que le nom. Voilà ce qu'a fait le gouvernement, ce qu'il continue de faire, non, je le répète, en vue de détruire la religion catholique, car il en a besoin, et il le sait, mais parce que séparé lui-même du catholicisme, et voyant en lui une puissance politiquement utile lorsqu'il l'aura subjuguée, dangereuse tant qu'elle ne le sera pas, la même nécessité qui le force de tendre à se développer selon sa nature, c'est-à-dire comme pouvoir arbitraire, sans règle divine et sans loi extérieurement obligatoire, le contraint de tendre aussi à asservir l'Église, dont l'indépendance ou, en d'autres termes, l'existence forme un obstacle insurmontable au despotisme des gouvernements et à la servitude des peuples.

Si la Puissance temporelle, en s'efforçant de dominer l'Église et de la transformer en une pure institution politique passivement soumise à ses volontés, travaille, sans se l'avouer peut-être, à l'anéantir, le libéralisme, sous sa forme présente, se propose directement le même but. Par les principes d'anarchie qui constituent, comme nous l'avons montré, le fond de ses doctrines, il tend à renverser toute société, et dès lors il y a guerre nécessaire entre lui et la seule société qui soit vivante. Il veut, ainsi que le gouvernement, affoiblir le plus possible l'autorité du Saint-Siége sur l'Église de France, pour faire d'elle une simple branche de l'administration civile, et jusque-là il sert activement ses desseins ; mais il veut de plus une scission ouverte, violente, totale avec Rome, et l'abolition de la hiérarchie [1], c'est-à-dire, l'extinction complète et irrévocable du Christianisme parmi nous, et ensuite dans le reste du monde.

Ne nous lassons point de répéter que la plupart de ceux qu'on appelle libéraux, entièrement étrangers au système dogmatique dont nous indiquons les effets, ne soupçonnent même pas qu'ils coopèrent à son funeste développement. Ils se représentent tout autre chose, chacun selon ses désirs et ses opinions, et le mal que renferme l'erreur spéculative

---

[1] « Lorsqu'il sera bien prouvé que les évêques ne « peuvent ou ne veulent pas obéir aux lois du pays « (destructives de la religion), la question ne sera pas « de savoir si le pays peut se passer de lois, mais s'il « peut se passer d'évêques ». *Constitutionnel du 2 septembre* 1828.

et qu'elle produit tôt ou tard, ne se réalise jamais au degré où il peut l'être, que parce que les hommes ne sont que d'aveugles instruments de cette puissance secrète qui force invinciblement les conséquences à sortir de leur principe. Les chefs mêmes du parti anti-social et anti-chrétien, ne voient guère plus loin que la foule qui se laisse guider par eux. Ce qui les dirige, c'est beaucoup moins une réflexion profonde, qu'une sorte d'instinct passionné, mais sûr, et comme une infaillible inspiration de l'enfer.

En attendant la crise certaine qui leur livrera le pouvoir, ils s'allient contre l'Église avec l'administration, flattent ses préjugés, excitent ses défiances, affectent un zèle ardent pour les droits de la royauté, se font gallicans et parlementaires, et contraignent le gouvernement, par ses propres maximes, à se rendre persécuteur. Ce point obtenu, ils s'efforcent de l'engager toujours davantage dans la voie sinistre où ils l'ont poussé. Au nom de ses premières violences, ils en demandent impérieusement de nouvelles. Effrayé, il résiste, autant que la foiblesse sait résister. Son intérêt, tel qu'il le conçoit, est bien d'opprimer, d'asservir l'Église, mais non de la détruire entièrement. Une fois réduite à n'être plus que le jouet de ses caprices, l'exécuteur docile de ses commandements, il a besoin d'elle pour agir sur la conscience du peuple et le maintenir dans la soumission. Il voudroit s'arrêter à cette limite. Vaine pensée! Si le principe de despotisme, qui règle et anime son action, le conduit là seulement, au moins selon sa croyance et ses désirs, le principe d'anarchie, qui règle et anime l'action du libéralisme, a certes une tout autre étendue, exige un tout autre développement; et comme celui-ci est le fond même des institutions et des opinions dominantes, il est nécessaire qu'il prévale, et que le Pouvoir soit entraîné fort au delà des bornes qu'il redoute de franchir. Aussi fait-il chaque jour quelque pas dans la route qu'on lui prescrit de suivre. Il avance à regret, mais il avance : bientôt il se précipitera. La peur le chasse vers l'abîme. Il ignore que céder, pour lui, c'est prendre l'engagement de céder encore. Les funestes Ordonnances qui ont soulevé d'indignation la France catholique, et que nous examinerons dans un instant, ne sont que l'annonce de ce qu'obtiendront de lui les ennemis du christianisme. Ils le traitent, comme ces malheureux de la dernière condition, à qui l'on ordonne de tuer, lorsque le bourreau manque. Voilà ce qu'a fait de lui la révolution; mais qu'il sache bien, qu'il y a une Justice qui ne laisse jamais certains crimes impunis sur la terre; que la Religion ne meurt point, mais que le Pouvoir meurt; que quiconque s'adresse à Dieu, trouve Dieu, et vient se briser contre sa toute-puissance.

CHAPITRE VI.

Des Ordonnances du 21 *avril et du* 16 *juin* 1828.

« J'ai toujours cru, disoit Leibnitz, qu'on « réformeroit le genre humain, si on réfor- « moit l'éducation de la jeunesse ». Tout sort en effet de l'éducation, le bien et le mal, les croyances, les opinions, les mœurs, les sentiments, les habitudes. C'est par elle qu'un peuple est ce qu'il est, lui et non pas un autre; elle forme entre les générations successives le lien d'où résulte l'identité nationale, et perpétue, avec la langue, le caractère propre, le génie particulier des races diverses. Nul changement profond et durable ne sauroit s'opérer dans les idées, les institutions, les lois, à moins que l'éducation ne subisse un changement de même nature : en elle est l'avenir tout entier : et voilà pourquoi, partout où la révolution a pénétré, elle a cherché d'abord à s'emparer de l'éducation, poussant à cet égard la tyrannie jusqu'à ses derniers excès, parce que, voulant créer soudain un ordre nouveau, une nation nouvelle, il lui falloit séparer violemment l'enfance de ce qui l'auroit pu rattacher au passé, et dès lors la soustraire à l'influence, si puissante dans le premier âge, de l'esprit et des traditions de la famille. De là cet axiome de Danton proclamé aussi par Roberspierre [1], et qui n'a pas cessé de servir de

---

[1] « Vous lui imprimerez sans doute (à l'éducation) un « grand caractère analogue à la nature de notre gouvernement, à la sublimité des destinées de notre république. Vous sentirez la nécessité de la rendre commune et égale pour tous les François. Il ne s'agit plus « de former des *messieurs*, mais des citoyens; *la patrie* « *a seule le droit d'élever ses enfants;* elle ne peut confier ce dépôt à l'orgueil des familles, ni aux préjugés « des particuliers, aliments éternels de l'aristocratie et « d'un fédéralisme domestique, qui rétrécit les âmes en « les isolant, et détruit, avec l'égalité, tous les fondements de l'ordre social ». *Rapport fait au nom du Comité de salut public, par Max. Roberspierre, sur le rapport des idées religieuses et morales avec les principes républicains, et sur les fêtes nationales.*

base à notre législation sur ce point : *Les enfants appartiennent à la république avant d'appartenir à leurs parents* : maxime qui traduite en langage clair, signifie qu'on ne reconnoît point d'autorité, de droit paternel, que la société domestique est une chimère, ou au moins un abus qu'on doit réformer, que l'unique objet du mariage est de fournir à l'État des *petits* de l'espèce humaine, qu'il fait élever comme il lui plaît, dont il dispose comme il lui plaît. Et ces détestables extravagances trouvent encore des défenseurs ! et c'est là ce que répètent chaque jour, en termes équivalents, les parleurs de liberté ! Arrêtons-nous quelques instants sur un sujet d'une importance si grave. On ne nous accusera point d'adapter nos doctrines aux circonstances. Constamment étranger aux passions des partis, et les ayant tous, quels qu'ils soient, combattus tour à tour, nous nous sommes affranchis de la nécessité de varier avec eux, et en protestant ici, de toute l'énergie de notre âme, contre le système d'oppression qui pèse sur la France, nous n'aurons qu'à rappeler les principes que nous avons soutenus sans interruption depuis quatorze ans.

On comprend d'ordinaire, sous le nom commun d'éducation, deux choses distinctes, quoique intimement liées, l'enseignement qui forme l'homme moral, détermine les croyances, règle les mœurs, et celui qui n'a pour objet que les connoissances purement humaines. Le premier, nécessaire universellement, est le fondement même de la société : il ne pourroit manquer tout-à-fait chez un peuple, sans que ce peuple ne tombât au dessous de la barbarie, dans un état pire que l'état sauvage. Représentez-vous, en effet, un assemblage d'hommes dépourvus de toute notion religieuse, ignorants de tout devoir, livrés, sans aucun frein, à l'instinct d'une nature brutale, et concevez, s'il vous est possible, une dégradation plus profonde, un plus complet anéantissement de tout ordre social imaginable. Préparer pour la société les générations naissantes, les introduire, en quelque sorte, dans la hiérarchie des êtres qu'unissent la justice et la vérité, voilà donc quel est le but de la véritable éducation. Et comme elle ne se compose pas seulement de maximes spéculatives, et qu'elle consiste, au contraire, principalement dans un ensemble d'habitudes pratiques, qui garantissent la soumission de l'esprit et de la volonté à la loi du devoir, il s'ensuit, qu'embrassant toutes les actions et tous les instants de la vie, elle doit accompagner, animer, régler l'éducation secondaire, dont elle est inséparable, au moins pour l'enfance.

Afin d'éviter la confusion que pourroit faire naître l'emploi du même terme appliqué à des choses diverses, nous appellerons désormais simplement éducation celle qui a pour objet de former l'homme social, et instruction celle qui n'a de rapport qu'à la science proprement dite. Parlons d'abord de la première.

On a vu précédemment que la société politique, dans laquelle on ne peut trouver un véritable lien d'union entre les hommes, supposoit l'existence d'une société antérieure, immuable, universelle, comme la justice et la vérité qui en sont la base, et que cette société, spirituelle par sa nature, est ce que, partout et dans tous les temps, on a nommé Religion. Hors d'elle il n'existe qu'un ordre arbitraire, de relations externes établies par le hasard ou la convenance, maintenues par la force, et qui n'imposant aucune obligation morale, ne sauroient constituer jamais ni un droit ni un devoir. Il suit de là, que l'éducation, étrangère à l'État, appartient exclusivement à la société religieuse, puisqu'avant de connoître ses lois et de s'y être soumis, l'homme, indépendant par sa pensée, indépendant par sa conscience, n'obéit qu'à lui-même, à ses passions, à ses intérêts, et n'est pas même un être sociable.

Il n'y a, sous le rapport où nous le considérons en ce moment, que trois positions possibles pour le gouvernement civil. Ou, comme chez les anciens peuples, l'État et la Religion ne forment qu'une seule et même société, de telle sorte que les lois religieuses soient aussi des lois politiques, et les lois politiques des lois religieuses, et alors, dans cette vraie théocratie, qu'on retrouve partout avant le Christianisme, et dans les républiques même de la Grèce, jusqu'à l'époque où, envahies par une démagogie effrénée, elles tombèrent en dissolution; alors, dis-je, l'éducation, soit politique, soit domestique, dépend toujours, et nécessairement de la Religion.

Ou la société politique, distincte de la société religieuse, est néanmoins, suivant un mode de subordination naturelle, intimement liée à celle-ci, comme il arriva quand le Christianisme eut fondé sur les débris du paganisme un ordre social plus parfait; et alors l'éducation appartient encore tout entière à la Religion, le Pouvoir civil se bornant à protéger son droit et à en faciliter l'exercice, sans quoi il romproit à l'instant même le lien qui unit l'Église à l'État.

Ou enfin la société politique, s'étant séparée totalement de la société religieuse, a brisé l'unité de croyances, et indépendante de toute loi divine, proclame, sous le même rapport, l'indépendance de chacun de ses membres; et alors, à moins de violer le principe qui la constitue ce qu'elle est, elle doit, en ce qui tient à l'éducation, établir une liberté universelle et absolue.

En effet, qu'on nous dise en vertu de quel

droit le gouvernement s'en attribueroit la direction ? Si, à cet égard, il se substitue à l'autorité spirituelle, détermine les croyances par l'enseignement dont il dispose, fixe les devoirs, en un mot exerce sur la société une domination intellectuelle et morale dont il ne peut montrer d'autre titre que la force, il opprime les consciences que la loi déclare libres, il crée une espèce de théocratie civile monstrueuse, d'après laquelle le vrai et le faux, le bien et mal, le juste et l'injuste, dépendront uniquement de sa pensée et de sa volonté : c'est-à-dire, qu'il jette dans les âmes mêmes la base d'un despotisme sans limites, qu'il consacre à son profit la plus humiliante comme la plus détestable tyrannie, et qu'il ne lui reste, après avoir exigé des hommes cette obéissance dégradante, qu'à exiger encore leurs adorations, car il se fait Dieu.

En même temps qu'on ne sauroit concevoir de servitude égale à celle d'un peuple pour qui le pouvoir politique créeroit à son gré la vérité, la justice, il est impossible d'imaginer un renversement plus complet des principes sur lesquels repose notre législation présente. Qu'est-ce que la liberté garantie par la loi fondamentale, si le gouvernement maître des doctrines, peut tenir à chaque père de famille ce langage : L'éducation m'appartient de droit, et en conséquence ton fils aura la religion que je voudrai, la morale que je voudrai ; c'est à moi de former, comme je l'entendrai, sa conscience et sa foi ?

Que si l'on dit que le gouvernement ne se mêlera point de ces choses, qui sont hors de son domaine, il y aura donc une éducation indépendante de toute morale et de toute religion ? en d'autres termes, une éducation où n'entrera rien de ce qui constitue essentiellement l'éducation ? On se gardera de parler à l'enfance de dogmes, de devoirs, de Dieu même, et les générations nouvelles seront élevées dans un athéisme absolu !

Pressé entre deux nécessités fatales, d'une théocratie civile, ou d'une éducation athée, le ministre à qui nous devons l'ordonnance du 21 avril, a eu l'habileté rare, en voulant éviter ces écueils terribles, de se briser à la fois sur l'un et sur l'autre.

Et d'abord, l'ordonnance établit, de droit et de fait, la théocratie civile : car selon le ministre, « il faut que l'instruction soit religieuse, et il faut pour cela que les maîtres « aient une instruction religieuse [1]. » Fort bien ; mais qui déterminera cette instruction religieuse ? « Voilà, continue le ministre, « de quelle manière a été établi le concours « des deux autorités : *le droit de décider a « été attribué à l'autorité civile* ; elle ad- « ministre après avoir pris des avis, mais « d'une manière indépendante [2] ». J'adjure ici, au nom du bon sens, quiconque est capable de lier deux idées : si ce n'est pas là nettement avouer l'intention d'établir une théocratie civile, qu'est-ce donc ? Aussi le journal semi-officiel en est-il convenu sans difficulté. « A qui faut-il (ce sont ses paroles) « donner la préférence entre le maire et le « desservant ? ou, en d'autres termes, quelle « est, en fait d'instruction primaire, dans les

---

[1] Discours de M. de Vatimesnil, dans la séance du 26 avril. *Messager des Chambres* du 27 avril 1828.

[2] *Ibid.*

« trente-cinq mille communes dont nous par-
« lons ; l'influence réelle et nécessaire? est-ce
« l'influence religieuse? est-ce l'influence ci-
« vile? *là est toute la question* [1]. » Et comment l'a-t-on résolue? En ôtant aux évêques *la suprématie des écoles primaires*, ainsi que s'exprime le même journal. Heureuse donc la France, heureuse la jeunesse : soustraite désormais à *l'influence* épiscopale, M. de Vatimesnil se charge de lui faire administrativement sa morale et sa religion.

Mais une religion quelconque fera-t-elle réellement partie de l'éducation primaire? Prendra-t-on le soin d'inculquer à l'enfant la loi du devoir, de graver au fond de son cœur et de son intelligence la foi sans laquelle tout est incertain et désordonné dans la vie humaine? Nullement. Il s'agit d'abord, il s'agit surtout de conserver précieusement à l'enfance son privilége constitutionnel de croire ou de ne pas croire, comme elle le voudra : et c'est pourquoi *dans la manière dont M. de Vatimesnil exécutera l'ordonnance*, les

[1] Messager des Chambres du 1er mai 1828.

dispositions qui ont trait à l'enseignement religieux, *seront toujours une garantie de la liberté de conscience.* « Par conséquent il est « nécessaire que, dans toutes les écoles primai- « res, les enfants *de toute religion*, soient mis « à même de connoître les vérités de leur re- « ligion [2]. » L'instituteur enseignera donc toutes ces *vérités* simultanément, avec toutefois certaines *précautions*, « afin que les enfants « puissent recevoir cette sorte d'instruction, « sans qu'il en résulte aucun inconvénient », c'est-à-dire, sans que « par des influences qui « seroient illégitimes, ils soient détournés de « suivre le culte de leurs pères. Voilà le vœu « de l'article 13 de l'ordonnance [3] ». Il faut croire que celui-là au moins est légal. Quoi qu'il en soit, pour être impartial entre les divers cultes, et pour que chacun soit content, on enseignera *toutes les religions*, et elles seront *toutes de vraies religions*.

---

[1] Discours de M. de Vatimesnil, dans la séance du 26 avril.

[2] *Ibid.*

Le ministre l'entend comme cela : voyez un peu s'il est possible d'être plus facile et plus obligeant. Que si l'on dit, qu'à la rigueur, elles ne seront toutes vraies que dans les écoles mixtes; encore bien que ni l'ordonnance, ni le ministre, ne s'en expliquent nulle part, j'y consens très volontiers : ce ne sera qu'une merveille de plus.

Peut-être ajoutera-t-on, qu'en ce qui touche les écoles catholiques, l'ordonnance statue, article 9, que celui qui aspire aux fonctions d'instituteur, devra, pour obtenir l'autorisation universitaire, « présenter au « recteur de l'académie, ou à l'examinateur « délégué par le recteur, outre le certificat « de bonne vie et mœurs, un certificat d'ins- « truction religieuse, délivré par un délégué « de l'évêque, ou, à son défaut, par le curé « de la paroisse de l'aspirant ».

Il est vrai, et le ministre « conçoit que cet « article pourroit prêter à diverses objections, « si l'attestation relative à l'instruction reli- « gieuse étoit exigée à une époque quelconque « de la vie de l'instituteur. Mais ce n'est pas « ainsi que cela se fera. » — On ne l'exigera à aucune époque ? — Vraiment si, laissez donc parler. « C'est avant l'obtention du bre-« vet de capacité qu'est exigée l'attestation, « et ordinairement le brevet de capacité est « obtenu par des jeunes gens qui n'ont pas « encore atteint l'âge du recrutement [1]. »

Ainsi l'on sera toujours propre à devenir instituteur et capable d'enseigner la religion pourvu qu'on l'ait sue *avant l'âge du recrutement*. C'est en matière de catéchisme, l'âge critique, l'âge légal.

Mais enfin s'il arrivoit qu'à cet âge même, *l'aspirant*, comme on l'appelle, fût aussi ignorant qu'on lui permet de l'être plus tard, lui refuseroit-on l'autorisation ?

M. de Vatimesnil va vous répondre lui-même : « Quelquefois il pourroit y avoir re-« fus d'accorder l'autorisation, ce seroit lors-« qu'il résulteroit des circonstances locales « que quelques inconvénients peuvent avoir « lieu, que la liberté de conscience qui a été « établie par la charte peut recevoir des at-« teintes. Hors de là, je vous prie de le croire,

[1] *Ibid.*

« lorsque j'aurai l'honneur de présider le con-
« seil de l'instruction publique, l'autorisation
« ne sera pas refusée [1]. »

De quoi d'ailleurs est-il question? d'une simple formalité. « Un individu se présente « pour entrer dans l'instruction primaire, on « lui dit : Remplissez les conditions qui pa-« roissent nécessaires. On lui dit remplissez « les conditions, comme on dit au jeune « homme qui se présente pour faire son droit : « Produisez-nous un diplôme de baccalau-« réat [2]. »

N'est-il pas en effet assez naturel que le gouvernement avant de confier à un *individu* l'éducation de l'enfance, exige qu'il soit au moins *bachelier en bonne vie et mœurs*, *bachelier même en religion?* Plus, ce seroit du luxe, attendu que « l'enseignement de la « lettre du catéchisme et *non du dogme*, fait « partie de l'instruction primaire [3]. »

---

[1] *Ibid.*

[2] *Ibid.*

[3] *Ibid.*

Résumons ces extravagances. On enseigne dans les écoles mixtes, *toutes les religions*, et on les enseigne toutes comme également vraies. Dans les écoles purement catholiques, il suffit, et encore n'est-ce pas de rigueur, que *l'aspirant* ait su quelque chose de la religion, avant l'âge *du recrutement*. On y enseigne *la lettre du catéchisme, et non le dogme ;* il y est défendu d'expliquer à l'enfance cette parole : *Je crois en Dieu.*

Donc, selon l'ordonnance commentée par le ministre, l'éducation primaire est athée.

Certes, personne ne s'en étonnera. Mais ce que nous désirons surtout qu'on remarque, au sujet des contradictions de la doctrine ministérielle que nous venons d'examiner, c'est le combat des deux principes qui luttent dans la société. Le principe de despotisme cherche à se développer, et aussitôt un instinct sûr avertit le pouvoir qu'il faut d'abord *substituer l'influence civile à l'influence religieuse*, c'est-à-dire, dominer, asservir l'Église, dont l'indépendance forme un obstacle éternel à ses desseins. Une suprématie de fait, sans schisme apparent, voilà ce qu'il voudroit. Mais le principe d'anarchie, qui tend aussi et plus énergiquement à se développer, a besoin pour y parvenir de l'entière destruction du christianisme, et, avec les forces que lui prêtent les institutions, les lois, l'opinion, il pousse le gouvernement de ruine en ruine, et au lieu de lui permettre d'usurper à son profit le droit des évêques sur l'enseignement, le contraint de consacrer l'athéïsme de l'éducation.

On a vu, qu'à moins d'établir une effroyable tyrannie, elle doit ou dépendre exclusivement de l'autorité spirituelle, si l'État reconnoît une pareille autorité, ou demeurer entièrement libre. Quant à l'instruction qui a pour objet les connoissances purement humaines, considérée dans sa liaison intime et nécessaire avec la veritable éducation, il est évident que les mêmes principes s'appliquent à l'une et à l'autre. On ne conçoit, sous aucun rapport, à quel titre le gouvernement interviendroit dans l'instruction. Rien de plus libre par son essence, de plus indépendant du pouvoir politique [1]. Les connoissances appartiennent à tous, comme la lumière du soleil. Elles sont le domaine commun de la société, des familles, des individus. Il n'est personne qui n'y ait un droit naturel et inaliénable. Seulement quelques-uns possèdent plus de moyens que d'autres de les acquérir : et encore en cela la Providence a pourvû au maintien de l'ordre temporel, que troubleroit un développement trop rapide et trop étendu des facultés intellectuelles dans une grande masse d'hommes, en les dégoûtant de leur état et les enlevant aux travaux indispensables de l'agriculture et de l'industrie, sans que, du reste, il en résultât pour eux aucun bien réel. L'équilibre entre la science utile et celle qui nuiroit, s'établit de soi-même par la liberté. Il se forme naturellement une hiérarchie d'écoles proportionnées chacune, dans les degrés divers de l'instruction qu'elles

---

[1] Cette vérité est consacrée par le langage même des nations chrétiennes, qui unissant, d'une manière inséparable, l'idée de science et celle de liberté, disoient avec raison, non pas *le royaume*, mais *la république des lettres*.

répandent, aux besoins, aux désirs, aux ressources des différentes classes de la société; la Religion même en fonde de gratuites, de sorte que, depuis la plus humble condition jusqu'à la plus haute, tous peuvent participer à cet enseignement gradué, et que nul n'est condamné nécessairement à l'ignorance, par le désavantage de la position où sa naissance l'a placé.

Le monopole de l'instruction, qui produit l'effet contraire et ferme inexorablement les sources du savoir à l'immense majorité de la population, étoit un genre de tyrannie totalement inconnu au monde avant Buonaparte. Ne concevant le pouvoir que sous la forme du despotisme le plus absolu, le despotisme militaire, il essaya de partager la France en deux catégories, l'une composée de la masse du peuple, en partie destinée à remplir les vastes cadres de son armée, et disposée par l'abrutissement où il la vouloit maintenir, à une obéissance passive et à un fanatique dévouement; l'autre, plus élevée à raison de sa seule richesse, devoit conduire la première, selon les vues du chef qui les dominoit également, et pour cela être formée elle-même dans des écoles où, en même temps qu'on la dresseroit à une soumission servile et, pour ainsi dire, mécanique, elle acquerroit les connoissances relatives surtout à l'art de la guerre et à une administration matérielle. Les liens de la vanité et de l'intérêt devoient ensuite l'attacher à sa personne, et l'identifier, en quelque sorte, à son système de gouvernement. Telles furent les pensées qui présidèrent à la création de l'université impériale. Ce ne fut en réalité qu'une application des maximes de Roberspierre. Buonaparte, au reste, régna trop peu pour affermir son ouvrage, et pour recueillir tous les fruits qu'il s'en promettoit. Cependant il y avoit dans la volonté de cet homme extraordinaire une si étonnante vigueur, et tant de prestige dans sa gloire, qu'au moment où il succomba presque toute la jeunesse françoise étoit déjà comme emportée dans la sphère de son sinistre génie.

Après lui l'Université devint ce qu'elle a continué d'être, premièrement une odieuse institution fiscale, vexatoire pour les familles, sans aucun avantage pour l'État forcé, au contraire, d'ajouter annuellement une somme considérable au produit de la subvention, nous ne disons pas illégalement, mais tyranniquement perçue : secondement, un moyen d'oppression religieuse, ainsi qu'on le verra bientôt : et enfin une violation directe et permanente des droits les plus sacrés qui puissent exister sur la terre. Car, d'une part, le gouvernement contraint d'acheter, au prix qu'il y met, l'instruction qui, par sa nature, doit être libre et accessible à tous ; et, de l'autre, il oblige les pères de famille, ou à souffrir que leurs enfants demeurent privés de toute instruction, ou à les exposer, dans des écoles dangereuses, à perdre leurs mœurs et leur foi. Certes, nous le répétons, jamais, depuis l'origine du monde, un si exécrable despotisme n'avoit pesé sur la race humaine, et si quelque chose prouve à quel point la vraie notion de la liberté s'est altérée de nos jours, c'est sans doute la honteuse patience avec laquelle on l'a supporté jusqu'à présent.

Quand, pour le justifier, le ministère nous parle de je ne sais quel droit de surveillance, que personne, dit-il, ne conteste à l'administration [1]; ignore-t-il donc que, hors les cas prévus par les codes, et qui rentrent dans le domaine de la justice commune, ce droit qu'elle appelle de surveillance est au contraire précisément ce qu'on lui conteste. En ce qui tient à l'instruction, il est clair qu'il n'existe point de surveillance imaginable; car, dans l'ordre des connoissances purement humaines, tout est bon, ou indifférent en soi. Et quant à l'éducation, réelle, ou aux doctrines religieuses et morales, elles ne sauroient la regarder en rien, ni suivant les principes constamment admis, ni selon les maximes sur lesquelles repose notre législation actuelle. Son intolérable prétention de surveiller les doctrines, n'est que la prétention de les dominer, et d'imposer, par un enseignement exclusif, celles qu'il lui plaira de faire prévaloir, c'est-à-dire, toujours celles qu'elle jugera le plus conformes à ses intérêts : et encore quelle distance énorme d'une simple

---

[1] Messager du 15 juillet 1828.

surveillance au monopole entier de l'instruction !

Ici tous doivent être d'accord, quelles que soient d'ailleurs leurs opinions ; il ne doit y avoir qu'un sentiment pour repousser cette indigne oppression morale et intellectuelle ; et puisqu'on parle de liberté, qu'on commence donc par briser les fers dont on s'efforce d'enchaîner les âmes mêmes.

Une seule chose aujourd'hui est du ressort du gouvernement, c'est de favoriser la diffusion et le progrès de la science, en instituant des cours élevés que chacun puisse suivre librement. L'Université telle qu'on l'a faite, et en général le régime de colléges, tue les fortes études, et c'est une des causes principales de l'infériorité de la France sous ce rapport. Au lieu de persécuter, au lieu d'opprimer, fondez, sur une grande échelle, des institutions analogues à celles qui existent en Angleterre et surtout en Allemagne, alors vous rendrez au pays un service réel, alors cette ardeur de savoir qui tourmente la génération nouvelle produira un vrai développement du génie national. Voilà ce que réclame de vous l'état du siècle et des esprits. Mais, ne fût-ce que par pudeur, ne nous vantez pas votre zèle pour la science, lorsque vous ne savez qu'étendre votre hideux despotisme jusqu'au catéchisme et au rudiment.

Le progrès en ce genre a été rapide, et il le deviendra davantage chaque jour. L'ordonnance du 21 avril n'étoit que le prélude de celles du 16 juin, dans lesquelles le ministère, s'élevant au-dessus de tous les droits et de toutes les lois, a déployé, comme on devoit s'y attendre, avec tout ce qu'il y a naturellement de violence dans sa lâcheté, un luxe de tyrannie qui n'avoit point encore eu d'exemple. Il ne reste plus rien à dire sur ces Ordonnances fatales, qui provoquèrent, dès qu'elles parurent, les saintes réclamations de l'Épiscopat françois [1], dont M. l'évêque de Chartres et quelques autres prélats, non moins vénérables par leurs vertus que par leurs lumières, ont signalé les vices et le caractère anti-chrétien, tandis que MM. Lau-

---

[1] Voyez les Pièces justificatives, N° V.

rentie, Berryer fils, O'Mahony, et tous les écrivains attachés à la cause catholique, montroient ce qu'elles renferment d'illégal, d'odieux, d'oppressif, et en prédisoient les suites funestes.

La première, signée Portalis, expulse les Jésuites des petits séminaires qu'ils occupoient, au nombre de huit. Cet acte d'injustice administrative étoit depuis long-temps sollicité, avec des cris de fureur, par la révolution. Elle vouloit, comme Voltaire, *manger du jésuite*, et M. Portalis s'est chargé d'apaiser sa faim. Ce n'est ici ni le lieu, ni le moment de juger la Compagnie de Jésus, et de chercher entre les calomnies de la haine et les panégyriques de l'enthousiasme, la vérité rigoureuse et pure. Rien de plus absurde, de plus inique, de plus révoltant, que la plupart des accusations dont elle a été l'objet. On ne trouveroit nulle part de société dont les membres aient plus de droit à l'admiration par leur zèle et au respect par leurs vertus. Après cela, que leur institut, si saint en lui-même, soit exempt aujourd'hui d'inconvénients, même graves, qu'il soit suffisamment approprié à l'état actuel des esprits, aux besoins présents du monde, nous ne le pensons pas. Mais, encore une fois, ce n'est ici ni le lieu ni le moment de traiter cette grande question, et nous ressentirions une peine profonde, s'il nous échappoit une seule parole qui pût contrister ces hommes vénérables, à l'instant où le fanatisme de l'impiété persécute sous leur nom l'Église catholique tout entière.

Et à quel titre les poursuit-on? Où est la loi qui interdit aux François de se réunir pour vivre ensemble, d'après un mode d'association convenu, et suivant une règle volontairement acceptée, en ne réclamant d'ailleurs aucun privilége, aucune exemption du droit commun? Que si cette loi n'existe point (et l'on défie de la produire), si l'on n'a pas encore annoncé la prétention de pénétrer dans la conscience pour lui demander compte des devoirs qu'elle s'est imposés, des engagements intérieurs, qu'au fond du sanctuaire sacré ouvert à Dieu seul, elle a pu contracter envers lui; en vertu de quelle maxime ose-t-on ravir administrativement à quelques hommes, une liberté que le législateur accorde à tous indistinctement ?

Ce n'est pas là ce que nous faisons, s'écrient les ministres : et cela est vrai, car ils font pis. Déclarer franchement qu'on met hors des lois une classe de François, par cela seul qu'on le veut et qu'on est le plus fort, seroit moins odieux mille fois, que de prétendre, avec toutes les ruses d'une basse hypocrisie, légitimer la persécution. Vous êtes libres, disent-ils aux catholiques, de vous lier par des vœux que l'État ne connoît point, sur lesquels il n'a ni ne peut avoir aucune autorité dans le for intérieur. Il vous est permis d'être membres d'une congrégation religieuse, comme au protestant de s'agréger à la communauté des Frères Moraves. Nous ne voulons pas plus gêner votre conscience que la sienne. A Dieu ne plaise que nous portions la moindre atteinte à la liberté voulue, garantie par la Charte. Ministres, tel est votre langage : voyons maintenant vos actes.

« Voulant pourvoir à l'exécution des lois « du royaume,

« Nous avons ordonné et ordonnons ce qui « suit :

« Art. 1er. A dater du 1er octobre pro- « chain, tous les établissements connus sous « le nom d'*écoles secondaires ecclésiasti- « ques*, dirigés par des personnes apparte- « nant à une congrégation religieuse non au- « torisée, et actuellement existants à Aix, « Billom, Bordeaux, Dôle, Forcalquier, « Montmorillon, Saint-Acheul et Sainte- « Anne-d'Auray, seront soumis au régime « de l'Université.

« 2. A dater de la même époque, nul ne pour- « ra être ou demeurer chargé soit de la direc- « tion, soit de l'enseignement dans une des « maisons d'éducation dépendantes de l'Uni- « versité, ou dans une des écoles secondaires « ecclésiastiques, s'il n'a affirmé par écrit « qu'il n'appartient à aucune congrégation re- « ligieuse non légalement établie en France[1]. »

Ceci est clair, je vous entends; mais entendez aussi la voix de vingt-cinq millions de

[1] Ordonnance du 16 juin.

catholiques, à qui ces dispositions oppressives ont arraché simultanément un cri de surprise et d'indignation. Comprenez tout ce qu'elles renferment de contraire aux droits les plus sacrés, ainsi qu'à *ces lois du royaume, à l'exécution desquelles vous voulez pourvoir*, dites-vous.

Vous violez le droit de propriété, en dépouillant des hommes qui n'ont enfreint aucune loi quelconque, d'établissements formés par eux sous la protection de la loi même.

Vous violez les droits de l'épiscopat, en soumettant, par un simple acte de votre volonté, au régime universitaire des écoles ecclésiastiques sur lesquelles vous n'avez ni ne pouvez avoir aucune autorité légitime.

Vous violez les droits des pères de famille, en leur enlevant le moyen de faire élever leurs enfants selon les principes de leur foi, et dans la pratique, suffisamment assurée pour eux, de la religion qu'ils professent.

Vous violez avec la Charte les droits de tous les François, en créant à votre bon plaisir des incapacités civiles résultantes, non pas d'un motif de l'ordre civil, mais d'une cause purement religieuse, d'une condition prise dans l'intérieur de la conscience : iniquité telle qu'elle a révolté jusqu'aux rédacteurs libéraux du *Globe* [1].

Vous violez la conscience même, en forçant des hommes à révéler contre eux un secret dont ils ne doivent compte qu'à Dieu seul, ou à mentir pour échapper à votre oppression.

Vous établissez une inquisition dont Henri VIII, dans ses plus grands excès, n'a pas fourni d'exemple, car il n'obligeoit pas les catholiques d'être eux-mêmes leurs délateurs.

---

[1] « Voilà une étrange règle imposée au pays ! C'est la loi du *Test* de l'Angleterre, et comment imposée ! Ce mot de congrégation, qui ne signifie pas corporation, qui ne rappelle aucun des engagements des anciennes communautés religieuses, aucun des droits que notre vieux régime leur conféroit, ce mot seul de congrégation couvre un crime, emporte une incapacité civile !... En vérité, nous n'y concevons rien; c'est faire de l'absurde pour le seul plaisir d'en faire, c'est créer un antécédent déplorable, c'est renouveler les billets de confession, les déclarations de civisme; c'est commander l'hypocrisie, le mensonge, et le commander sans nécessité. » *Le Globe.*

Vous violez les droits de l'Église, et vous l'insultez, en excluant de l'enseignement ceux à qui elle donne mission particulière d'enseigner, ceux qui font une profession plus étroite de la perfection qu'elle recommande aux chrétiens.

Vous violez plus directement encore ses droits divins, en étendant à ses propres écoles cette exclusion monstrueuse.

Voilà les libertés dont la France vous rend grâces; elle en avoit déjà connu de semblables, de plus étendues même, sous l'Empire et auparavant; mais elle peut désormais espérer de tout recouvrer. Misérables aveugles, dignes d'une immense compassion, l'avenir vous apprendra ce que vous ne savez pas encore, combien petite est la distance qui sépare l'homme de peur de l'homme de crime. La révolution vous applaudit: je le crois, certes: que faites-vous qu'obéir à ses injonctions? Opprimez, persécutez, tyrannisez à son profit; sa reconnoissance nous vengera.

Vous parlez comme elle de *l'ordre légal*: et que veut dire ce mot? Il y a eu, je pense, plus d'un ordre légal de 1793 à 1828. Tout cela, étoit-ce l'ordre véritable, la justice, la liberté ? Suffit-il que la force commande, pour qu'il y ait ordre, pour qu'il y ait loi ? Répondez, ceci est grave. Quand la loi conduisoit sur la place Louis XV celui qu'en ce moment je n'ose nommer, qu'étoit-ce à vos yeux que cette loi ? Lui devoit-on respect, soumission ? J'attends ce que vous direz. Mais vous ne direz pas que le régicide, les proscriptions, les spoliations, et tant d'autres forfaits fussent ce que vous appelez l'ordre légal. Il existoit alors aussi cependant une force, un pouvoir public. Il y a donc un ordre contre lequel la force, le Pouvoir ne peut rien, une Loi qui juge les lois mêmes. Qu'est-ce que cette loi ? La connoissez-vous ? Et dans le conflit entre elle et les volontés arbitraires, oppressives de la puissance humaine, qu'y a-t-il à faire [1] ? Imprudents ! quel vertige vous étour-

---

[1] Ce qui a donné naissance à la théorie moderne de l'ordre légal, c'est premièrement le besoin d'un prétexte pour opprimer avec une apparence quelconque de droit ; secondement, la nécessité où se trouve le libéralisme dogmatique, après avoir rejeté toute règle de justice

dit ; et comment ne tremblez-vous pas de contraindre la France à poser ces questions terribles, et à les résoudre peut-être?

Il nous reste à parler d'une troisième or-

immuable et divine, et par conséquent détruit la notion du devoir, de soutenir ou qu'on n'est *jamais*, et en aucun cas, tenu d'obéir à ce que le Pouvoir commande, maxime qui renverse immédiatement la société; ou qu'on doit toujours obéir à la loi, quelle qu'elle soit, c'est-à-dire, aux prescriptions arbitraires de la force actuellement prédominante. Au contraire, le Christianisme ne séparant jamais ces deux choses également saintes, également indispensables, l'ordre et la liberté, ordonne d'être soumis à la puissance, c'est-à-dire, *à l'autorité et à la raison*; et fixant aussitôt, pour prévenir la tyrannie, la règle et les limites de cette soumission, il déclare qu'elle n'est due qu'*aux commandements justes et raisonnables, selon Dieu, l'autorité ecclésiastique, et le droit civil.* Il nous semble pourtant qu'il y a quelque dignité dans cette doctrine, et qu'à tout prendre cela n'est pas trop mal pour le neuvième siècle. « Si quis potestati regiæ, quæ non est, juxta « Apostolum, nisi à Deo, contumaci ac inflato spi- « ritu contra auctoritatem et rationem, pertinaciter « contradicere præsumpserit, et ejus justis ac rationa- « bilibus imperiis secundum Deum et auctoritatem eccle- « siasticam ac jus civile obtemperare irrefragabiliter no- « luerit, anathematizetur ». *Concil. Parisiens.; aliàs Meldens.* 846, *c. XV.*

donnance, qui complète le système de persécution suivi par le ministère, sous la direction du libéralisme. A raison du caractère de l'homme qui l'a provoquée, celle-ci est en quelque sorte empreinte d'un sceau particulier, et comme de je ne sais quel signe semblable à celui que Dieu imprima sur le front de l'auteur du premier meurtre. La Providence a permis qu'un évêque se rencontrât, qui, possédant tout ce qu'il falloit pour préparer un schisme, et sentant au fond de lui-même le triste courage d'être dans l'Église, ce qu'étoit, selon les doctrines de l'ancien Orient, Ahriman dans l'univers, n'a point été effrayé de se rendre comme lui *le chef de ceux qui n'ont point de chef.*

Il a dit au Roi : « Il s'écoulera bien des années avant que le personnel du clergé soit « en proportion avec les besoins de la France, « et que les évêques puissent répondre aux « instantes prières de toutes les populations qui demandent des pasteurs [1] » : en

---

[1] Rapport au Roi par M. Feutrier, évêque de Beauvais. *Messager du 18 juin 1828.*

conséquence, je propose à Votre Majesté de réduire de moitié le nombre des élèves qui annoncent l'intention de se consacrer au saint ministère.

Il a dit aux familles : Vous avez *une répugnance naturelle* [1] à permettre que vos enfants embrassent une carrière semée de tant de dégoûts et que chaque jour on rend plus pénible ; eh bien, sachez désormais à quoi vous les exposez, en souffrant qu'ils éprouvent leur vocation dans une école ecclésiastique : s'il leur arrive plus tard de reconnoître qu'ils n'étoient pas réellement appelés, ils perdront tout le fruit de leurs études, l'accès de toute autre profession leur sera fermé, *le grade de Bachelier ès-lettres*, exigé pour être admis dans les écoles de droit, de médecine, etc., *leur sera complètement inutile* [2].

Il a dit aux Évêques : Vous avez entendu de la bouche de Jésus-Christ cette parole : *Allez et enseignez ;* et moi je vous dis : Vous n'enseignerez pas sans l'autorisation royale ; vous

---

[1] *Ibid.*

[2] *Ibid.*

n'aurez d'écoles qu'autant qu'il plaira au pouvoir civil, et pour *rendre plus efficace sa surveillance* sur votre enseignement, il est *enjoint aux supérieurs et directeurs nommés par vous, de ne commencer leurs fonctions qu'après avoir obtenu son agrément* [1].

Il a dit à Dieu : Ton sanctuaire est désert, tes autels sont abandonnés; *les petits enfants demandent du pain, et il n'y a personne pour le leur rompre* [2]; leurs cris m'importunent; je te permets donc de te choisir vingt mille prêtres parmi les François; mais pas un de plus, entends-le bien!

On sent qu'il n'est pas question de discuter des droits, lorsqu'ils sont tous si clairement violés, et avec tant d'audace. Mais comme il falloit au moins un prétexte, quel qu'il fût, on a parlé des intérêts de l'Université, et pour venger le monopole, et propager le bienfait d'une éducation généralement accusée d'être anti-chrétienne, un évêque a frappé le sacerdoce dans sa racine. Et si on lui demande

---

[1] *Ibid.*

[2] Jerem. Thren., IV, 4.

raison, au nom de Jésus-Christ, de cet énorme attentat contre sa doctrine, ses lois, et, puisqu'il faut le dire, contre sa rédemption même, dont il ose ravir le fruit *aux populations qui, dans leur délaissement, sollicitent des pasteurs avec d'instantes prières* [1], que répond-il? « Je pense avec un orateur entendu avec « faveur sur ce sujet, que les discussions ca-« tholiques et religieuses sont déplacées à « cette tribune. Le clergé ne doit être ni atta-« qué avec amertume, ni défendu avec cha-« leur et enthousiasme [2]. » Il s'est mis, certes, fort à l'abri de ce dernier inconvénient.

Mais remarquons ici les inconséquences des partis, et combien, souvent, il y a loin de leurs principes à leurs œuvres. Le libéralisme proclame avec faste la liberté, il abonde en protestations de son amour pour elle; et quand on attaque, dans un sens opposé au catholicisme, toutes les libertés religieuses ensemble,

---

[1] Rapport au Roi par M. l'évêque de Beauvais.

[2] Discours de M. Feutrier, dans la séance du 7 juillet. *Messager des Chambres du* 8 *juillet* 1828.

et jusqu'aux libertés naturelles de la famille, il applaudit et tressaille de joie.

A l'entendre, quoi de plus odieux que le monopole et le privilége? Il ne combat, si l'on veut l'en croire, que pour en affranchir le monde. A merveille; mais s'agit-il du privilége de l'éducation, du monopole des doctrines et de tout ce qui forme l'homme moral et intellectuel, il trouvera bon que le gouvernement se l'arroge, il le pressera même d'établir une servitude au dessous de laquelle on ne peut rien concevoir; et si les prêtres élèvent la voix pour réclamer en faveur du droit paternel et de la liberté de conscience, il taxera de rébellion cette résistance à l'esclavage, et provoquera contre eux les violences du Pouvoir qu'il domine, et qu'il pousse impérieusement à la tyrannie.

Il affecte un grand zèle pour l'instruction du peuple, il veut qu'on la répande jusque dans les dernières classes de la société, et reprochant à l'Eglise d'étouffer les lumières, il l'accuse de tenir les hommes dans une ignorance profonde, afin de régner sur eux plus aisément, après les avoir abrutis. Si je comprends bien ces accusations, il faudroit que l'Église, pour répondre aux besoins du siècle et aux désirs du libéralisme, s'occupât d'instruire la population ignorante : je ne saurois y trouver un autre sens. Qu'arrive-t-il néanmoins ? On dit au clergé : « Vous multipliez vos écoles au delà de « toute mesure ; vingt-cinq mille enfants qui « ne se destinent point à l'état ecclésiasti- « que, y sont instruits par vous, la plupart « gratuitement ». Aussitôt le libéralisme, enflammé de colère, demande qu'on supprime au plus vite ces écoles *illégales*, et qu'on ne tolère que celles de l'Université, qui n'ouvre ses portes qu'aux enfants des riches. Est-ce assez de passion et assez de misère ?

Lorsque les Ordonnances que nous venons d'examiner rapidement parurent, tous les catholiques se sentirent blessés dans leur foi, dans leur conscience, dans leur liberté, et l'opposition qu'elles éprouvèrent révéla aux ministres ce qu'ils ignoroient, la puissance de l'esprit religieux en France, puissance que l'on connoîtrà bien mieux encore plus tard. Les évêques, donnant l'exemple qu'on attendoit d'eux, se refusèrent à l'exécution de ces mesures tyranniques et anti-chrétiennes. Alors le ministère, pressé entre l'épiscopat et la révolution, négocia, usa de ruse : il promit à l'une des violences, et à l'autre des ménagements, sans satisfaire personne. Un agent qu'il avoit, dans son embarras, expédié en toute hâte à Rome, en rapporta une lettre mystérieuse dans laquelle, dit on, le secrétaire d'État, de nulle autorité d'ailleurs dans l'Eglise, engageoit les évêques à *s'en rapporter à la piété du Roi ;* comme si le Roi étoit maître en cela de suivre les pieuses inspirations de son cœur, comme si sa piété personnelle changeoit la nature des choses, et rendoit moins désastreuses des dispositions où tout le monde voyoit la violation des droits les plus sacrés, la ruine du sanctuaire, et le commencement d'une vaste persécution. La révolution, irritée de cette intervention *étrangère*, éclata en murmures et en menaces, et le ministère, après s'être de son mieux excusé près d'elle, ne songea plus qu'à tirer parti, ou plutôt à abuser de la lettre obtenue, pour opérer, au moins, une division parmi les évêques. Il y a toujours des hommes qui tremblent de résister, et à qui le devoir pèse. Leur peur attentive cherche de tous côtés et leur conscience saisit avidement un prétexte, quel qu'il soit, de se soulager de ce poids incommode. Sous ce point de vue le ministère ne calculoit pas tout-à-fait mal peut-être.

Au moment où nous écrivons ceci, on ne sait pas encore quel sera le résultat final de ses efforts. Si des exemples déplorables ont été donnés, d'autres, et plus nombreux, ont aussi consolé la foi. La foiblesse est de l'homme, et ne sauroit étonner; mais la force, qui vient de Dieu seul, remplit l'âme d'une joie d'autant plus grande, qu'elle le montre comme présent dans son Eglise, pour l'assister selon ses promesses. Sous sa puissante main, qui ne seroit en paix? Au reste les choses ne peuvent demeurer au point où les ont amenées la haine révolutionnaire et la lâcheté de l'administration. Nous essaierons bientôt d'indiquer l'avenir qui se prépare; mais auparavant il est nécessaire de discuter certaines maximes par lesquelles le ministère a voulu justifier ses actes, et que le libéralisme a adoptées avec empressement.

CHAPITRE VII.

Maximes officielles établies à l'occasion des Ordonnances Portalis et Feutrier.

Rien de plus important pour l'Église que de bien connoître les doctrines des souverainetés temporelles avec lesquelles elle est en rapport ; car ces doctrines étant constamment la règle de l'administration et formant l'esprit qui l'anime, donnent à l'ensemble de ses actes une tendance invariable, et déterminent la nature des relations qui subsistent entre la Religion et l'État. Quand ces doctrines sont pures, il y a, entre l'un et l'autre, harmonie parfaite. Dans le cas contraire, une lutte s'établit, et cette lutte toujours plus vive ne peut finir que de deux manières, ou par le retour de la souveraineté aux vraies doctrines qui ne changent point, ou par une séparation ouverte et complète de l'État et de la Religion. L'erreur des gouvernements est de s'imaginer que, par adresse et par violence, ils parviendront à forcer l'Église de se modifier sur leur système propre, et qu'ils atteindront ainsi, sans révolution ni secousse, le but qu'ils se proposent. Mais ils s'abusent étrangement en cela. L'Église qui ne rompt jamais qu'à la dernière extrémité et lorsqu'elle arrive aux limites posées par Dieu même de la condescendance permise, se prête d'abord à tout ce qui est absolument possible, use de ménagements, évite les chocs directs, élude les questions d'où naîtroit une guerre décisive et une scission déclarée, dissimule les torts que la passion aggraveroit, si elle en exigeoit la réparation, prolonge, attend, exhorte, imite enfin, dans sa conduite, celui qui est patient, parce qu'il est éternel. Ainsi vont les choses pendant quelque temps. Mais, comme rien ne s'arrête dans le monde, que tout y est progressif, il vient un moment où le Pouvoir, d'usurpation en usurpation, exige ce que l'Église ne peut accorder. Il veut réaliser sa doctrine tout entière, et pour cela il est contraint d'attaquer, non plus seulement des droits partiels, mais l'existence même de l'Église. Alors, au lieu de la subjuguer, comme il l'espéroit, il perd ce qu'il avoit d'influence sur elle et par elle. Une fraction du clergé se livre ou se vend, et devient, sous les fers dont on le charge et l'opprobre qui s'attache à son apostasie, une église nationale, c'est-à-dire, une église nulle; tandis que la vraie Église, plus libre et dès lors plus forte, rentre par le schisme même, dans la pleine indépendance qui lui appartient. Elle ressaisit, d'une main ferme et sûre, les rênes de son empire immortel, et du sein de la persécution soulevée contre elle, gouvernant avec plus d'autorité que jamais, les intelligences, qui ne vivent que de la vérité dont ses enseignements sont la source, elle prépare au monde de nouveaux destins.

Nous avons précédemment essayé de faire voir, qu'en même temps que le libéralisme tend, par ses erreurs, à détruire le christianisme et toute société spirituelle, les maximes du gouvernement, empruntées à la monarchie despotique de Louis XIV, constituent dans leur application, un système d'envahissement progressif, dont le dernier résultat seroit l'asservissement total de l'Église, et par conséquent le schisme, car l'Église ne peut ni périr, ni subsister asservie. Et comme on pourroit penser qu'en tirant, avec une rigueur logique, les conséquences des principes qui règlent l'action du pouvoir civil, nous avons été au delà de ses doctrines avouées et pratiques, nous voulons montrer ces mêmes conséquences reconnues nettement et dogmatiquement exposées par l'administration, sans qu'elle ait pu s'en défendre, lorsqu'elle a voulu justifier les Ordonnances illégales et tyranniques du 21 avril et du 16 juin. Pour légitimer ses violences, il lui falloit nécessairement une théorie de l'oppression, et cette théorie fournit tout ensemble un sûr moyen d'apprécier ses actes, en révélant l'esprit qui les a dictés, et un grave sujet de méditation sur les nouvelles épreuves que le catholicisme doit subir dans un avenir prochain.

Et d'abord on avoue que l'Église, originairement séparée de l'État, sous les empereurs païens, jouissoit alors d'une complète indépendance. « Tant que Constantin n'a pas « posé la croix sur son diadème, l'Église eut « une constitution indépendante des lois po-« litiques; cela devoit être, elle étoit en « dehors de la société; elle se gouvernoit « par ses Pontifes, ces Pontifes n'avoient « de compte à rendre à personne » : et pourquoi ? « parce qu'au lieu de protection, les « rescrits les livroient aux licteurs [1]. »

Aujourd'hui qu'on les livre eux et leurs écoles aux gendarmes, aux recteurs d'académie, et aux procureurs du Roi, on pourroit trouver peut-être assez de ressemblance entre leur position et celle où, selon le raisonneur officiel, *ils n'avoient de compte à rendre à personne*.

Mais nous lui demanderons comment l'Église qui avoit primitivement *une constitution indépendante des lois politiques*, a pu perdre cette constitution, et devenir ensuite dépendante des lois politiques. Cette constitution primordiale, de qui la tenoit-elle, si ce n'est de son Chef, de

---

[1] Messager des Chambres du 2 juillet 1828.

Jésus-Christ ? Il faudra donc dire que les hommes ont le droit de renverser ce que Jésus-Christ a établi, et qu'en fondant une société immuable, éternelle, il l'a livrée au hasard des temps, aux caprices de César et de ses ministres ? Si c'est là ce que vous soutenez, vous n'êtes pas catholiques, vous n'êtes pas chrétiens ; si, effrayés de cette conséquence, vous reconnoissez que la constitution de l'Eglise est invariable, vous renversez la base de votre théorie, et vous vous condamnez vous-même sans retour.

« Dès que le Prince, ajoutez-vous, est de-« venu chrétien, et qu'il y a eu communauté « entre la cité et le sanctuaire, les lois ont « protégé le clergé ; mais à son tour le clergé « a reconnu l'empire des lois. Les codes Théo-« dosien et Justinien le constatent [1] ». Lorsque la Religion chrétienne, adoptée par le Prince, est devenue le fondement de l'État ; ou, pour parler votre langage, *lorsqu'il y a eu communauté entre la cité et le sanctuaire*, la force publique a sans doute *pro-*

---

[1] *Ibid.*

tégé l'ordre spirituel, c'est-à-dire, protégé la société même. Alors, comme toujours, *le clergé a reconnu l'empire des lois* politiques et civiles, pourvu qu'elles ne continssent rien d'opposé aux lois divines et ecclésiastiques, sa règle première et inviolable : et voilà pourquoi le législateur a constamment pris soin, même en Orient, malgré le despotisme impérial, de mettre en harmonie les unes et les autres. Voilà ce qu'on voit, et rien de plus, dans les codes Théodosien et Justinien : et quand les empereurs ont rompu cette harmonie nécessaire, l'Église, loin de *reconnoître l'empire de leurs lois* anti-chrétiennes, a maintenu contre elles inflexiblement la souveraine autorité de sa propre législation.

Enfin, selon la doctrine ministérielle, lorsque l'État est devenu chrétien, le christianisme a changé par cela même de nature ; il a perdu le caractère d'immutabilité, sans lequel il est impossible de le concevoir comme divin ; l'institution de Jésus-Christ, soumise aux caprices des princes qui ne règnent que par Jésus-Christ, a dû prendre une nouvelle forme, et l'Église passer sous la dépendance du pouvoir politique et de ses lois. En effet, dit l'écrivain chargé d'exprimer les pensées et de défendre les actes de l'administration, « que les lois puissent se mêler du régime « extérieur de l'Église, et dans tout ce qui se « produit sous des formes terrestres, c'est une « maxime qu'on ne peut désavouer. » Nous verrons tout-à-l'heure; écoutons ce qui suit: « Avant nos troubles politiques comme « après, les édits des Rois ont réglé les vœux « monastiques, les établissements de main-« morte, les donations ecclésiastiques, l'ensei-« gnement des écoles. La souveraineté dont « on reconnoissoit alors la puissance, ne la « reconnoît-on plus aujourd'hui » ? En ce qui tient aux vœux monastiques, l'État en régloit les effets civils, et il avoit ce droit. Les établissements de main-morte, les donations ecclésiastiques, ressortissoient aussi, à plusieurs égards, de son autorité; nulle contestation sur ce point, et la souveraineté dont on reconnoissoit alors la puissance, on

[1] Messager des Chambres du 2 juillet 1828.

la reconnoît également aujourd'hui. Il est vrai que les magistrats, en cela comme en tout le reste, outre-passèrent souvent, et de beaucoup, les véritables droits de la souveraineté; et alors le clergé opposa constamment ses réclamations aux envahissements de la Puissance civile, devenus intolérables surtout dans les derniers temps de l'ancienne monarchie. Quiconque ne sait pas cela devroit commencer, avant de parler de ces matières, par lire au moins l'histoire du dix-huitième siècle, toute remplie des luttes continuelles des Évêques et des Parlements.

Quant *aux édits des Rois qui ont réglé l'enseignement des écoles*, avec la meilleure volonté du monde de complaire aux ministres, on est forcé de leur dire que cette assertion a quelque chose de hasardé, et qu'avant d'affirmer si positivement, il est fâcheux qu'ils n'aient pas pris la peine d'ouvrir, je ne dirai pas les Procès-verbaux des Assemblées du Clergé de France, mais les registres du Conseil d'État. Ils y auroient lu, à la date du 23 janvier 1680, la déclaration suivante, qui ne prouve pas précisément ce que leur apologiste veut prouver : « Il est « manifeste qu'il n'appartient qu'à l'Église de « prendre connoissance du fait des écoles. « Cet usage a toujours été suivi en France ;... « aussi les jurisconsultes disent que le soin « des écoles est soumis aux ecclésiastiques ». Que M. Feutrier ait ignoré cela, on s'en étonne peu ; il n'est, après tout, qu'évêque : mais M. Portalis devoit le savoir.

Ce que personne jusqu'à présent n'avoit encore su, c'est la *maxime qu'on ne peut désavouer, que les lois peuvent se mêler du régime extérieur de l'Église, et dans tout ce qui se produit sous une forme terrestre*. Je voudrois bien que l'on m'apprît, ce qui, dans la Religion, ne se produit pas nécessairement sous une forme terrestre. Connoît-on un moyen d'enseigner autrement qu'à l'aide de la parole, et la parole qu'est-ce autre chose qu'*une forme terrestre* de la pensée ? Les décisions dogmatiques des Pontifes et des Conciles, la hiérarchie, les sacrements, le culte tout entier, et, puisqu'on nous oblige de le dire, Dieu lui-même, invisible et présent sur l'autel où s'accomplit le sacrifice chrétien, ne se produit-il pas sous une forme terrestre? Et *les lois*, nous dit-on froidement, *pourront se mêler dans tout cela*; le Prince, parce qu'il a daigné participer à la rédemption du Christ, aura pouvoir sur sa doctrine, sur son Église, sur lui-même, sur Dieu! Ce que l'on éprouve n'a d'autre expression que le silence.

Considérez cependant tout ce qu'embrassent les prétentions avouées du Pouvoir civil; *le régime extérieur de l'Eglise*, c'est-à-dire, sa constitution, ses lois, sa discipline, son culte, les vœux monastiques, les ordres religieux, dont il jugera la *doctrine et la morale*[1], l'enseignement des écoles, l'enseignement même de la Religion, conçu sous sa notion exclusive et propre : et cela

---

1 « Une corporation n'est-elle en rapport qu'avec Dieu? N'a-t-elle pas aussi des relations sociales? et ces relations sociales, l'État n'a-t-il pas le droit d'y intervenir pour voir si l'association est légale, *si ses doctrines sont en rapport avec les principes du gouvernement, si elle ne blesse en rien la morale*, si par quelque côté que ce soit, elle est ou peut devenir un danger public ». *Messager des Chambres du* 21 *juin* 1828.

toujours parce que la Religion doit être nécessairement dépendante de l'État, dès que l'État veut bien reconnoître une religion.

« Qu'est-ce que la Religion de l'État ? « C'est le catholicisme sans doute; mais ce « sont aussi les règles qui, de temps immémo-« rial, ont fait loi en France; c'est la Reli-« gion de Rome, on n'en peut disconvenir; « mais avec les influences et les surveillances « que le pouvoir s'est toujours réservées, c'est « la Religion de Louis XIV et de Bossuet.

« Dira-t-on qu'il y a de la tyrannie, du « sacrilége, dans ce système d'influences et « de surveillances, que l'État doit rester in-« différent à l'exercice de la Religion de « l'État? On n'oseroit. Reconnoître que l'É-« tat a droit de se choisir sa religion, et « c'est le reconnoître en effet, que de s'ap-« puyer sur la disposition politique qui dé-« clare religion de l'État tel culte, plutôt « que tel autre; n'est-ce pas accorder à l'É-« tat le pouvoir d'arracher l'enseignement « de cette religion aux mains qui pourroient « la dénaturer ou la corrompre? Le contraire « seroit un véritable vasselage. L'État se

« mettant tout entier dans l'Église, au lieu « d'appeler l'Église à lui, perdroit par ce « seul fait sa constitution primitive, et de « monarchique qu'il étoit, se transformeroit « en théocratie [1].

Nous ne connoissons point *la religion de Louis XIV et de Bossuet ;* nous ne connoissons que la Religion de Jésus-Christ, invariable par son essence, et qu'il n'appartient à nul homme, quelle que soit sa puissance et son génie, de changer ni de modifier. Cette religion *est celle de Rome, on n'en peut disconvenir :* donc ou vous l'accepterez telle que Rome la professe et l'enseigne, ou ce ne sera plus la Religion de Jésus-Christ. Si c'est là ce que vous appelez la religion de Louis XIV et de Bossuet, leurs noms sont au moins inutiles ici ; celui de catholique consacré par le langage de tous les temps et de toutes les nations suffit, et aucun autre ne peut lui être substitué, sans une impiété scandaleuse. Tout ce qui marque une différence, quelque chose de

---

[1] Messager des Chambres du 5 juillet 1828.

divers et de local, altère sa vraie notion. Qu'importe à la Religion, qu'importe à l'Église ce qu'a fait ou pensé un despote du dix-septième siècle? Ces *influences* et ces *surveillances*, tous ces mots ambigus dans lesquels on s'enveloppe, que signifient-ils? L'État, sous le rapport religieux, est ou supérieur à l'Église, ou indépendant de l'Église, ou soumis à l'Église. Dans le premier cas, il opprime et persécute, dans le second il est étranger au christianisme et à ses lois, dans le troisième seul il est catholique; et il a le droit de choisir entre ces trois positions, comme chaque homme a le droit de choisir entre la foi et l'athéisme, entre l'ordre et le désordre, entre la vertu et le crime; et comme le choix de l'homme ne lui crée aucun pouvoir sur l'objet de sa foi et la règle de ses actions, le choix de l'État ne lui crée aucun pouvoir sur la vérité, sur Dieu. Obéir librement n'implique, en aucune manière et à aucun degré, le droit de commander. On *osera* donc très fort affirmer *qu'il y a de la tyrannie, du sacrilége, dans un système d'influences et de surveillances* qui impliqueroit une autorité quelconque du souverain dans l'Église et sur l'Église; *on osera* dire que, *s'il ne doit pas rester indifférent à l'exercice de la religion de l'État*, en ce sens qu'il lui doit la protection de sa force, qu'il doit, autant qu'il est en lui, maintenir la loi fondamentale de la société, il ne doit pas prétendre intervenir à un autre titre en rien de ce qui touche l'ordre religieux; que son pouvoir doit toujours suivre, jamais précéder celui de l'Église, bien moins encore l'*influencer* et le *surveiller*, car on ne surveille et on n'influence que ce qui dépend de soi en quelque façon. Seconder telle est sa fonction : dominer est son crime.

Lui refusera-t-on cependant *le pouvoir d'arracher l'enseignement de cette religion* qu'il a choisie, *aux mains qui pourroient la dénaturer et la corrompre?* Que ce soit son droit, nous ne le disons pas; nous disons que c'est son devoir. Mais entendez comment. L'Église parle, elle déclare qu'un enseignement erroné, *corrompt*, *dénature* sa doctrine; le Prince alors intervient pour donner force au jugement de l'Église, et l'harmonie la plus parfaite subsiste entre les deux Puissances ; l'une décide, l'autre agit : voilà l'ordre ; et cet ordre n'est jamais troublé que lorsque le Prince, s'érigeant en juge de l'Église que son devoir est d'écouter, rejette ses décisions, corrompt et dénature lui-même sa doctrine ; lorsqu'à la Religion catholique, apostolique, romaine, il veut substituer, par exemple, *la religion de Louis XIV et de Bossuet.* Contestez-lui ce droit, refusez de le reconnoître pour l'arbitre suprême de tout ce qui, dans l'Église, *se produit sous des formes terrestres*, il se trouvera bien vite des écrivains gagés pour soutenir qu'il peut, à raison même de l'obéissance promise par lui en devenant chrétien, *surveiller, influencer*, réformer l'enseignement de ceux à qui Jésus-Christ a dit : *Allez et enseignez ;* que *le contraire seroit un véritable vasselage ;* qu'il est esclave, s'il ne commande pas. « L'État alors se « mettant tout entier dans l'Église, au lieu « d'appeler l'Église à lui, perdroit par ce « seul fait sa constitution primitive, et de

« monarchique qu'il étoit se transformeroit « en théocratie. »

Ici c'est aux peuples à écouter. La doctrine catholique sur les rapports des Puissances spirituelle et temporelle, se réduit à ces deux points : 1° Que le Souverain ne possède légitimement aucune autorité sur les esprits et sur les consciences ; en d'autres termes, que la vérité et les devoirs sont indépendans de ses pensées et de sa volonté ; 2° Qu'il existe une Loi de justice immuable, universelle, obligatoire pour lui, comme pour ses sujets, et que cette Loi de justice, fondement de son droit et de la société, l'Église est chargée de la conserver, et de la défendre contre les abus de la force, qui tend sans cesse à l'altérer. La Puissance spirituelle exerce ainsi, suivant l'institution de Jésus-Christ, une double fonction ; elle maintient l'ordre, en prescrivant, au nom de Dieu, l'obéissance au Pouvoir qui vient de lui ; elle maintient la liberté, en obligeant ce même Pouvoir à régner selon la justice : elle le déclare soumis, sous ce rapport, aux mêmes devoirs que tous les hommes, et du reste libre et indépendant. Appelez, si cela vous plaît, ce régime une *théocratie ;* les mots ne font rien aux choses : dites que *l'État, perdant sa constitution primitive, cessera d'être une monarchie :* il s'ensuivra seulement qu'une monarchie, pour vous, est un gouvernement, ou qui ne reconnoît aucune loi de justice, ou qui crée à son gré cette loi : et c'est là, en effet, ce qui sort de toutes vos maximes. Il faut que les peuples le sachent enfin, il faut qu'ils voient à nu le fond de vos doctrines, afin qu'éclairés sur leurs conséquences, et consultant leurs vrais intérêts, leurs droits légitimes, et tout ce qu'il y a dans l'âme humaine de sentiments élevés, ils se décident entre l'inexprimable infamie de la servitude dont vous établisez la théorie, et la noble, la sainte liberté que leur offre le catholicisme.

Et remarquez ce principe, que *l'État ne doit pas se mettre tout entier dans l'Église*, mais *appeler l'Église à lui*, sous peine *de se transformer, par ce seul fait, de monarchique qu'il étoit, en théocratie.* Donc il y aura théocratie toutes les fois que l'État reconnoîtra pleinement, dans l'ordre spirituel, l'autorité indépendante de l'Église; toutes les fois qu'elle ne sera pas soumise à son influence, à l'égard de *son régime extérieur et de son enseignement ;* c'est-à-dire qu'il y aura théocratie toutes les fois que l'Église restera ce que Jésus-Christ l'a faite, ce qu'il lui est impossible de ne pas être toujours, et que vous ne concevez de monarchie qu'avec une Église dans laquelle *l'État*, suivant votre expression, *ne se met point tout entier*, mais qu'*il appelle à lui*, qu'avec une Église circonscrite dès lors dans les limites de l'État même et dépendante de ses volontés, de ses *surveillances* et de ses *influences*, avec une église nationale. Cela est-il assez clair, et ce que nous avons dit des maximes qui dirigent l'action du Pouvoir temporel, est-il assez justifié ?

En vain l'on essaie d'atténuer, par quelques paroles vagues, ce que ces maximes schismatiques ont de choquant et d'intolérable; en vain l'on s'efforce de les déguiser aux yeux des inattentifs, la vérité l'emporte, et le mot fatal échappe, comme nous le verrons dans un instant. On dit aux simples : « Et nous

« aussi nous connoissons les droits de l'épis-
« copat, nous savons tout ce que la reli-
« gion mérite d'hommages, et les priviléges
« de l'Église gallicane de respect [1].... Mais
« en quoi l'exécution des lois du royaume
« pourroit-elle blesser les droits de l'Eglise?
« La Religion est-elle intéressée à ce que
« certaines corporations proscrites par nos
« lois, soient chargées de l'enseignement
« public? à ce que, tout en respectant la ju-
« ridiction épiscopale, les écoles ecclésiasti-
« ques soient soumises à quelques-unes des
« conditions qui tiennent au droit commun?
« L'autorité royale doit-elle tout-à-fait de-
« meurer étrangère à l'exercice d'un pouvoir
« et d'un enseignement qui s'adresse à ses
« sujets? Se méfieroit-on de sa protection
« comme d'une tyrannie importune? Si les
« institutions civiles doivent se ressentir de
« l'influence de la Religion de l'État, les ins-

---

[1] Ainsi le ministère a des *hommages* pour la Religion, et du respect pour les priviléges de l'Église gallicane. Je soupçonne qu'il pourroit avoir de la *considération* pour Dieu, s'il étoit légalement reconnu.

« titutions religieuses doivent tenir compte « aussi des lois civiles par lesquelles on ré- « git la société. S'il y a alliance entre l'Église « et l'État, cette alliance crée des droits « comme elle impose des obligations com- « munes [1]. »

Traduisons en termes clairs cette harangue ministérielle. « En quoi l'exécution des lois du royaume, au nom desquelles nous opprimons, nous persécutons l'Église, pourroit-elle blesser les droits de l'Église? La Religion est-elle intéressée à ce que certaines congrégations proscrites par nos lois [2], établies par les lois de l'Église avec mission particulière d'enseigner, soient déclarés inhabiles à l'enseignement? à ce qu'on envahisse respectueusement la juridiction des évêques, leurs droits les plus essentiels, les plus saints, en assujettissant les écoles ecclésiastiques à la puissance séculière? L'autorité royale doit-elle tout-à-fait demeurer étrangère à l'exercice

---

[1] Messager des Chambres du 19 juin 1828.

[2] L'assertion est fausse, mais nous la prenons telle qu'elle est donnée.

du Pouvoir spirituel confié par Jésus-Christ aux seuls pontifes, et à l'enseignement religieux qui s'adresse à ses sujets; ou, pour parler nettement, le Roi ne doit-il pas gouverner et enseigner l'Église avec le Pape et les évêques? Comment seroit-il le fils aîné de l'Église, s'il n'en étoit pas le Père et le Chef? Se méfieroit-on de sa protection, qui s'étend jusqu'à se charger, pour le soulagement de l'épiscopat, d'enseigner et de gouverner; et prendroit-on ce zèle d'enseignement et de gouvernement pour une tyrannie importune? Si les institutions civiles doivent se ressentir de l'influence de la Religion de l'État, les institutions religieuses doivent aussi s'accommoder aux lois civiles anti-chrétiennes, par lesquelles on régit la société. S'il y a alliance entre l'Église et l'État, cette alliance crée à l'État des droits sur l'Église, comme elle impose à l'Église l'obligation de se reconnoître dépendante de l'État. »

Qui ne voit, dans ce langage, le système entier de la suprématie civile, la doctrine de Henri VIII, énoncée avec une sorte de précaution timide, pour ne pas armer immédiatement contre elle la foi de tous les catholiques, et compromettre ainsi les destins du schisme futur? Mais comme nous l'avons dit, la vérité se fait jour à travers ces craintes et ces ruses, et l'on avoue expressément, à propos des Ordonnances et pour les justifier, que le Roi a usé, en cette occasion, du droit qu'il possède de régler *souverainement* ce qui tient à l'essence même de l'autorité spirituelle. « Comme dans notre ancien droit public, « sous la constitution monarchique, le Roi « est intervenu pour régler *par sa volonté* « *souveraine* ce qui étoit utile et bon pour « l'intérêt de l'Église de France et de l'É- « tat [1]. »

Après cela qu'ajouter? que reste-t-il à dire? Écoutez bien, vous qui jusqu'ici vous êtes fait illusion sur les doctrines du gouvernement et sur leurs conséquences; écoutez et comprenez: *Ce qui est utile et bon à l'Église de France*, en fait d'institutions religieuses, d'écoles ecclésiastiques, de vœux monastiques, et de *tout ce qui se produit sous une*

[1] Messager des Chambres du 19 juin 1828.

forme terrestre ; ce qui est utile et bon, pour repeupler le sanctuaire et assurer la distribution du pain de la parole et des sacrements ; *ce qui est utile et bon*, touchant le choix des directeurs et des professeurs chargés de former la nouvelle génération sacerdotale, les besoins spirituels des peuples, et le nombre des pasteurs que ces besoins réclament ; *ce qui est utile et bon* en matière d'enseignement, en matière de dogmes et de morale : le Roi règle tout, décide tout *par sa volonté souveraine*. Que prétendoit de plus Henri VIII [1], et si ce n'est pas là, dans toute sa rigueur schismatique, la suprématie civile, qu'est-ce donc ?

On s'appuie encore, pour l'établir, d'un autre prétexte que le libéralisme n'a pas manqué de saisir avidement. On dit à l'Eglise : L'État vous paie, donc vous devez obéir à l'État, recevoir de lui votre discipline, votre *régime extérieur*, vos dogmes même ; c'est la condition nécessaire de l'alliance qu'il a contractée avec vous. Pliez donc, soumettez-

[1] Voyez les Pièces justificatives, N° VI.

vous, ou, si vous voulez être libre, rompez le contrat indivisible où sont stipulés tout ensemble et vos priviléges et votre servitude [1].

Avec moins de franchise, le ministère exprime au fond la même pensée : « Crier, « dit-il, à la persécution de l'Eglise sous « les Bourbons, avec le Roi très chrétien, « avec un banc d'évêques dans la chambre « haute, avec les solennités publiques d'un « culte dominant, avec une liste civile des « autels aussi sacrée dans le vote des subsi- « des que celle de la royauté, il y a hypo- « crisie et ridicule [2]. »

Donc, pourvu qu'on accorde un salaire et des dignités aux ministres de la Religion, il y aura *hypocrisie et ridicule*, toutes les fois qu'on se plaindra que la Religion est persécutée. Nous osons croire pourtant qu'à toute force, les dignités et les salaires peuvent rester et la Religion se perdre. En Angleterre, si je ne me trompe, il existe *un banc d'évêques dans la chambre haute*, le clergé possède des revenus immenses. Seroit-il possible de

[1] Le Globe.

[2] Messager des Chambres du 19 juin 1828.

demander, sans hypocrisie et sans ridicule, ce qu'est devenu le catholicisme dans cette contrée, et la foi sous l'empire du *Défenseur de la foi* [1]. Nous ne voyons pas clairement, puisqu'il faut l'avouer, l'identité que le ministère paroît avoir découverte entre le symbole et le budget; et s'il n'étoit aussi loin que chacun le sait du ridicule et de l'hypocrisie, nous aurions peine à nous défendre de soupçonner un peu de l'un et de l'autre dans cette bizarre alliance d'idées. Quant au *banc d'évêques dans la chambre haute*, la distraction est manifeste; il a voulu dire probablement, *des évêques sur les bancs dans la chambre haute*; car il est vrai que le Roi a conféré à plusieurs évêques les honneurs de la pairie, mais cette distinction, purement personnelle et nullement inhérente à leur titre ou à leur siége, ne les constitue en aucune manière, les représentants d'une Église reconnue pour un corps de l'État, et jouissant de droits politiques

---

[1] Titre donné par le Pape à Henri VIII, lorsqu'il eut écrit son livre contre Luther, et que ses successeurs ont conservé.

comme en Angleterre. Aussi ne pouvons-nous qu'exprimer de nouveau le regret, que les respectables Prélats qui ont subi cette pesante distinction, ne se soient pas dérobés à des faveurs dont le ministère tire aujourd'hui un prétexte d'opprimer l'Église, et nous croyons qu'assez honorés par la plénitude du sacerdoce qu'ils ont reçu de Jésus-Christ, ils donneroient un exemple heureux en déposant aux pieds du Roi, les tristes insignes d'une dignité qu'on rend le prix de leur servitude. Un évêque, ce nous semble, ne doit accepter de fers que ceux qui firent la sainte joie des confesseurs et consacrèrent les mains des martyrs.

Examinons maintenant le plaidoyer du libéralisme en faveur de l'esclavage religieux. De ce que la Religion catholique, apostolique, romaine, est déclarée religion de l'État dans la loi fondamentale, il en conclut que l'État dispose de la religion et gouverne l'Église à son gré ; hypothèse absurde et qui aboutit nécessairement à l'athéisme.

Nous disons hypothèse absurde ; car la notion même de la Religion catholique ou universelle, exclut rigoureusement toute dépendance locale ou particulière, comme la notion générale de la Religion exclut toute dépendance d'un pouvoir humain quelconque, sans quoi la Religion ne seroit pas divine, c'est-à-dire, ne seroit pas une religion. Et c'est pourquoi l'hypothèse libérale renferme évidemment l'athéisme, puisqu'elle met le Prince à la place de Dieu, seul légitime législateur de la raison et de la conscience.

De plus, il s'ensuit du principe établi par le libéralisme, que l'État ne sauroit reconnoître de religion que celle qu'il se fait lui-même, et qu'ainsi il ne sauroit exister pour les peuples que des religions nationales, imposées par le souverain : maxime athée, et qui voue à une servitude sans remède ce qu'il y a de plus noble dans l'homme, et qui seul l'élève au dessus de la brute, l'intelligence et la conscience même. Lorsqu'on en est là, il faudroit peut-être vanter un peu moins son amour pour la liberté.

On va encore chercher contre elle d'autres arguments dans le budget. L'État paie l'Église, donc l'Église doit obéir à l'Etat. Mais d'abord qu'est-ce que l'État ? Le libéralisme trouvera-t-il bon que le Souverain réponde comme Louis XIV, *l'État c'est moi!* Alors tous les droits, sans exception, étant concentrés en lui, il ne restera hors de lui qu'une masse passive, privée d'existence propre soit intellectuelle, soit morale, soit politique, et née seulement pour se soumettre, avec une aveugle docilité, à tout ce qu'il lui plaira d'ordonner d'elle. Que si l'État n'est pas uniquement le Souverain, mais encore et principalement la nation pour laquelle le Souverain, qui ne doit être, dit Fénelon, *que l'homme des lois et l'homme de Dieu*, est établi, la religion de l'État, dans cette hypothèse, est la Religion professée par la généralité de la nation, et conséquemment, en France, la Religion catholique, apostolique, romaine, telle que tous les hommes l'ont toujours crue, comprise et pratiquée. Or, comme nous l'avons observé déjà, universelle par son essence, elle exclut l'idée même d'une dépendance quelconque du pouvoir humain, en tout ce qui est de l'ordre spirituel, c'est-à-dire, en ce qui touche le dogme, la morale, la discipline et la hiérarchie; on ne sauroit la concevoir sous la notion fondamentalement opposée à sa nature, de religion ou d'église particulière et nationale. Donc soutenir qu'en France la Religion doit dépendre de l'État, qu'il a puissance sur elle, c'est, en termes équivalents, soutenir que la généralité de la nation, professant la Religion catholique, apostolique, romaine, doit à cause de cela même, protester qu'elle abjure la Religion catholique, apostolique, romaine, qu'elle est à la fois et n'est pas soumise à son autorité, qu'elle croit et ne croit pas tout ensemble. Est-ce la peine d'être absurde jusqu'à ce monstrueux excès, pour ne créer que la servitude ?

Que si l'on prétend que la nation françoise n'entend pas en ce sens la Religion catholique, apostolique, romaine, je demanderai comment il se peut qu'elle l'entende autrement qu'elle n'est et qu'elle ne fut toujours enseignée? Je demanderai que l'on m'explique ce que seroit une religion catholique, apostolique, romaine, que repousseroit le Pontife de Rome, les successeurs des apôtres, le corps des pasteurs, et dont chaque souverain détermineroit exclusivement, pour ses États, la doctrine et la discipline ?

La vérité, et on le sait bien, est que les François sont catholiques, comme on l'est dans le monde entier, de l'unique manière qu'on puisse l'être : le contraire est non seulement faux, mais implique contradiction. Il existe parmi eux quelques juifs, six à sept cent mille protestants, le reste professe extérieurement le vrai christianisme, et si un certain nombre d'hommes ont renoncé à la foi de leurs pères, pour vivre sans croyances et sans règle, vingt-cinq millions d'autres l'ont conservée et veulent la transmettre à leurs enfants. Ces vingt-cinq millions de chrétiens ont bien aussi des droits, je pense. A quel titre viendroit-on les en dépouiller? à quel titre oseroit-on leur ravir ce qu'ils ont de plus cher, opprimer leur conscience, et mettre pour eux la loi humaine ou la tyrannie de quelques fanatiques d'impiété à la place de la Loi de Dieu? Nous payons le clergé, répète-t-on encore. Non, vous ne le payez pas, vous acquittez en partie la dette légalement reconnue en sa faveur, la dette contractée envers lui, lorsqu'on le spolia de ses propriétés légitimes. Non, vous ne le payez pas, vous régularisez la perception et la distribution de ce que paient volontairement vingt-cinq millions de catholiques, pour la conservation du culte que Dieu leur commande de perpétuer, et dont la charte même leur garantit le libre exercice. Ils savent peut-être qu'il faut un autel pour célébrer les sacrés mystères, et un morceau de pain pour leurs pasteurs. Parce que Jésus-Christ vous est en haine, ne tourmentez pas ceux qui l'adorent. François comme vous, ne sont-ils pas, sans nulle comparaison, plus nombreux que vous? Ne les en faites pas souvenir. Ils vous plaignent *d'avoir perdu le bien de l'intelligence* [1], mais ils ne vous persécutent point. Accordez à leur foi le repos qu'ils accordent à votre incrédulité. Leur tête ne se courbera sous aucun joug, ni surtout sous le vôtre; ils en ont brisé de moins pesants. Craignez, je le dis avec un désir, avec un amour ardent de la paix, craignez de tenter leur patience : il y a, plus que vous ne pensez, il y a de la force là où est Dieu.

---

[1] Vederai le genti dolorose
Ch' hanno perduto il ben dell' intelleto.
Dante, Infer. Cant. III.

CHAPITRE VIII.

Suites prochaines de la Persécution contre l'Église.

Quelques modifications qu'on apporte à l'exécution des Ordonnances qui ont excité les réclamations de l'Épiscopat françois, elles n'en demeureront pas moins pernicieuses en soi, et les secrètes facilités qui en atténuent les effets immédiats, loin de remédier au mal, l'augmentent au contraire, comme on ne tardera pas à le reconnoître ; parce que les principes sur lesquels reposent ces actes de la puissance civile, supposés admis ou tolérés, deviendront beaucoup plus difficiles à contester, lorsque bientôt on en tirera des conséquences nouvelles ; et c'est ainsi que, presque toujours, dans ce siècle de foiblesse, on sacrifie le présent à l'avenir. Les concessions faites aux évêques, ne seront, pour le gouvernement, que des faveurs qui ne l'obligent point, qui ne dérogent point à ses maximes, tandis que le libéralisme affectera de n'y voir qu'une prévarication, un criminel abus de la confiance du Prince. Ce sont les droits surtout, ce sont les doctrines qu'ils s'agissoit de sauver. D'autres soins ont distrait de celui-là. Au nom de l'Église condamnée à mort, on a, ou l'on semble avoir accepté la sentence, sur la promesse ministérielle de surseoir à l'exécution. Avant qu'une année s'écoule, on pourra pleinement apprécier cette politique condescendante. A nulle époque on ne prévit moins, et cependant à nulle époque il ne fut plus aisé de prévoir : mais on craint de lever les yeux, de peur de rencontrer ce qui consterne les esprits timides et fait palpiter de joie les âmes fortes, un grand devoir.

Quiconque ne s'aveugle pas soi-même, ne sauroit se faire illusion sur les événemens qui se préparent. Le monde intellectuel et moral a ses lois aussi inflexibles que celles du monde physique, et selon ces lois toute idée, tout principe, tout système en action dans la société, tend incessamment à réaliser ses dernières conséquences. Nulle volonté humaine, si puissante qu'elle soit, ne peut arrêter ce développement. Il est donc nécessaire, en ce sens, que les théories libérales pénètrent de plus en plus l'ordre politique, dominent de plus en plus le Pouvoir. Or croit-on que le libéralisme, satisfait d'un premier triomphe, n'ait désormais rien à vouloir, rien à désirer? Ce qu'il a obtenu n'est que bien peu de chose, comparé à ce qu'il lui reste à exiger encore. On n'a fait qu'un pas vers le but où il marche forcément. Et quel est ce but? Nous le répétons, l'abolition du catholicisme. Il ne s'en cache pas, il l'avoue nettement et sans détour.

« L'état de malaise où l'on s'est plu à jeter la France, les attaques succesives portées à l'édifice constitutionnel, soit par la déception, soit par la violence, le décroissement rapide de la prospérité publique, la domination flétrissante du jésuitisme, le dégoût du présent et la perte de toute espérance d'un meilleur avenir; tant de causes d'inquiétude et de mécontentement ont du moins, sous un rapport, produit un résultat heureux : c'est de faire connoître aux moins

« clairvoyants, la cause unique du mal. Cette « cause est l'influence politique du clergé ca- « tholique. Vous voulez un gouvernement « représentatif, des institutions protectrices « des droits de tous, un commerce actif, une « industrie florissante? eh bien! *tout cela est « incompatible avec l'influence du clergé « catholique. Ce clergé est l'ennemi né « des institutions libres*[1], *des garanties so- « ciales*[2], *de tout ce qui émancipe l'intelli- « gence humaine*[3], *de tout ce qui donne à « l'homme le sentiment de sa dignité*[4]. « Dans un pays où il existera des institutions « semblables, le clergé, si on ne sait pas le « renfermer dans le cercle de son ministère, « se mettra en hostilité permanente contre

---

[1] Témoin les petits Cantons suisses, Venise, Gênes, etc. etc.

[2] Témoin la grande charte que les Anglois, confédérés sous le nom *d'armée de Dieu et de sa sainte Église*, contraignirent Jean-sans-Terre à leur octroyer.

[3] Témoin le siècle de Léon X.

[4] De la déesse Raison par exemple, et du bonnet rouge, car il est bien clair qu'auparavant l'homme n'a eu nulle part le sentiment de sa dignité.

« elles, sans s'inquiéter des malheurs qui « pourront en résulter pour le pays ; il « ne connoît d'autre intérêt que celui de sa « domination. Si cette vérité avoit jamais pu « être méconnue, elle deviendroit aujour-« d'hui évidente pour les esprits les moins « éclairés..... Dès qu'une déplorable crédu-« lité ou de perfides combinaisons ont sou-« mis le gouvernement à l'influence du clergé, « ne vous étonnez plus que la charte soit « mise en lambeaux, que la liberté de la « presse soit proscrite, que de nouveaux tré-« sors soient chaque année prodigués à l'É-« glise, qu'on songe à faire voter le budget « pour plusieurs anneés, qu'on soit disposé à « sacrifier à des guerres impies l'existence du « commerce et de l'industrie ; tout cela « n'est qu'une conséquence rigoureuse de « l'état des choses, et il doit en arriver bien « pis encore. *La liberté constitutionnelle, « la prospérité publique, sont en présence « avec la domination du clergé catholique. « Un magistrat vient de nous démontrer « qu'il y a incompatibilité entre ces deux « intérêts, que ce sont deux systèmes in-*

« *conciliables par leur nature. Y a-t-il à* « *hésiter dans le choix*[1] ? »

On sait assez ce qu'on entend par *l'influence, la domination* du clergé, et comment le libéralisme maître du pouvoir, se délivreroit de cette influence *incompatible avec la liberté constitutionnelle et la prospérité publique*. Suivant un autre journal du parti, *la question est de savoir si le pays peut se passer d'évêques*[2]. Mais des moyens si expéditifs ne sauroient être employés encore : il faut, pour en venir là, que la révolution politique dont la France est menacée se soit accomplie. Le gouvernement, sans force morale, et contraint dès lors, pour défendre son existence, d'opposer, sinon de fait, au moins de droit, le despotisme à l'anarchie, résiste, autant qu'il l'ose, au libéralisme qui le pousse à une persécution violente. Il n'a ni les mêmes doctrines ni les mêmes intérêts ; ce qui oblige momentanément le libéralisme lui-même à modifier ses attaques contre

---

[1] Le Courrier françois du 14 décembre 1826.

[2] Le Constitutionnel du 2 septembre 1828.

l'Église, en se rapprochant sur ce point des maximes du Pouvoir, maximes de servitude et de tyrannie, regardées comme fondamentales sous la monarchie despotique de Louis XIV.

On le verra donc bientôt, affectant un vif intérêt pour les droits de la royauté, se plaindre amèrement de l'inexécution des ordonances, ou de leur exécution incomplète. Il accusera les ministres de foiblesse, de trahison même, et particulièrement M. Feutrier : digne salaire des services rendu par lui à l'impiété. On dira que, pour soumettre le clergé à *l'ordre légal*, des hommes plus fermes sont nécessaires, des hommes surtout qui ne tiennent pas eux-mêmes à ce clergé par des liens d'état [1]. On ajoutera que l'expérience ayant prouvé que les mesures prises sont inefficaces,

---

[1] Il n'étoit pas certes difficile de prévoir ce que diroit le libéralisme, mais il est toujours bon de constater que l'on avoit bien prévu. Voici donc ce qu'on lit dans *le Courrier* du 22 novembre : « Tant que l'on aura pour « ministre un évêque, le clergé se mettra au dessus des « lois; il se servira de l'évêque pour obtenir de nouvelles « faveurs, et s'insurgera contre le ministre, s'il veut en « retour exiger quelque soumission. »

on doit se hâter d'en assurer l'effet, à l'aide de moyens nouveaux et de dispositions plus sévères. Après avoir pressé l'administration sur ce point, et obtenu d'elle la ruine des écoles ecclésiastiques, on attaquera les grands séminaires. Un évêque passionné pour *tout ce qui émancipe l'intelligence humaine, et tout ce qui donne à l'homme le sentiment de sa dignité*, n'a pas manqué déjà de provoquer cette autre destruction, indispensable d'ailleurs pour arriver à la fin qu'on se propose, comme l'a montré un magistrat que nous nous affligeons d'autant plus d'avoir à citer ici, que nous honorons davantage son noble caractère et son rare courage politique. « Ce n'est point encore, dit-il, avoir suffi-« samment pourvu à l'exécution de l'édit « de 1682, que d'avoir interdit aux Jésuites « l'enseignement dans les maisons dépendan-« tes de l'Université et dans les écoles secon-« daires ecclésiastiques. Il faut le leur inter-« dire surtout dans les grands séminaires; car « c'est là que leurs doctrines peuvent pro-« duire les plus grands ravages, en préparant « à la France un clergé ennemi de la religion

« de l'État, et propagateur de la religion de « Rome [1]. »

Bien qu'on puisse quelquefois déplorer ses opinions, il y a du moins toujours à gagner avec un honnête homme qui s'exprime franchement. Au lieu d'éluder, de biaiser, M. Cottu prononce hardiment le mot qui expire sur les lèvres ministérielles. Il avoue que la religion de l'État, telle qu'on l'entend et qu'on veut l'établir, est si opposée à *la religion de Rome*, que quiconque admet et *propage* la Religion de Rome, se déclare par cela seul *ennemi de la religion de l'État*. C'est donc pour propager celle-ci et pour repousser celle-là, que le Pouvoir, partant du principe que *ses lois peuvent se mêler dans tout ce qui se produit sous des formes terrestres*, étend *ses influences et ses surveillances* sur les écoles ecclésiastiques, et les étendra bientôt jusque sur les grands séminaires, qu'il est si important de réformer, selon M. de Pradt.

---

[1] Des Moyens de mettre la Charte en harmonie avec la Royauté. Par M. Cottu, conseiller à la cour royale de Paris. P. 185.

Mais on ne s'arrêtera pas là; on le voudroit vainement; la force des choses entraînera plus loin. En effet, « comment espérer que toutes les ordonnances que l'on « pourra faire sur l'enseignement de la décla- « ration de 1682, soient jamais exécutées de « bonne foi, tant que les évêques ne seront « pas eux-mêmes pénétrés de la doctrine « énoncée dans ces propositions ? L'édit de « 1682, qui leur enjoint d'employer toute « leur autorité pour faire enseigner cette « doctrine, ne suppose-t-il pas nécessaire- « ment qu'ils y auront adhéré eux-mêmes de « toute la plénitude de leur conviction [1] ? « Pourquoi donc tarder plus long-temps à

[1] Remarquez que les points de doctrine décidés par la Déclaration, touchent, ainsi que l'a reconnu M. Frayssinous lui-même, aux fondements de la constitution divine de l'Église, et dès lors appartiennent à la foi. Voilà donc la foi des évêques, qui sera déterminée par les édits du Roi, devenu l'autorité souveraine dans l'Église, et comme on régloit ses croyances sur les décisions du Pontife, on formera ses convictions sur les ordonnances du Prince; ce qui sera singulièrement propre à exalter dans l'homme *le sentiment de sa dignité*.

« exiger d'eux cette adhésion formelle? Je « conçois que l'on respecte l'opinion des « évêques et des curés actuellement en exer- « cice, puisque aucune condition ne leur a « été imposée; mais peut-on se dispenser à « l'avenir de s'assurer des sentiments de cha- « cun des prêtres qui solliciteront un évêché « ou une cure? Quelle est cette contradiction « de proclamer telle doctrine pour être celle « de l'Église gallicane, et de choisir des « évêques qui y soient opposés? Notre France « offrira-t-elle toujours à l'Europe ces éton- « nants contrastes entre ses principes et sa « conduite[1]?

« On ne pourra donc compter sur la fran- « che exécution de l'édit de 1682, que lors- « que aucun évêque ne pourra prendre pos- « session de son siége, aucun curé de sa cure, « aucun professeur de sa chaire, qu'il n'ait « préalablement justifié de son adhésion po-

---

[1] Sera-t-elle toujours catholique de fait, et schismatique par *ses principes?* Nous croyons, nous, qu'elle a déjà sacrifié ses principes à la conservation de sa foi, et qu'ainsi *l'étonnant contraste* ne subsiste plus.

« sitive à la déclaration de 1682; savoir : les « évêques, à la cour royale dans le ressort « de laquelle est situé leur évêché; et les cu- « rés et autres ecclésiastiques, au tribunal de « première instance dans le ressort duquel est « située leur cure, leur paroisse, ou leur « collége [1]. »

Ainsi donc, pour substituer au clergé actuel *ennemi de la religion de l'État*, et

---

[1] Moyens de mettre la Charte en harmonie avec la Royauté, p. 187. — M. de Montlosier, plus pressé d'en finir avec le catholicisme, veut qu'on aille bien autrement vite. « S'il plaît, dit-il, aux jeunes gens qui se destinent « à la profession ecclésiastique de ne pas adopter les « quatre articles que l'Église de France (une assez belle « autorité pour eux) a consacrés en 1682, libre à eux. « Assurément on peut y consentir : mais alors que faut-il « faire? Les *censurer amèrement?* Non; il faut qu'ils « ne soient pas ordonnés prêtres, il faut qu'ils soient dé- « clarés incapables d'aucun enseignement, d'aucun office « ecclésiastique. Il en sera de même pour la magistra- « ture, dans les parties de l'enseignement qui se rappor- « tent aux études du droit. » *Dénonciation aux Cours royales; p.* 243. Ces *il faut* de M. le Comte ont un nerf de persécution et un naturel de tyrannie, que Henri VIII et cet autre monstre en sous-ordre, Cromwel, son ministre, auroient enviés au *Dénonciateur*.

propagateur de la Religion de Rome, un clergé ennemi de la Religion de Rome, et propagateur de la religion de l'État, c'est-à-dire, un clergé pleinement schismatique et séparé, sous tous les rapports, de la catholicité, il suffit, ne l'oubliez pas, de trouver des évêques, des curés et des professeurs qui *adhèrent à la déclaration de* 1682, *de toute la plénitude de leur conviction*. Nous voilà, je pense, assez avertis, et l'on doit comprendre maintenant, ou jamais, s'il étoit, comme on l'a dit, inutile et imprudent de prémunir les catholiques contre des doctrines dont les partisans d'une église nationale font le symbole même du schisme qu'ils préparent.

Le temps n'est pas loin où l'on exigera, d'une partie au moins du clergé, la signature des quatre articles, qui deviendront ainsi, parmi nous, un véritable serment du *Test*. Il est difficile de croire qu'aujourd'hui la conscience puisse se méprendre sur la nature d'un pareil acte. Le motif en vue duquel on essaiera de contraindre les évêques, les curés, les professeurs, d'adhérer à la déclaration de 1682, suffiroit seul pour rendre cette adhésion illicite. Elle ne seroit d'ailleurs qu'un honteux mensonge : car il est vrai de dire qu'aujourd'hui le clergé françois s'accorde presque unanimement à rejeter les erreurs contenues dans les trois derniers articles. Mais comme il existe encore quelques dissentiments sur le premier, dont les funestes conséquences n'ont pas été aperçues de tout le monde aussi clairement, il convient de montrer qu'il ne renferme pas une doctrine moins fausse ni moins dangereuse que les autres. Nous tâcherons d'être court, autant que le permet une discussion si importante.

Véritable protestation contre le principe fondamental de la société chrétienne et de toute société, cet article qui, en séparant d'une manière absolue l'ordre temporel de l'ordre spirituel, consacre toutes les tyrannies, et fonde au sein du christianisme, *loi parfaite de liberté* [1], une servitude éternelle, est ainsi conçu :

« Nous, archevêques et évêques assem-
« blés à Paris *par ordre du Roi*, avec les

[1] Jacob., I, 25.

« autres députés, qui représentons l'Église « gallicane [1], avons jugé convenable, après « une mûre délibération, d'établir et de dé- « clarer :

« Que saint Pierre et ses successeurs, vi- « caires de Jésus-Christ, et que toute l'Église « même, n'ont reçu de puissance de Dieu que « sur les choses spirituelles et qui concernent « le salut, et non point sur les choses tempo- « relles et civiles ; Jésus-Christ nous appre- « nant lui-même que *son royaume n'est pas « de ce monde ;* et en un autre endroit, qu'il « faut *rendre à César ce qui est à César, « et à Dieu ce qui est à Dieu ;* et qu'ainsi « le précepte de l'apôtre saint Paul ne peut « en rien être altéré ou ébranlé : *Que toute per- « sonne est soumise aux puissances supé- « rieures ; car il n'y a point de puissance « qui ne vienne de Dieu, et c'est lui qui « ordonne celles qui sont sur la terre : ce- « lui donc qui s'oppose aux puissances,*

---

[1] Rien de moins vrai : les trente-huit évêques dont se composoit l'assemblée de 1682, ne représentoient réellement et ne pouvoient représenter qu'eux-mêmes.

« *résiste à l'ordre de Dieu.* Nous décla-
« rons en conséquence que les Rois et les sou-
« verains ne sont soumis à aucune puissance
« ecclésiastique, par l'ordre de Dieu, dans
« les choses temporelles; qu'ils ne peuvent
« être dispensés de la soumission et de l'obéis-
« sance qu'ils lui doivent, ni absous du ser-
« ment de fidélité; et que cette doctrine,
« nécessaire pour la tranquillité publique, et
« non moins avantageuse à l'Église qu'à l'État,
« doit être inviolablement suivie, comme
« conforme à la parole de Dieu, à la tradi-
« tion des saints Pères, et aux exemples des
« saints. »

Quelle que fût la pensée intérieure de Bossuet en écrivant cette espèce de formule théologique, comme, en matière de Religion, on n'adhère point à une pensée inconnue, mais à une doctrine nettement exprimée; pour savoir si l'on peut adhérer en conscience à la déclaration qu'on vient de lire, il faut examiner le sens qu'elle exprime, suivant la signification naturelle et rigoureuse des termes. Or nous n'hésitons pas à soutenir, qu'à moins de faire violence aux mots pour en tirer un sens opposé à celui qu'ils offrent dans le langage humain ordinaire; à moins de modifier ce sens, comme les gallicans y sont obligés, par des interprétations arbitraires, celui qu'elle présente d'abord, n'est pas seulement erroné, mais hérétique, quoique rien ne fût plus opposé à l'intention du pieux évêque qui la rédigea et des prélats qui la souscrivirent. En effet elle enseigne que *saint Pierre et ses successeurs, vicaires de Jésus-Christ, et que toute l'Église même, n'ont reçu de puissance de Dieu que sur les choses spirituelles et qui concernent le salut, et non point sur les choses temporelles et civiles*[1]. Si donc il est *de*

---

[1] Le cardinal Litta, si peu enclin à qualifier sévèrement les doctrines même qu'il combat, et dont les gallicans reconnoissent eux-mêmes l'extrême réserve, remarque, au sujet de cette partie du premier article, que « cette proposition est trop générale et trop illimitée; « qu'on ne peut dire simplement et sans aucune explica- « tion, que Dieu n'a donné aucun pouvoir à l'Église sur « les choses temporelles; que c'est *l'erreur* de ceux qui, « abusant de la distinction du spirituel et du temporel, « *réduisent le pouvoir de l'Église aux actions purement*

foi que l'Église a reçu de Dieu une vraie puissance sur les choses temporelles et civiles, il est évident qu'on ne peut nier, sans encourir la note d'*hérésie*, qu'elle ait reçu une pareille puissance. Or nous demanderons si le mariage, fondement de la société civile, est *une chose civile*, une chose de la terre et du *temps*? Si on répond oui, la conclusion est que l'Église n'a reçu de Dieu aucune puissance sur le mariage : proposition frappée d'anathème par le saint concile de Trente[1]. Que si, au contraire, on nie que le mariage soit une chose civile et temporelle, il s'ensuivra que la société civile a son fondement dans la société religieuse et en dépend sous ce rapport, ce qui lie plus étroitement que jamais ce que l'on vouloit séparer, l'ordre spirituel et l'ordre temporel.

« *spirituelles et intérieures* » : erreur qui a été censurée comme *hérétique* dans la Bulle *Auctorem fidei*, Proposit. IV.

[1] Si quis dixerit, Ecclesiam non potuisse constituere impedimenta matrimonium dirimentia, vel in iis constituendis errasse : anathema sit. *Sess. XXIV, can. IV.*

Il n'est pas moins certain que les vœux monastiques, la cessation du travail à certains jours fixés, l'obligation imposée dans le tribunal de la pénitence de restituer le bien mal acquis, tous les préceptes, toutes les décisions relatives aux devoirs de l'homme en société, ont pour terme immédiat des choses temporelles et civiles; et qu'ainsi déclarer, d'une manière générale et absolue, que l'Église n'a reçu de Dieu aucune puissance sur les choses civiles et temporelles, c'est au moins donner lieu à lui contester ses droits les plus essentiels et sa juridiction divine tout entière.

Nous avons prouvé ailleurs [1], et dans cet ouvrage même [2], que cette maxime une fois admise : *Les rois et les souverains ne sont soumis à aucune Puissance ecclésiastique, par l'ordre de Dieu, dans les choses temporelles*, il s'ensuivroit que les rois et les souverains étoient affranchis de toute loi divine obligatoire dans l'ordre temporel, et

---

[1] De la Religion considérée dans ses rapports avec l'ordre politique et civil ; p. 228 et suiv., 3e édition.

[2] Chap. II et III.

que, par conséquent, adhérer au premier article, c'étoit adhérer à cette proposition : *Le souverain doit, par l'ordre de Dieu, être athée en tant que souverain.* Mais il faut montrer de plus que le même article renverse par sa base l'autorité de l'Église, et conduit directement au protestantisme.

Le calvinisme, encore très puissant au commencement du règne de Louis XIII, essaya de faire adopter par les états généraux, en 1615, comme loi fondamentale de l'État, un article insidieux que le clergé et la noblesse rejetèrent d'un commun accord.

Il s'agissoit, ainsi qu'en 1682, de déclarer le Pouvoir temporel absolument indépendant de la puissance spirituelle. Le cardinal du Perron, parlant au nom de *tout le corps de l'ordre ecclésiastique*, et *de tout celui de la noblesse* [1], établit que la doctrine contraire, admise par *toutes les autres parties de l'Église catholique, voire même de l'Église gallicane, depuis que les écoles de théologie y ont été instituées, jusques à*

[1] OEuvres du cardinal du Perron, p. 601.

la venue de Calvin[1], reposoit sur une tradition constante et universelle, de sorte que, *depuis onze cents ans*, disoit-il, *il n'y a eu siècle auquel, en diverses nations, cette doctrine n'ait été creüe et pratiquée*[2] : d'où il concluoit que consacrer une maxime opposée à cette ancienne doctrine, c'étoit se précipiter dans un schisme évident et inévitable[3].

Parcourant ensuite rapidement cette tradition de onze siècles, il fait voir que les Papes et les Conciles ont réclamé sans interruption et exercé de fait le droit qu'on leur conteste,

---

[1] OEuvres du cardinal du Perron, p. 599.

[2] *Ibid.*, p. 602.

[3] *Ibid.*, p. 601. Voyez les Pièces justificatives, No VII. — Leibnitz auroit pensé sur ce point comme du Perron; car selon lui, « *il est certain* que celui qui a reçu une « pleine puissance de Dieu, pour procurer le salut des « âmes, a le pouvoir de réprimer la tyrannie et l'ambi- « tion des grands, qui font périr un si grand nombre « d'âmes. On peut douter, continue-t-il, si le Pape a « reçu de Dieu une telle puissance; mais personne ne « doute, du moins parmi les catholiques romains, que « cette puissance ne réside dans l'Église universelle, à « laquelle toutes les consciences sont soumises ». *Pensées de Leibnitz, t. II, p. 406 et 407.*

s'autorisant en cela des paroles de Jésus-Christ, qui servent de fondement à l'autorité spirituelle de l'Église. Puis il montre que la doctrine qu'on s'efforce de renverser, est celle de tous les docteurs, de tous les théologiens sans exception, et que, de plus, « elle a été « constamment tenue en France, où nos Rois « et particulièrement ceux de la dernière race, « l'ont protégée par leur authorité et par leurs « armes; où nos conciles l'ont appuyée et « maintenue; où tous nos évêques et docteurs « scholastiques, depuis que l'école de théolo- « gie est instituée, jusques à nos jours, l'ont « écritte, preschée et enseignée; et où finale- « ment, tous nos magistrats, officiers et juris- « consultes, l'ont suivie et favorisée.... Car, « ajoute-t-il, afin de vous oster tout ombrage, « je ne veux debattre votre article que par les « mesmes doctrines dont les docteurs françois, « qui ont escrit pour défendre l'authorité « temporelle des Rois, sont d'accord [1]. »

Venir attaquer aujourd'hui une doctrine fondée sur une si longue et si unanime tradi-

---

[1] OEuvres du cardinal du Perron, p. 602.

tion, c'est évidemment, comme nous l'avons dit, renverser la base de l'autorité de l'Église, et se jeter dans le protestantisme. Car cette attaque suppose, ou que les Papes et les Conciles se sont trompés pendant treize cents ans sur l'étendue de la Puissance que Jésus-Christ leur a confiée, et ont mal entendu les passages de l'Écriture qui l'établissent, ou que pendant treize cents ans ils ont, sur un point d'une importance si grande, trompé sciemment l'univers chrétien; et dans les deux cas, il faut conclure que l'Église peut errer, soit volontairement, soit à son insu, lorsqu'elle interprète le texte divin, et qu'en particulier on n'est pas tenu de la croire quand, par des actes solennels, elle proclame ses propres droits. Or que disent de plus les protestants ?

A ces considérations suffisantes pour faire concevoir comment on ne peut en conscience adhérer au premier article, viennent s'en joindre de non moins fortes. On s'imagine communément que, quoi qu'il en soit au fond de la doctrine qu'il consacre, il ne s'agit, après tout, pour l'Église, que d'un droit qui n'a, dans l'état présent de la société, aucune application possible. On ne sauroit s'abuser plus dangereusement. Il s'agit, au contraire, pour l'Église, de son existence même; il s'agit de la foi, de la morale, de la discipline, des sacrements. Elle n'a pas à repousser une attaque, elle n'a pas à gémir sous un acte oppressif, qui n'ait son principe et ne trouve sa justification dans cet article subversif du christianisme. Car voici les conséquences dogmatiques et pratiques qu'en tirent les ennemis de la Religion catholique et presque tous les gouvernements.

L'indépendance absolue des deux Puissances une fois établie, une grande question se présente aussitôt: Quels sont les droits de chacune et ses limites? De sa solution dépend l'ordre entier du monde et l'harmonie des deux sociétés religieuse et politique. Mais par quelle voie la résoudra-t-on? Quelle autorité s'élèvera au dessus de ces autorités premières et souveraines, pour leur assigner leur partage et prononcer sur leurs différends? Évidemment aucune. Donc guerre entre elles, guerre interminable, à moins que l'une ne consente à reconnoître l'autre pour juge de ses propres droits. Car d'imaginer un traité d'où naîtroit la paix par des concessions mutuelles, outre qu'il manqueroit de garantie et dès lors de durée, ce seroit détruire la notion même de la Puissance spirituelle, qui ne pourroit, sans cesser d'être divine, céder la moindre portion de ce qui la constitue ce qu'elle est. Encore moins lui est-il possible d'accepter le Pouvoir temporel pour juge de ses droits, qu'il ne peut connoître que par ce qu'elle lui en apprend elle-même. Donc il faut nécessairement qu'elle-même les détermine; qu'elle en fixe elle-même les limites. Mais l'acte par lequel elle circonscrit, pour parler ainsi, son autorité, circonscrit en même temps celle du Pouvoir temporel, dont les droits comprennent tout ce qui n'appartient pas à la Puissance spirituelle, et rien davantage: de sorte qu'elle ne sauroit définir ses propres droits, sans par là même déterminer ceux de la Puissance séculière; d'où l'on peut comprendre que si un juge des droits réciproques est indispensable, il ne sauroit non plus y en avoir qu'un seul. Et comme il est impossible qu'ils ne soient pas, de fait, déterminés dans la pratique, la question : Qui sera ce juge ? se représente toujours. On vient de voir que la Puissance spirituelle ne sauroit, sans se détruire, en admettre d'autre qu'elle-même. Sera-ce donc elle qui déterminera les droits et fixera les limites de la Puissance temporelle ? Oui, selon les catholiques; non, suivant les gallicans, ou du moins ceux d'entre eux qui affectent de défendre avec le plus de zèle les prérogatives du Pouvoir civil : et ici nous prions qu'on remarque attentivement la liaison de leurs idées et de leurs raisonnements.

Si, disent-ils, on reconnoissoit à la Puissance spirituelle ce privilége, à l'instant le Pouvoir temporel tomberoit entièrement sous sa dépendance, parce qu'elle pourroit toujours arrêter son action, en disant : Ceci est mon droit, cela n'est pas le vôtre.

Or, selon le premier article de 1682, *les Rois et les souverains ne sont soumis à aucune Puissance ecclésiastique, par l'ordre de Dieu, dans les choses temporelles*; ils jouissent, comme souverains, d'une indépendance absolue.

Donc c'est à eux seuls qu'il appartient de déterminer leurs droits, et d'en fixer les limites [1].

Cela posé, il ne reste plus à rechercher qu'une chose, savoir, ce que le Pouvoir temporel a effectivement décidé touchant ses propres droits; et l'histoire, les arrêts, la jurisprudence des Parlements, nous offrent à cet égard tous les documents désirables.

Résumant, dans sa *Dénonciation aux cours royales*, cette tradition civile, M. le

---

[1] Telle étoit la doctrine des cours judiciaires; et tel est, plus ou moins, aujourd'hui celle de tous les gouvernements. Le 24 mars 1730, Louis XV fit enregistrer au Parlement la constitution *Unigenitus*. Dans la déclaration qui suivit ce lit de justice, l'abbé Pucelle, conseiller-clerc, proposa une protestation dont voici les deux premiers articles :

« 1° La Puissance temporelle, établie directement par « Dieu, est indépendante de toute autre; et nul pouvoir « ne peut donner la moindre atteinte à son autorité.

« 2° Il n'appartient pas aux ministres de l'Église de « fixer les termes que Dieu a placés entre les deux Puis- « sances. »

comte de Montlosier établit que le pouvoir propre de l'Église consiste *à statuer sur la foi en certains cas*. Et encore faut-il observer que, quand ses décisions prennent une forme extérieure et publique, comme dans les bulles doctrinales des Papes et dans les canons des Conciles œcuméniques, elles retombent dans le domaine de la Puissance temporelle. Le reste, c'est-à-dire, *la règle des mœurs, la discipline, l'administration des sacrements*, appartient, au moins en partie, à cette dernière Puissance[1].

Et qu'on ne croie pas que ce soit ici une doctrine reléguée dans l'esprit de quelques spéculatifs ennemis du catholicisme : il n'en existe point, au contraire, de plus pratique, de plus fréquemment appliquée aux choses réelles et positives. Ainsi, en ce qui touche la foi, on reconnoît que l'Église ou le Pape a le droit de décider au dedans de lui-même ce qui est erreur ou vérité en matière de dogme religieux; mais de telle sorte néanmoins que si, non content de cette décision

[1] Voyez les Pièces justificatives, N° VIII.

intérieure, il veut encore la notifier au troupeau que Jésus-Christ l'a chargé d'instruire, le Pouvoir temporel a le droit de l'en empêcher. Voilà le principe, et voici l'application : aucuns canons, aucune bulle, aucun bref, dogmatique ou autre, ne peut être publié sans le *Placet* ou l'autorisation du Prince, qui devient ainsi, par le fait, maître absolu de l'enseignement : et c'est à raison de cette maxime qu'un Rescrit de Léon XII, relatif à la *petite église*, est, depuis plusieurs années, retenu au Conseil d'État.

On soutient que *la règle des mœurs* dépend du souverain[1] ; en d'autres termes, que le souverain crée, par ses lois ou ses volontés, le bien et le mal, le juste et l'injuste : et aussitôt on en conclut qu'il a le droit d'examiner *la morale* des ordres religieux, et d'étendre jusqu'aux écoles particulières de l'Église *ses influences et ses surveillances.*

On lui attribue la même autorité sur *la*

---

[1] Que restera-t-il à régler à Dieu ? Et qu'est-ce qui, dans l'homme, ne dépendra pas des caprices de cet autre homme appelé souverain ?

discipline ; et nul concile, même provincial, ne peut plus s'assembler sans sa permission, et il commande aux prêtres de violer les canons, en accordant la sépulture ecclésiastique à des gens morts dans l'acte du crime, etc., etc.

On soumet à sa juridiction *les sacrements* mêmes ; et les confesseurs sont traînés devant des cours civiles, pour y rendre compte du refus qu'ils ont fait de l'absolution ; et, en vertu de l'arrêt d'un tribunal laïque, un huissier, que le juge sacrilége effraie plus que Dieu même, vient briser le tabernacle où repose Jésus-Christ, et saisit légalement le Saint des saints, pour donner à un sectaire la joie horrible de le profaner sur son lit de mort[1].

Telles sont les conséquences qu'on déduit du premier article, et ces conséquences sont justes et logiquement incontestables, s'il est vrai que le Pouvoir temporel cesseroit d'être

---

[1] Tout le monde sait que, dans le dernier siècle, il y a eu des exemples de ces exécrables excès, qui formoient une partie de la jurisprudence des Parlements.

indépendant de la Puissance spirituelle, dans le cas où celle-ci auroit le privilége de déterminer ses droits et d'en fixer les limites. Donc, quiconque adhère au premier article, adhère à l'abolition complète, absolue de la Religion catholique et de toute religion, à moins qu'il ne soit en état de prouver que le Pouvoir temporel, obligé de se rendre aux décisions de la Puissance ecclésiastique, toutes les fois qu'il existe un conflit entre elle et lui, est néanmoins, et alors même, indépendant de la Puissance ecclésiastique.

Mais, toute autre raison mise à part, quel catholique croiroit pouvoir, en sûreté de conscience, protester de son adhésion à des doctrines qu'un grand Pontife [1] appelle *la douleur du Saint-Siége*, et souscrire une déclaration *condamnée*, *réprouvée* par la plus haute autorité qui soit sur la terre [2]. Le Vicaire de Jésus-Christ, en *condamnant*, *réprouvant* les maximes proclamées en 1682, n'établit aucune distinction entre le premier

---

[1] Benoît XIV.

[2] Voyez les Pièces justificatives, N° IX.

et les trois derniers articles ; la même flétrissure les atteint tous, et leurs plus ardents défenseurs avouent qu'en effet ils sont indivisibles [1]. Qu'on se rappelle qu'il s'agit d'un point de doctrine fondamental et intimement lié à la foi ; et puis que l'on *signe*, si on l'ose, que le Siége apostolique professe et enseigne l'erreur sur ce point, qui est la base même de la constitution divine de l'Église.

Cependant, dit-on, les maximes de 1682 n'ont été jusqu'ici frappées d'aucune censure expresse. Il est vrai, nous en convenons. Mais attendrez-vous donc la dernière sentence pour renoncer à des erreurs *condamnées*, *réprouvées* par *le Père et le Docteur de tous les chrétiens* [2], par une longue suite de Pontifes que le Christ a chargés de con-

---

[1] « Nos ancêtres ont regardé les quatre articles comme tellement liés, et principalement les articles concernant les limites de l'autorité pontificale tellement connexes avec l'indépendance de l'autorité de l'État, que le moindre essai d'atteinte à l'ensemble de la Déclaration leur eût paru un crime de félonie et de lèse-majesté. » M. de Montlosier, *Dénonciat. aux cours royales*, *p.* 245.

[2] Concil. Florentin. Labbe, t. XIII, col. 515.

firmer leurs frères dans la foi ? Vous sentez-vous le courage de défendre contre eux cette cause déplorable au tribunal du souverain Juge, en présence de ce Dieu devant lequel ils ont protesté solennellement [1] ? Qu'est-ce que votre autorité comparée à la leur, à celles de toutes les Églises unies à l'Église Romaine [2] ? On ne vous a pas encore censurés, excommuniés : cela suffit-il à votre repos ? Ne redoutez-vous que la censure, et non le crime qui la provoque ? N'y a-t-il pas souvent de sages raisons de la différer, et ignorez-vous ce que saint Augustin disoit de Célestius et de ses sectateurs : « Nous voulons plutôt les « guérir dans le sein de l'Église, que les re- « trancher de son corps comme des membres « incurables ; si pourtant la nécessité le per- « met [3]. » Pour éviter un mal plus grand, l'Église quelquefois tolère les personnes, lors-

---

[1] Bulle *Inter multiplices.*

[2] Vos autem et tàm pauci, et tàm turbulenti, et tàm novi, nemini dubium est, quid nihil auctoritati proferatis. *S. August.*, *De utilit. cred.*

[3] Respons. ad Hilarium, Ep. 157, n. 22.

que déjà depuis long-temps elles se sont exclues de fait de sa vraie communion. Bossuet lui-même vous en avertit, prenez garde *d'argumenter par le silence de l'Église ou du Saint-Siége apostolique*. De téméraires théologiens ayant soutenu que *des opinions que l'Église ne corrige point ne sont ni scandaleuses ni erronées*, l'Église de France s'émut, et, dans une censure rédigée par l'évêque de Meaux, déclara cette doctrine *fausse*, *scandaleuse*, *nuisible au salut des âmes*, *propre à favoriser les plus détestables opinions*, *et à étouffer*, *sous des préjugés dangereux*, *la vérité évangélique*[1]. Qu'est-ce donc quand on ne peut pas même s'autoriser *du silence de l'Église et du Saint-Siége apostolique*; quand leur doctrine, connue de l'univers entier, proteste perpétuellement contre la doctrine contraire *condamnée*, *réprouvée*, sans interruption?

En vérité, je ne sais après cela quelles lumières peuvent encore manquer, et de quelle sorte d'excuse essaieroient de couvrir,

---

[1] Voyez les Pièces justificatives, N° X.

devant Dieu et devant les hommes, leur criminelle lâcheté; ceux qui souscriroient les quatre articles, malgré l'opposition constante du Vicaire du Jésus-Christ, pour complaire aux ennemis du catholicisme, qui déclarent publiquement regarder cet acte comme une abjuration de *la Religion de Rome*. Sans doute, la résistance au schisme qu'ils méditent provoquera de nouvelles violences; on opprimera, on persécutera : mais la persécution ne change pas le devoir, elle éprouve la fidélité. Et qu'est-ce donc que le Christ a dit à ses disciples? *Vous serez oppressés dans le monde; mais ayez confiance, j'ai vaincu le monde*[1]. Placé entre sa conscience et l'injuste commandement de la force, le chrétien n'a qu'un mot : *Non licet*[2]. Les hommes de ce temps veulent trop se mettre à la place de la Providence. Lorsqu'il ne faudroit qu'obéir avec simplicité, ils subordonnent les obligations les plus claires aux calculs d'une politique fausse et souvent im-

---

[1] Joan., XVI, 33.

[2] Marc., VI, 18.

pie. On diroit qu'ils se croient chargés de prévoir ce que Dieu n'a pas prévu, afin de modifier ses préceptes selon les circonstances. « En tenant à ceci, on irritera les ennemis de la Religion : en cédant cela, on « préviendra tel ou tel inconvénient grave ». Insensés! comment le savez-vous ? et qui vous a appris à distinguer, dans la doctrine que Jésus-Christ ordonne de garder tout entière, *omnia quæcumque*[1], des vérités qu'on doit annoncer et des vérités qu'on doit taire, des vérités qu'on doit défendre et des vérités qu'on peut sacrifier ? De sacrifice en sacrifice, on en vient à sacrifier la Vérité vivante elle-même ; on dit comme les juifs : *Il convient qu'un homme meure pour tout le peuple*[2] ; et cette sagesse du siècle finit par le Déicide.

---

[1] Matt., XXVIII, 20.
[2] Joan., XVIII, 14.

CHAPITRE IX.

Devoirs du Clergé dans les circonstances présentes.

L'avenir est trop sérieux, il aura prochainement des conséquences qui touchent de trop près aux plus grands intérêts de l'Église, pour qu'un prêtre ne se demande pas, avec une vive sollicitude, quels sont ses devoirs, au milieu de tout ce qui se fait et de tout ce qui se prépare. Et comme ces devoirs particuliers dépendent de ceux qu'impose au clergé, en général, l'état présent du monde, on est conduit nécessairement à examiner cette dernière question, afin de pouvoir résoudre l'autre. Nous savons combien il est délicat de traiter aujourd'hui un pareil sujet, et tout ce qui nous manque personnellement pour le traiter comme il devroit l'être; mais nous savons aussi que le silence seroit une lâche dé-

sertion de la cause sacrée que Dieu nous ordonne de défendre ; qu'il n'exige de chacun que selon la mesure des dons qu'il a reçus ; qu'appeler l'attention sur un point d'une telle importance, est déjà un bien réel ; que moins nous avons d'autorité, plus nous pouvons, sans danger pour l'Église, nous expliquer librement : et c'est pourquoi nous ne craindrons pas, en un besoin si pressant, d'exposer avec franchise nos vues quelles qu'elles soient. « De plus forts pourront dire des cho-
« ses plus fortes, de meilleurs des choses
« meilleures ; pour nous, selon nos foibles lu-
« mières, voici ce que nous pensons [1]. »

On a vu que le libéralisme, considéré dans ce qu'il offre d'universel et de permanent, n'est autre chose que le désir invincible de liberté inhérent aux nations chrétiennes, qui ne sauroient supporter un pouvoir arbitraire ou purement humain ; comme il n'est, dans ses doctrines perpétuellement variables, que

---

[1] Dicent, forsitan, fortiores fortiora, meliores meliorat; ego, pro mediocritate, sic sentio. *Ivi Carnotensis Epist.* 171.

le développement du principe protestant et philosophique qui rend chacun juge de ses croyances et par conséquent de ses devoirs; principe essentiellement opposé au catholicisme, et dont l'effet immédiat est de créer, avec l'anarchie des esprits, l'anarchie politique, et d'établir, sous quelque forme de gouvernement que se constitue la société, le despotisme et la servitude : d'où il suit, d'un côté, que le libéralisme, à raison des erreurs qui le détournent, en quelque sorte, de son cours naturel, tend à détruire le christianisme et l'Église qui le conserve; et, de l'autre, qu'il élève par cela même une barrière insurmontable entre les peuples et la liberté qu'ils désirent justement.

On a vu encore que le Pouvoir temporel ayant séparé, d'une manière absolue, la société politique de la société religieuse, et ne reconnoissant sur la terre aucune autorité qui le limite et le dirige, d'après une règle immuable et divinement obligatoire de justice et de vérité, a substitué dès lors, dans la conduite des choses humaines, la force au droit; révolution funeste qui l'a placé dans un état de guerre constant avec les lois naturelles et indestructibles de l'ordre social, avec les peuples qui ne sauroient supporter le joug de l'homme, depuis qu'ils ont été affranchis par Jésus-Christ, avec l'Église dont l'existence seule proteste sans interruption contre tout pouvoir arbitraire, et que tout pouvoir arbitraire doit nécessairement, à cause de cela, s'efforcer d'asservir.

Il suit de là que soit qu'elle envisage le soin de sa conservation, soit que, portant ses regards sur les grands intérêts sociaux, elle médite pour les nations des destinées nouvelles, et comme une vaste régénération fondée sur l'ordre et la liberté inséparablement unis, une alliance entre elle et le libéralisme, entre elle et le Pouvoir politique, est également impossible.

Elle ne sauroit s'allier avec le libéralisme, que ses doctrines actuelles rendent l'ennemi le plus ardent de l'Église et du Christianisme, en même temps qu'elles renversent la base de la société, et consacrent tous les genres de tyrannie et d'esclavage.

Elle ne sauroit s'allier avec le Pouvoir politique, qui travaille à la détruire en l'asservissant, afin d'établir sur ses ruines un despotisme absolu.

Et d'ailleurs s'allier au libéralisme, tandis qu'il restera sous l'influence des théories qui l'égarent maintenant, ce seroit s'allier à l'anarchie même, à ce qui n'a de force que pour dissoudre, sans pouvoir reconstruire jamais: et s'allier au Pouvoir, tel que l'ont fait les maximes athées qui l'affranchissent de toute règle et de toute dépendance, ce seroit s'appuyer sur ce qui tombe, sur ce que nulle puissance mortelle ne sauroit désormais soutenir, et aliéner les peuples de la Religion, en sacrifiant à quelques hommes tristement aveuglés leurs droits les plus saints et leur légitime avenir.

Ainsi exposée à la fois aux agressions des gouvernements et du parti qui partout s'efforce de renverser les gouvernements, l'Église pour rester ce qu'elle doit être, sera contrainte de s'isoler de la société politique et de se concentrer en elle-même, afin de recouvrer, avec l'indépendance essentielle à l'accomplissement de ses destinées ici-bas, sa force première et divine. Se conserver afin de conserver la foi, préparer la renaissance de l'ordre en ramenant les intelligences à la vérité, telle est la grande, la sublime mission que l'état du monde lui impose. Considérons, sous ces deux rapports, les devoirs présents du Clergé.

Et d'abord, que fait-on pour détruire l'Église ? Ce ne sont pas ses dogmes, ce n'est pas son culte que l'on attaque directement, mais sa constitution, ou le principe même de son existence. Le schisme, bien plus que l'hérésie, est le but immédiat qu'on se propose. On veut rompre les liens qui unissent les Églises particulières au Chef que Jésus-Christ a préposé pour les conduire. Donc le Clergé doit, plus que jamais, resserrer ces liens sacrés, repousser les doctrines qui tendent à les affoiblir, se presser autour du centre de l'unité catholique, de la chaire du Prince des apôtres, et opposer à ses ennemis comme un invincible rempart d'obéissance et d'amour. Ils seroient bien coupables, et plus qu'on ne peut le dire, ceux qui, par de tristes préjugés et je ne sais quel orgueil opiniâtre, troubleroient cette sainte unanimité d'amour et d'obéissance. Quand Jésus-Christ, priant pour les siens, demandoit *qu'ils fussent un, comme lui et son Père ne sont qu'un*[1], entendoit-il que les disciples dussent, sur quelque point que ce fût, se séparer du maître, les brebis du pasteur, et les enfants du père ? N'ayons qu'une doctrine, la sienne. Rendons-lui facile, par notre soumission, l'exercice de sa puissance, qui est le salut de la foi et la vie de l'Église. N'entravons pas le gouvernement de la société où se forment les élus, par d'injurieuses défiances et par un esprit de critique superbe. Et à quelle époque dut-on mieux sentir la nécessité d'un pouvoir qui dirige l'action et coordonne les efforts du sacerdoce catholique ? A quelle époque eut-on plus besoin d'une règle suprême et uniforme, d'une autorité qui dissipe les doutes, fixe les incertitudes, prévienne les dissidences, décide les questions si difficiles et si importantes qui se présentent à chaque instant ? Et à quelle époque encore la Providence prit-elle plus de soins pour attirer, en quelque sorte, au pied

---

[1] Joan., XVII, 11.

du trône apostolique tous les hommages et tous les cœurs ?

Vertu, science, sagesse, piété touchante, inépuisable bonté, elle a tout réuni, afin, ce semble, de laisser sans excuse ceux qui refuseroient de reconnoître la voix de Jésus-Christ dans la voix de celui qu'il s'est plu à former lui-même pour le représenter en ces jours mauvais.

Il ne faut rien moins que l'union parfaite des membres et du Chef, pour résister efficacement aux attaques combinées du libéralisme et du Pouvoir politique. Désormais la mesure des concessions possibles est épuisée, et l'Église, avertie par les défenseurs officiels des actes du gouvernement [1], qu'elle n'a point de paix à attendre de lui, jusqu'à ce qu'elle n'ait reconnu sa suprématie et ne se soit déclarée vassale de César, ne sauroit, sans commettre son existence même, tenter désormais de maintenir des rapports qui déjà la constituent dans un état de dépendance incompatible avec ses droits essentiels, et avec les devoirs que lui a prescrits son fondateur.

---

[1] Voyez le chap. VII.

Aucuns avantages ne peuvent compenser ce qu'a de funeste pour elle une semblable position. La liberté lui est nécessaire avant tout, liberté d'enseignement, de discipline, de culte; et cette liberté elle n'en jouira jamais, aussi long-temps qu'elle la cherchera dans des transactions avec la Puissance temporelle, qui n'aspire qu'à l'en dépouiller peu à peu.

Que l'Église donc, évitant de lier, ou de paraître lier indissolublement sa cause à celle des gouvernements qui l'oppriment, se fortifie en elle-même, au milieu de la lutte des peuples et des rois, sans y prendre aucune part directe. Les vainqueurs, quels qu'ils soient, tomberont un jour à ses pieds, et la supplieront de leur donner ce qui leur manquera toujours tant qu'ils seront séparés d'elle, un principe d'ordre et de stabilité, un lien moral, la vie. Qu'elle se considère comme indépendante et veuille l'être en effet, qu'elle se montre telle en tout et toujours, qu'au lieu de laisser mettre ses droits en compromis, elle en use sans timidité, sans hésitation, et bientôt elle reprendra un ascendant immense, car elle est le seul pouvoir réel qui subsiste aujourd'hui.

C'est au Pasteur suprême qu'il appartient de sauver la foi et la société, en rompant les liens qui arrêtent l'action de la Puissance spirituelle. Il est temps qu'on sente qu'elle ne meurt point; et qu'elle ne craint rien des hommes. « Tout ce qui avilit dans l'imagi-« nation de la multitude l'autorité du Saint-« Siége, par une apparence de foiblesse, mène « insensiblement les peuples au schisme : c'est « par là que les personnes zélées se découragent, « et que le parti croît en témérité ; plus on « lui souffre, plus il entreprend ; c'est la pa-« tience dont on a usé jusqu'ici qui lui fait « entreprendre les démarches les plus irrégu-« lières [1]. » Ainsi parloit Fénelon, il y a plus d'un siècle : que diroit-il maintenant ?

Et qu'on ne s'effraie point des difficultés. L'anarchie même des esprits, qui a dissous la société civile, facilite à certains égards le

[1] Lettre de Fénelon au P. Daubenton, du 12 avril 1714 : *Corresp.*, *t. IV*, *p.* 462. Paris, 1827.

développement de l'autorité Pontificale, qui ne se trouve en présence d'aucune autre autorité reconnue : de sorte que cette grande loi de la nature humaine, contre laquelle luttent les hommes de nos jours, cette loi qui les soumet, malgré qu'ils en aient, à une autorité nécessaire, les force à leur insu de graviter vers Rome. Voilà pourquoi le moindre acte, la moindre parole du souverain Pontife, excite une attention si vive, tant de crainte dans les uns, dans les autres tant d'espérance. On sent qu'il y a là quelque chose sous quoi tout le reste doit plier.

Mais il seroit nécessaire aussi que les évêques, animés du même zèle que le Saint-Siége, pénétrés des mêmes vues, secondassent de tout leur pouvoir ses généreux efforts, en se ressaisissant de leurs droits et les exerçant avec une pleine indépendance. Nul n'a celui de les empêcher de correspondre avec leur Chef, de tenir des synodes diocésains, de s'assembler en concile, d'y régler ce qui touche la discipline de leurs églises et les intérêts spirituels de leurs troupeaux. Le choix des moyens propres à assurer la perpétuité du ministère, l'éducation cléricale et tout ce qui s'y rapporte, ne leur appartient pas moins exclusivement. Qu'ils accomplissent librement, en toute circonstance, les devoirs de leur charge, que chaque prêtre les imite en cela, qu'ils repoussent, avec une fermeté inflexible et calme, la domination de l'autorité laïque, en matière d'enseignement, de discipline et de culte, qu'ils repoussent, comme un attentat sacrilége, toute espèce de formulaire, toute déclaration doctrinale qu'elle prétendroit leur imposer; et leur constance sauvera la Religion, que la moindre foiblesse perdroit infailliblement.

En appelant de nos vœux ce grand exemple de courage et de foi, nous sommes loin de nous faire illusion sur les conséquences qui en résulteroient immédiatement. Pressé par les ennemis du christianisme, le Pouvoir déploieroit tout ce qu'il a de forces pour l'empêcher de secouer le joug qui pèse sur elle. Mais ne voit-on pas aussi que la guerre qu'on voudroit éviter aujourd'hui, sera demain inévitable; que nulle concession ne sauroit satisfaire le parti anti-chrétien, tant qu'on refusera de consentir au schisme; que sa hardiesse s'augmente en proportion de la peur qu'on manifeste, et que, dès lors, il ne s'agit pas de savoir si l'on conservera les avantages que l'Église tient de l'État, et dont l'État fait le titre de l'asservissement de l'Église, mais si on les conservera quelques jours de plus en connivant, au moins en apparence, à un système dont le but avoué est la ruine du catholicisme. On ne peut désormais le sauver qu'en se dégageant de tout autre intérêt que lui-même, que par la résolution ferme de tout endurer plutôt que d'abandonner la moindre partie de la doctrine que le Christ a scellée de son sang, et des droits que ses apôtres reçurent de lui, pour les transmettre à leurs successeurs, de siècle en siècle, jusqu'à la fin des temps. Malheur, malheur à celui qui, chargé de ce sacré dépôt, abaisseroit son esprit à des pensers de la terre, craindroit l'homme, et ne craindroit pas Dieu, qui ordonne le combat, et promet le triomphe ! Levons les yeux sur tant de saints Pontifes, que Jésus-Christ n'a placés si haut, que pour qu'ils soient en tout nos modèles : « Nous et nos frères, nous « sommes prêts, avec le secours de Dieu, à

« souffrir non seulement la persécution, la « perte des biens et l'exil, mais la mort « même, pour la liberté de l'Église [1]. »

Et nos pères aussi, du fond du tombeau, nous adressent des paroles semblables et nous donnent les mêmes leçons : « Ne portez « point envie aux méchants, à ces évêques « qui endorment la conscience du Roi par de « lâches adulations. Rien n'est plus agréable « à Dieu, dans les évêques, que la profession « de la vérité. Ne craignez point d'exposer « votre vie pour elle, afin de voir des jours « heureux, car le Seigneur demandera compte « au prêtre muet du sang de celui qui périt [2]. « La cause que vous défendez, juste aux

---

[1] Cùm nos et fratres nostri, si Deus ex alto concesserit, parati sumus non solùm persecutiones, damna rerum et exilia sustinere, sed et corporalem mortem subire, pro ecclesiasticâ libertate. *Bull. Bonif. VIII, Ineffabilis amoris dulcedine sponso suo : du* 21 *septembre* 1296.

[2] Noli æmulari in malignantibus, Episcopis dico qui regem tuum blandis adulationibus palpant, canes muti non valentes latrare. Acceptissima quidem est in Episcopis apud Deum professio veritatis. Animam pro veritate ponere non formides, ut videas dies bonos, quia san-

« yeux de Dieu, bien qu'elle paroisse aux « insensés douteuse et foible », vous soutiendra elle-même de sa force toute-puissante. « Le marteau sous lequel gémit l'Église, « n'est pas encore brisé : il est nécessaire en« core pour que vous accomplissiez ce qui « manque à la passion de Jésus-Christ. Mais « à qui donné-je cet avis ? qui est-ce que « j'exhorte, que j'encourage ? Ceux qui, cer« tes, n'ont besoin que de frein, ceux qui « s'avancent dans la carrière trop courte pour « eux, qui, sans qu'aucuns périls les puissent « retenir, sont prêts à s'élancer au delà du « terme. Préparés à la guerre, ils regardent « l'exil comme une patrie, parce que tout « lieu est la patrie pour le fort [1]. »

---

guinem pereuntis Dominus de manu muti sacerdotis exquiret. *Lettre de Pierre de Blois à l'évêque d'Orléans. Ep. CXII, p.* 175.

[1] Verba quidem bona, verba consolatoria non immeritò exigeret causa justa in oculis Dei; in oculis autem insipientium dubia et infirma...... Nondùm contritus est malleus universæ terræ : adhùc necessarius est ut suppleat quæ desunt passioni Christi in corpore vestro. Sed quem moneo ? quem exhortor ? cui calcaria adhibeo ?

Nous ne saurions trop le redire, le plus pressant devoir du Clergé, dans les circonstances présentes, est de s'isoler complètement d'une société politique athée. Voulez-vous sauver la foi et rendre à l'Église son indépendance nécessaire, soyez évêques, soyez prêtres, et rien de plus. Nulle dignité, nulle fonction de l'ordre civil, n'est compatible aujourd'hui avec la liberté de votre ministère. Dégagez-vous de tout lien de parti. Que vous importent ces querelles de la terre, où, de part et d'autre, on ne combat que pour l'erreur et pour l'intérêt? Laissez les rois et les peuples se disputer, dans leurs désirs aveugles, un pouvoir sans consistance, parce qu'il est sans règle, et qu'on en méconnoît également la source, les limites et les conditions. Du haut de la montagne sainte,

---

Sine dubio qui fræno indiget, qui paratus est plus ambulare quàm via extendatur, qui etiam metas velociter transcurrere nullis retardatur periculis. Procul enim odoratur bellum, exilium reputat patriam, quia omne solum forti patria est. *Petri Cellensis Epist. X, lib. I, ad Thom. Cantuar. Archiepisc.*

contemplez l'orage qui gronde à vos pieds, puis, levant les yeux vers le Ciel, attendez en paix que le calme renaisse dans ces régions troublées. Que les hommes, en vous voyant, éprouvent involontairement l'impression qu'ils ressentiroient si quelque puissance secourable, étrangère à leurs passions, apparoissoit au milieu d'eux. Enveloppez-les de votre amour, et qu'il pénètre jusqu'à ceux même que n'atteindroit pas la vérité. Soyez pères, comme est père celui *qui fait lever son soleil et tomber la pluie sur les bons et sur les méchants*[1], *qui n'achève point de rompre le roseau déjà brisé, et n'éteint pas la mèche qui fume encore*[2].

Après avoir affranchi l'Église de la servitude du Pouvoir civil, il reste encore au Clergé un autre devoir à remplir. Le commandement que le Fils de Dieu a fait aux apôtres *d'enseigner toutes les nations*[3], renferme, outre l'obligation perpétuelle d'annoncer la parole

---

[1] Matt., V, 45.
[2] *Ibid.*, XII, 20.
[3] *Ibid.*, XXVIII, 19.

évangélique, celle de la défendre, de l'environner de tout ce qui peut en assurer l'effet, et de préparer ainsi, dans les temps mauvais, le retour de l'ordre, en ramenant les esprits à la vérité. On se représenteroit difficilement le bien que, sous ce rapport, il est possible d'opérer : car, d'une part, la profonde anarchie spirituelle dans laquelle l'Europe est tombée, est un état contre nature, et, par conséquent, ne sauroit être un état fixe; et, de l'autre, le développement progressif de l'erreur, a produit un développement correspondant de lumière, de sorte que jamais on ne vit si clairement le fondement des croyances chrétiennes, et leur liaison avec les lois essentielles de l'homme, considéré soit comme individu, soit comme être social, et avec la base même de la raison humaine.

Il n'existe aujourd'hui, hors du christianisme, qu'une philosophie [1], qui se produit

---

[1] Nous ne parlons pas du sensualisme ou du matérialisme, doctrine morte que quelques médecins s'efforcent vainement de ranimer.

sous deux formes diverses, sceptique, lorsqu'elle suit rigoureusement la méthode rationnelle, panthéiste, lorsque, lasse du doute, elle affirme ce qu'elle n'a logiquement aucun droit d'affirmer. Fondée sur le *moi* individuel, ou elle arrête l'homme en lui-même, ou elle le jette sans guide dans un vague infini, le forçant de conclure, au milieu d'une solitude éternelle, qu'il est *tout*, ou qu'il n'est *rien*. L'erreur première de ces philosophes, comme de ceux qui les ont précédés, est de confondre deux ordres essentiellement distincts, quoiqu'ils existent simultanément, l'ordre de foi, primitif et fondamental, dans lequel seul réside le principe de certitude, et l'ordre de science ou de conception, subordonné au premier par sa nature, et dans lequel s'exerce librement l'activité de l'esprit. Lorsqu'ils réclament la liberté de recherches et d'examen, ils ont donc raison en ce sens, que l'homme ne doit pas se borner à croire, mais encore tâcher de concevoir ou de s'expliquer à lui-même ce qu'il croit sur un motif certain; mais, en rejetant l'ordre de foi, base nécessaire de toute conception, de toute science, de toute philosophie, ils renversent l'édifice entier des connoissances humaines, et se condamnent sans retour à un doute absolu. C'est bien moins en les suivant dans leurs foibles discussions, dans leurs incompréhensibles rêves, qu'il faut combattre le système absurde dont ils se sont prévenus, qu'en y opposant une doctrine claire, solide, complète; et l'immense avantage des catholiques, est de n'avoir besoin, pour cela, que de développer le principe même de leur foi [1].

---

[1] Les philosophes dont nous parlons nous accusant de détruire la raison et de placer l'homme *entre une foi aveugle et l'athéisme*, parce qu'en établissant l'ordre de foi nous avons écarté soigneusement tout ce qui se rapporte à l'ordre de conception, nous croyons utile, pour mettre fin à de semblables accusations, d'exposer sommairement l'ensemble de notre doctrine, que nous n'avons encore développée qu'en partie. Qu'on la combatte, on en a le droit; mais qu'on ne la dénature pas. Ce facile moyen de se ménager un triomphe apparent, est aussi trop peu philosophique. Que ne raisonne-t-on plutôt, puisqu'on se tient si fort de raison? Nous ne demandons que cela, nous pauvre croyant: mais point de discussion possible sans bonne foi. Nous espérons au moins retirer cet avantage du *Sommaire* auquel nous

Voilà, du moins à notre avis, le point sur lequel doit se diriger principalement l'attention du Clergé. On nous reproche amèrement, à nous venus après la tempête, de manquer d'instruction, et l'impiété triomphe de ce qu'elle appelle notre ignorance. Il y a dans ce reproche qu'elle nous adresse, une grande exagération et quelque fonds de vérité. Méprisons l'une et profitons de l'autre, pour devenir le plus tôt possible ce qu'il est nécessaire que nous soyons; car il est vrai que, sous ce rapport, nous manquons d'une partie de ce qu'exige de nous l'état présent de la société, et l'on peut en assigner plusieurs causes: les terribles événements qui, après avoir interrompu les études, ont ensuite forcé de les abréger; les mauvaises méthodes d'enseignement; le cercle trop étroit où il se renferme; l'abus que la philosophie moderne a fait des sciences, et les prétentions peu réfléchies qui en ont été la suite.

---

renvoyons, qu'à l'avenir on n'aura nul prétexte pour nous faire penser et dire ce que nous ne disons et ne pensons pas. *Voyez les* Pièces justificatives, N° XI.

Ne craignons point de l'avouer, la théologie, si belle par elle-même, si attachante, si vaste, n'est aujourd'hui, telle qu'on l'enseigne dans la plupart des séminaires, qu'une scolastique mesquine et dégénérée, dont la sécheresse rebute les élèves, et qui ne leur donne aucune idée de l'ensemble de la Religion, ni de ses rapports merveilleux avec tout ce qui intéresse l'homme, avec tout ce qui peut être l'objet de sa pensée. Ce n'étoit pas ainsi que la concevoit saint Thomas, lui qui, dans ses ouvrages immortels, en a fait le centre de toutes les connoissances de son temps. Empruntez de lui cette méthode admirable qui coordonne et généralise, et joignez-y ces vues profondes, ces hautes contemplations, cette chaleur, cette vie, qui caractérisent les anciens Pères : alors disparoîtra ce pesant ennui, qui éteint parmi les jeunes gens destinés au sacerdoce, le goût de l'étude et même le talent. Retranchez de vos cours tant de vaines questions qui les fatiguent sans fruit, et leur enlèvent un temps précieux, qu'ils emploieroient bien plus utilement à s'instruire de choses applicables au siècle où ils vivent, et au monde sur lequel ils doivent agir. Tout a changé autour de vous ; les idées ont pris et continuent de prendre incessamment des directions nouvelles ; institutions, lois, mœurs, opinions, rien ne ressemble à ce que virent nos pères. A quoi serviroit le zèle le plus vif, sans la connoissance de la société au milieu de laquelle il doit s'exercer. Il est nécessaire d'apprendre autrement, et d'apprendre davantage : autrement, pour mieux entendre ; davantage, pour ne pas rester en arrière de ceux qu'on est chargé de guider. Ce n'est point par ce qu'ils savent, que les ennemis du christianisme sont forts, mais par ce qu'ignorent ses défenseurs naturels. Cette espèce d'infériorité, résultat, comme nous l'avons dit, de circonstances passagères, affoiblit singulièrement l'influence du Clergé sur les classes instruites, et nuit beaucoup à la Religion dans un siècle vain de ses prétendues lumières, et où l'éducation, les journaux, les recueils périodiques de tout genre, les livres plus multipliés que jamais, mettent certaines notions générales à la portée d'un grand nombre de gens sottement fiers de ce mince avantage.

Mais il ne suffit pas de perfectionner les premières études cléricales ; on doit étendre plus loin ses regards, et se proposer un but plus élevé. Long-temps l'Église tint en sa main le sceptre des sciences, et ce fut une des causes de l'ascendant qu'elle acquit sur les esprits. Ce moyen d'action seroit maintenant plus puissant qu'à nulle autre époque, et l'on feroit ainsi tourner à l'avantage des hommes ces connoissances indifférentes en soi au bien et au mal, mais qui produisent infailliblement plus de mal que de bien quand le principe religieux ne préside pas à leur développement.

D'immenses travaux ont été entrepris depuis trente ans, et sont poursuivis avec ardeur par les savants de tous les pays. Il est temps que la science catholique vienne recueillir la riche moisson qu'on lui a préparée. L'Inde, le Thibet, la Chine, tout l'Orient dévoile ses antiques traditions, qui, par leur conformité merveilleuse avec les traditions chrétiennes, fournissent de nouveaux appuis à la foi, dont l'universalité, la perpétuité, ces deux grands caractères de tout ce qui est divin, deviennent chaque jour plus manifestes. Des recherches heureuses sur les hiéroglyphes égyptiens, en permettant de fixer la date précise des zodiaques d'Esné et de Dendera, ont fait disparoître à jamais les objections qu'on en tiroit contre la chronologie de Moïse. Déjà l'on entrevoit l'espérance de pénétrer au moins quelques-uns des secrets de la théologie jusqu'à présent si obscure de ce peuple ancien, et de pouvoir comparer aux récits des écrivains juifs l'histoire des Pharaons écrite sur les bords du Nil. L'étude comparée des langues et celle des origines des peuples, ramènent de tous côtés aux faits primitifs racontés dans les Livres saints. Les sciences physiques mêmes, par leurs progrès, et en particulier la géologie et la physiologie, ne cessent de mettre de nouvelles armes entre les mains des défenseurs de la Religion, pour combattre les hypothèses anti-mosaïques et le matérialisme. Mais tout cela est peu de chose en comparaison du bien qui résulteroit de la régénération des sciences morales. Celle du droit est, pour ainsi dire, presque entièrement encore à créer. Il n'en existe que des théories protestantes et philosophiques, qui n'ont pas peu contribué à produire, et qui contribuent à perpétuer les désordres dont nous sommes témoins. Une fausse métaphysique n'a pas fait moins de ravages, en précipitant, par différentes routes, les esprits dans le scepticisme. L'Église a donc, même en ce qui tient uniquement à la science, une magnifique carrière à remplir : c'est à elle qu'il appartient de féconder le chaos, et de séparer une seconde fois la lumière des ténèbres.

Tels sont, autant que nous le comprenons, les principaux devoirs du Clergé. Abandonner à elle-même la société politique, qui se dissout et meurt en repoussant toute influence divine; ne prendre aucune part à la guerre des souverainetés et du libéralisme, qui combattent, celles-là pour le despotisme, celui-ci pour l'anarchie. *Le Seigneur s'est fatigué à rappeler* les peuples et les rois, et ils ne l'ont point écouté, *et ils se sont détournés de lui : c'est pourquoi il étendra sur eux sa main. Que ceux donc qui doivent aller à la mort, aillent à la mort ; que ceux qui doivent tomber sous le glaive, tombent sous le glaive*[1] *!* Mais, pendant que s'opère cette effrayante dissolution, la Providence impose une double tâche au sacerdoce : conserver la foi, en affranchissant la Puissance spirituelle de l'oppression du Pouvoir civil, et préparer la renaissance de l'ordre, en ramenant, par une libre conviction, les intelligences à la vérité. Le renouvellement des études sur un vaste plan produira ce dernier fruit : on obtiendra l'autre en opposant une indomptable résolution à la violence des persécuteurs.

Prêtres de Jésus-Christ, s'il fut jamais une mission propre à enflammer le zèle, à fortifier l'âme et à l'élever à la hauteur des plus

---

[1] Laboravi rogans.... Tu reliquisti me, dicit Domiminus, retrorsùm abiisti ; et extendam manum meam super te.... Qui ad mortem ad mortem, et qui ad gladium ad gladium. *Jerem.*, *XV*.

grands sacrifices, c'est sans doute celle qui vous est confiée. De vous, de votre constance dépend le salut de l'Église et des nations *assises à l'ombre de la mort*[1]. Le sort du monde est en vos mains; et pour le sauver, que faut-il? Ce qu'il fallut, il y a dix-huit siècles: une parole qui parte du pied de la Croix.

« Voici ce que dit le Seigneur: Je vous ai « réservés pour le temps propice, pour le « jour du salut, afin de relever la terre, et « de recueillir mon héritage dispersé: pour « dire à ceux qui sont dans les chaînes: Sor- « tez; et à ceux qui sont dans les ténèbres: « Voyez la lumière[2]! »

Sortez donc, sortez *de la maison de servitude*[3]; brisez les fers qui vous dégradent, et vous empêchent de remplir, selon toute

---

[1] Luc., I, 79.

[2] Hæc dicit Dominus: In tempore placito exaudivi te, et in die salutis auxiliatus sum tuî, et servavi te...., ut suscitares terram, ut possideres hereditates dissipatas; ut diceres his qui vincti sunt: Exite; et his qui in tenebris: Relevamini. Is., XLIX, 8, 9.

[3] Exod., XIII, 3.

son étendue, votre céleste vocation; rentrez, par une volonté généreuse, en possession de la liberté que le Christ vous a acquise de son sang. On vous persécutera; oui, certes; il a été prédit ainsi [1]; mais *ne craignez point ceux qui tuent le corps, et ensuite ne peuvent plus rien; craignez celui qui, après avoir tué, a la puissance de précipiter dans l'abîme; je vous le dis, craignez celui-là* [2]. On vous persécutera : *Bienheureux ceux qui souffrent persécution pour la justice : réjouissez-vous alors, et soyez ravis de joie, car votre récompense est grande dans les Cieux* [3]. Encore une fois, *sortez;* retirez-vous, comme Jean, au désert, *pour y préparer la voie du Seigneur* [4]. Le profond mystère d'iniquité qui s'accomplit sous nos yeux, recouvre un mystère plus profond d'amour et de miséricorde. Vient le temps où il sera dit *à ceux qui sont*

---

[1] Matt., X, 17.
[2] Luc., XII, 4, 5.
[3] Matt., V, 10, 11.
[4] Marc., I, 3.

dans les ténèbres : Voyez la lumière ! Et ils se lèveront, et, le regard fixé sur cette divine splendeur, dans le repentir et dans l'étonnement, ils adoreront, pleins de joie, celui qui répare tout désordre, révèle toute vérité, éclaire toute intelligence : ORIENS EX ALTO.

PIÈCES JUSTIFICATIVES.

I.

*

Unam sanctam Ecclesiam catholicam et ipsam apostolicam urgente fide credere cogimur et tenere..... Igitur Ecclesiæ unius et unicæ, unum corpus, unum caput, non duo capita, quasi monstrum, Christus videlicet et Christi vicarius Petrus, Petrique successor; dicente Domino ipsi Petro: *Pasce oves meas*, inquit, et generaliter, non singulariter has vel illas, per quod commisisse sibi intelligitur universas. Sive ergò Græci, sive alii se dicant Petro ejusque successoribus non esse commissos, fateantur necesse est se de ovibus Christi non esse, dicente Domino in Joanne: *Unum ovile et unicum esse pastorem*. In hâc ejusque potestate duos esse gladios, spiritualem videlicet et temporalem, Evangelicis dictis instruimur. Nam dicentibus apostolis, *Ecce gladii duo hìc*, in Ecclesiâ scilicet, cùm apostoli loquerentur, non respondit Dominus nimis esse, sed *satis*. Certè qui in potestate Petri temporalem gladium esse negat, malè verbum attendit Domini proferentis : *Converte gladium tuum in vaginam.* Uterque ergò est in potestate Ecclesiæ, spiritalis scilicet gladius et materialis ; sed is quidem pro Ecclesiâ, ille verò ab Ecclesiâ exercendus. Ille sacerdotis, is manu regum et militum, sed ad nutum et sapientiam sacerdotis. Oportet autem gladium esse sub gladio, et temporalem auctoritatem spiritali subjici potestati. Nam cùm dicat Apostolus : *Non est potestas nisi à Deo : quæ autem sunt à Deo ordinatæ sunt ;* non autem ordinatæ essent, nisi gladius esset sub gladio, et tanquàm inferior reduceretur per alium in suprema. Nam secumdum B. Dyonisium, lex divinitatis est, infima per media in suprema reduci. Non ergò secundum ordinem Universi omnia æquè et immediatè, sed infima per media, et inferiora per superiora ad ordinem reducuntur. Spiritalem autem et dignitate et nobilitate terrenam quamlibet præcellere potestatem, oportet tantò clariùs nos fateri, quantò spiritalia temporalia antecellunt. Quod etiam ex decimarum datione et benedictione et sanctificatione, ex ipsius potestatis acceptione, ex ipsarum rerum gubernatione claris oculis intuemur. Nam veritate testante : spiritalis potestas terrenam potestatem instituere habet, et judicare si bona non fuerit : sic de Ecclesiâ et ecclesiasticâ potestate verificatur vaticinium Jeremiæ : *Ecce constitui te hodiè super gentes et regna :* et cætera quæ sequuntur. Ergò si deviat terrena potestas, judicabitur à potestate spiritali : sed si deviat spiritalis minor, à suo superiori. Si verò suprema à solo Deo, non ab homine poterit judicari : testante Apostolo : *Spiritalis homo judicat omnia, ipse autem à nemine judicatur.* Est autem hæc auctoritas (etsi data sit homini et exerceatur per hominem) *non humana sed potiùs Divina*, ore Divino Petro data, sibique suisque successoribus in ipso quæ confessus fuit, petra firmata : dicente Dominò ipsi Petro : *Quodcumque solveris*, etc. Quicumque igitur huic potestati à Deo sic ordinatæ resistit, Dei ordinationi resistit; nisi duo, sicut manichæus, fingat esse principia, quod falsum et hæreticum judicamus : quia testante Mose : non in principiis, sed *in principio cœlum Deus creavit et terram.* Porrò subesse Romano Pontifici omni humanæ creaturæ declarâmus, dicimus, definimus et pronuntiamus omninò esse de necessitate salutis.

Bulla dogmatica Bonifacii VIII, à Clemente V confirmata et in corpus juris canonici inserta atque adoptata.

« La foi nous oblige de croire et de professer que la sainte Eglise catholique et apostolique est une... C'est pourquoi l'Église une et unique n'est qu'un seul corps, ayant, non pas deux chefs, chose monstrueuse, mais un seul chef, savoir, le Christ et Pierre vicaire du Christ, ainsi que le successeur de Pierre, le Seigneur ayant dit à Pierre lui-même : *Pais mes brebis*, en général : ce qui montre qu'il les lui a confiées toutes sans exception. Si donc les Grecs et d'autres encore disent qu'ils n'ont point été confiés à Pierre et à ses successeurs, il faut qu'ils avouent qu'ils ne sont pas des brebis du Christ, puisque le Seigneur a dit selon saint Jean : *Qu'il n'y a qu'un seul troupeau et qu'un seul pasteur.* Qu'il ait en sa puissance les deux glaives, l'un spirituel, l'autre temporel, c'est ce que l'Évangile nous apprend : car les Apôtres ayant dit : *Voici deux glaives ici*, c'est-à-dire dans l'Eglise, puisque c'étoient les Apôtres qui parloient, le Seigneur ne leur répondit pas : c'est trop, mais c'est *assez*. Assurément celui qui nie que le glaive temporel soit en la puissance de Pierre méconnoît cette parole du Sauveur : *Remets ton glaive dans le fourreau.* Le glaive spirituel et le glaive matériel sont donc l'un et l'autre en la puissance de l'Eglise ; mais le second doit être employé pour l'Eglise, et le premier par l'Eglise. Celui-ci est dans la main du prêtre, celui-là est dans la main des Rois et des soldats, mais sous la direction et la dépendance du prêtre. L'un de ces glaives doit être subordonné à l'autre, et l'autorité temporelle doit être soumise au pouvoir spirituel. Car, suivant l'Apôtre, *Toute puissance vient de Dieu.* Celles qui existent sont ordonnées de Dieu ; or elles ne seroient pas ordonnées, si un glaive n'étoit pas soumis à l'autre glaive, et comme inférieur, ramené par lui à l'exécution de la volonté souveraine. Car suivant le B. Denis, c'est une loi de la Divinité que ce qui est infime soit coordonné par des intermédiaires à ce qui est au dessus de tout. Ainsi en vertu des lois de l'univers, toutes choses ne sont pas ramenées à l'ordre immédiatement et de la même manière; mais les choses basses par les choses moyennes, ce qui est inférieur à ce qui est supérieur. Or la puissance spirituelle surpasse en noblesse et en dignité toute puissance terrestre, et nous devons tenir cela pour aussi certain qu'il est clair que les choses spirituelles sont au dessus des temporelles. C'est ce que font voir aussi non moins clairement l'oblation, la bénédiction et la sanctification des dîmes, l'institution de la puissance et les conditions nécessaires du gouvernement du monde. En effet, d'après le témoignage de la vérité même, il appartient à la puissance spirituelle d'instituer la puissance terrestre, et de la juger, si elle n'est pas bonne. Ainsi se vérifie l'oracle de Jérémie touchant l'Église et la puissance ecclésiastique: *Voilà que je t'ai établi sur les nations et les royaumes*, et le reste comme il suit. Si donc la puissance terrestre dévie, elle sera jugée par la puissance spirituelle. Si la puissance spirituelle d'un ordre inférieur dévie, elle sera jugée par son supérieur. Si c'est la puissance suprême, ce n'est pas l'homme qui peut la juger, mais Dieu seul, suivant la parole de l'Apôtre : *L'homme spirituel juge et n'est jugé lui-même par personne.* Or cette puissance qui bien qu'elle ait été donnée à l'homme et qu'elle soit exercée par l'homme est, non pas humaine, mais plutôt divine, Pierre l'a reçue de la bouche divine elle-même, et celui qu'il confessa l'a rendue, pour lui et ses successeurs, inébranlable comme la pierre. Car le Seigneur lui a dit : *Tout ce que tu lieras*, etc. Donc quiconque résiste à cette puissance ainsi ordonnée de Dieu, résiste à l'ordre même de Dieu, à moins que, comme le manichéen, il n'imagine deux principes, ce que nous jugeons être une erreur et une hérésie. Aussi Moïse atteste que c'est dans le principe et non dans les principes, que *Dieu créa le ciel et la terre.* Ainsi toute créature humaine doit être soumise au Pontife Romain, et nous déclarons, affirmons, définissons et prononçons que cette soumission est absolument de nécessité de salut.

« *Bulle dogmatique de Boniface VIII, confirmée par Clément V, et insérée dans le corps du droit canonique.* »

II.

*

« Si nous tenions les yeux de notre esprit arrêtés sur cette première et souveraine cause de tous les événements, elle changeroit en quelque sorte la face du monde à notre égard, c'est-à-dire qu'elle nous obligeroit à changer la plupart des idées que nous nous sommes formées de ce qui s'y passe. Nous n'y verrions plus d'innocents opprimés, nous n'y verrions que des coupables punis. La terre ne seroit plus pour nous un lieu de tumulte et de désordre; ce seroit un lieu d'équité et de justice. Nous reconnoîtrions que l'on n'y ôte à personne que ce qu'il a mérité de perdre, que personne n'y souffre que ce qu'il a mérité de souffrir; que la justice et la force y sont toujours jointes ensemble; que l'injustice y est toujours impuissante; qu'il n'y a ni malheurs ni infortunes, mais seulement de justes châtiments des péchés des hommes; que l'on n'y meurt ni par la nécessité de la nature, ni par les accidents de la fortune; mais que l'on y punit de mort des hommes qui méritent ce supplice, dans le temps, et de la manière la plus convenable ; enfin que tout y est juste et saint, et de la part de Dieu qui ordonne tout, et de la part des hommes sous qui ses ordres s'exécutent. Il n'y a que les ministres de cette volonté dominante qui peuvent être injustes, mais dont l'injustice ne sauroit empêcher que ce qu'ils font ne soit juste à l'égard de ceux qui le souffrent. Qu'est-ce qu'une armée selon cette idée? C'est une troupe d'exécuteurs que Dieu envoie pour faire mourir des gens qui ont mérité la mort et qu'il a condamnés à ce supplice. Qu'est-ce que deux armées qui se battent? Ce sont des ministres de cette justice qui se punissent les uns les autres, et qui n'exécutent précisément que ce que Dieu a ordonné. Qu'est-ce qu'un meurtre? C'est la punition d'un coupable par un ministre injuste. Qu'est-ce que des voleurs? Ce sont des gens qui exécutent injustement le juste arrêt par lequel Dieu a ordonné que certaines personnes seroient privées de leurs biens. Qu'est-ce qu'un prince? C'est une verge en la main de Dieu pour punir les méchants.

« Ainsi c'est proprement par cette vue que nous découvrons le règne de Dieu dans le monde, et l'éminence de son pouvoir sur toutes les créatures. »

Nicole, Traité de la soumission à la volonté de Dieu, IIe partie, chap. 2.

Si l'on poussoit ce fatalisme à ses dernières conséquences, le crime seul régneroit sur la terre; car *la justice et la force étant toujours jointes ensemble*, on ne pourroit jamais légitimement résister à la force. Transportée dans l'ordre politique, cette doctrine est l'expression fidèle et complète du gallicanisme. Le souverain *ministre d'une volonté dominante* et invincible, qui est celle de Dieu, *peut être injuste*, et alors il se damne; mais il ne perd jamais la puissance, parce qu'en réalité il ne fait jamais que ce que Dieu a voulu qu'il fît; jamais non plus il n'est permis de lui opposer aucune résistance, au moins active, parce que *la justice et la force sont toujours jointes ensemble, que tout sur la terre est juste et saint, et de la part de Dieu qui ordonne tout, et de la part des hommes par qui ses ordres s'exécutent*: car les hommes naissent tous coupables, et le Prince est une verge en la main de Dieu pour punir les méchants. Résister au Prince, c'est donc toujours se révolter contre Dieu. A quelque degré qu'il opprime, sa tyrannie est *juste et sainte*. S'il attente à la vie de ses sujets, s'il tue, s'il massacre, c'est *un exécuteur que Dieu envoie pour faire mourir des gens qui ont mérité la mort et qu'il a condamnés à ce supplice*. S'il ruine le peuple en imposant des taxes exorbitantes, s'il spolie les familles, viole les propriétés, *il exécute injustement le juste arrêt par lequel Dieu a ordonné que certaines personnes seroient privées de leurs biens*: et ainsi ne pas se soumettre à tous les caprices d'un Néron, d'un

Éric, d'un Henri VIII, est une impiété véritable, un crime de lèse-majesté divine. Après cela accusez ces prêtres *serviles*, ces fauteurs détestables du pouvoir absolu, qui, refusant d'adhérer à ces salutaires maximes, rejettent obstinément le gallicanisme religieux et politique, et s'efforcent de ravir aux peuples l'inappréciable liberté de se laisser tranquillement dépouiller, égorger, par quiconque possède *la force inséparable de la justice.*

III.

*

« L'allégeance des catholiques romains est certainement divisée. Les protestants n'accordent non plus qu'une allégeance divisée à leurs souverains temporels. Ils rendent à César ce qui est à César, et à Dieu ce qui est à Dieu. Les catholiques romains et les protestants, lorsqu'ils ont de la conscience, craignent Dieu et honorent le Roi ; mais quand ces obligations se contredisent, les uns et les autres pensent que leur devoir est d'obéir à Dieu plutôt qu'à l'homme. Les limites de ces deux devoirs sont définies pour eux dans les mêmes termes et par la même autorité ; avec cette différence que les catholiques romains attribuent l'interprétation du précepte de l'Écriture au Pape et à l'Église, tandis que nous nous la réservons comme le privilége du jugement privé. » *The Roman catholics do indeed yield a divided allegiance. So do the Protestants yield a divided allegiance to their temporal monarchs. They render to Cæsar the things that are Cæsar's, and to god the things that are god's. Both Romanists and Protestants, if they are conscientious, fear god and honour the king;*

but whenever these claims are conflicting, both one and the other think it their duty to obey god rather than man. The limits of those two duties are defined in the same words, and by the same authority to each; with the difference, theat the Romanists concede the interpretation of the scriptural Precept to the Pope and the Church; we reserve that as the privilege of private judgment. Sermon preached at Appelby, by the Rev. C. Bird, A. M.

IV.

*

DÉCLARATION

Des causes qui ont mu Monseigneur le Cardinal de Bourbon, et les Pairs, Princes, Seigneurs, Villes et Communautés catholiques de ce Royaume de France, de s'opposer à ceux qui par tous moyens s'efforcent de subvertir la Religion Catholique et l'État.

Au nom de Dieu tout-puissant, Roi des rois, soit manifesté à tout homme, que ayant la France depuis vingt-quatre ans, été tourmentée d'une pestilente sédition émue pour subvertir l'ancienne Religion de nos pères, qui est le fort lien de l'État, il y a été appliqué des remèdes, lesquels (contre l'espérance de leurs Majestés) se sont rendus plus propres à nourrir le mal que l'éteindre ; qui n'ont eu de la paix que le nom, et n'ont établi le repos que pour ceux qui l'auroient troublé, laissant les gens de bien scandalisés en leur âme et intéressés en leurs biens.

Et au lieu de remède, qu'avec le temps l'on pouvoit espérer de ces maux, Dieu a permis que les derniers Rois soient morts jeunes, sans laisser jusques ici aucuns enfants habiles à succéder à cette couronne, et ne lui en a plu encore (au regret de tous les gens de bien) donner au Roi, qui maintenant règne, bien que ses bons sujets n'aient obmis, comme ils n'obmettront à l'avenir, leurs plus affectionnées prières pour en impétrer de la bonté de notre Dieu: en sorte qu'étant demeuré seul de tant d'enfants que Dieu avoit donnés au feu bon Roi Henry, il est trop à craindre (ce que Dieu ne veuille) que cette maison s'en aille, à notre grand malheur, éteinte sans aucune espérance d'avoir lignée; et qu'en l'établissement d'un successeur en l'État Royal, il n'advienne de grands troubles par toute la Chrétienté, et peut-être la totale subversion de la Religion Catholique, Apostolique et Romaine en ce Royaume très Chrétien, auquel l'on ne souffriroit jamais régner un hérétique, attendu que les sujets ne sont tenus de reconnoître ni souffrir la domination d'un Prince dévoyé de la foi Chrétienne Catholique, étant le premier serment que nos Rois font, lorsqu'on leur met la couronne sur la tête, que de maintenir la Religion Catholique, Apostolique et Romaine, sous lequel serment ils reçoivent celui de fidélité de leurs sujets et non autrement.

Toutesfois, depuis la mort de Monseigneur, frère du Roi, les prétentions de ceux qui, par profession publique, se sont toujours montrés persécuteurs de l'Église Catholique, ont été tellement favorisés et appuyés, qu'il est grandement nécessaire d'y donner prompte et sage prévision, afin d'éviter les inconvénients très apparents dont la calamité est déjà connue à tous, les remèdes à peu, et la façon de les appliquer presque à personne.

Et d'autant plus que l'on peut assez juger par les grands préparatifs et pratiques qui se font partout, levées de gens de guerre tant dehors que dedans le Royaume, et retention de Villes et Places fortes qu'ils devroient déjà avoir remises de long temps entre les mains du Roi, que nous sommes fort proches de l'effet de leurs mauvaises intentions, étant bien certains qu'ils ont depuis peu de temps envoyé pratiquer les Princes protestants d'Allemagne, pour avoir des forces, afin d'opprimer les gens de bien plus à leur aise; comme aussi leur dessein n'est autre que de se saisir et assurer des moyens nécessaires pour renverser la Religion Catholique, qui est l'intérêt commun de tous, et principalement des grands, qui ont cet honneur de tenir des premières et principales charges et dignités de ce Royaume, lesquels on s'efforce de ruiner du vivant du Roi même ou sous son autorité, afin que n'ayant plus personne qui à l'avenir se puisse opposer à leurs volontés, il soit plus aisé de faire le changement qu'on prépare de la Religion Catholique, pour s'enrichir du patrimoine de l'Église, suivant l'exemple de ce qui a été fait en Angleterre.

Même que chacun connoît assez, et voit à l'œil des déportements et actions d'aucuns, qui s'étant glissés dans l'amitié du Roi notre Prince souverain, la Majesté duquel nous a toujours été et sera toujours sainte et sacrée, se sont comme saisis de son autorité pour se maintenir en la grandeur qu'ils ont usurpée, favorisent et procurent par tous moyens l'effet des susdits changements et prétentions, et ont eu la hardiesse et le pouvoir d'éloigner de la privée conversation de sa Majesté, non seulement les princes et la noblesse, mais tout ce qu'il y a de plus proche, n'y donnant accès qu'à ce qui est d'eux.

A quoi ils ont déjà avancé qu'il n'y a plus personne qui ait part en la conduite et administration de l'État, ni qui exerce entièrement sa charge, ayant les uns été dépouillés du titre de leur dignité, et les autres du pouvoir de fonction, encore que le nom vain et imaginaire leur soit demeuré.

Aussi a été fait le semblable à l'endroit de plusieurs Gouverneurs de Provinces, Capitaines de Places fortes et autres Officiers, lesquels l'on a forcés de quitter et remettre leurs charges moyennant quelques récompenses de deniers qu'ils ont reçus contre leur gré et volonté, pour ce qu'ils n'osoient refuser ceux qui avoient pouvoir de les y contraindre. Exemple nouveau, et non jamais pratiqué en ce royaume, d'ôter par argent les charges à ceux auxquels elles avoient été données pour récompense de leurs vertus et fidélité; et par ce moyen se sont rendus maîtres des armes par mer et par terre.

Et essaie-t-on tous les jours de faire le semblable aux autres qui en sont pourvus, si bien qu'il n'y a plus personne qui se puisse assurer, et qui ne soit en crainte, qu'on ne lui ravisse et ôte des mains sa charge, combien que lui ayant été donnée par son mérite, il n'en puisse et n'en doive être dépouillé par les lois du Royaume, sinon pour quelque juste et raisonnable considération, ou qu'il faillît en chose qui en dépend, et qu'il soit comme en Justice de sa faute.

Ils ont ainsi tiré à eux tout l'or et l'argent des coffres du Roi, auxquels ils font mettre les plus clairs deniers des recettes générales pour faire leur profit particulier, tenant à leur dévotion tous les grands partis et ceux qui les manient, qui sont les vrais chemins pour disposer de cette couronne, et la mettre sur la tête de qui bon leur semblera.

Et par leur avarice est advenu qu'abusant de la facilité des sujets, l'on s'est peu débordé à plus griêves surcharges, non seulement égales à celles que la calamité de la guerre avoit introduites, desquelles rien n'a été remis dans la paix, mais à infinies autres oppositions naissantes de jour en jour à l'appétit de leurs volontés dérogées.

Il avoit paru quelque rayon d'espérance, quand sur les fréquentes plaintes et clameurs de tout ce Royaume, on publia la convocation des États Généraux à Blois, qui est l'ancien remède des plaies domestiques et comme une conférence entre le Prince et les sujets, pour revenir ensemble à compte de la dûe obéissance d'une part, et de la dûe conservation d'autre, toutes deux jurées, toutes deux nées avec le nom Royal et règles fondamentales de l'État de France; mais de cette chère et pénible entreprise ne resta sinon l'autorisement des mauvais conseils d'aucuns, qui se feignants bons politiques, étoient en effet très mal affectionnés au service de Dieu et bien de l'État: lesquels ne s'étant contentés de jetter le Roi, de son naturel très enclin à piété hors de la sainte et très utile délibération qu'à la très humble requête de tous ses états il avoit fait de réunir tous ses sujets à une seule Religion Catholique, Apostolique et Romaine, afin de les faire vivre en l'ancienne piété avec laquelle ce Royaume avoit été établi, s'étoit conservé, de depuis accru jusques à être le plus puissant de la Chrétienté, qui se pouvoit alors exécuter sans péril et presque sans résistance, lui auroient au contraire persuadé être nécessaire pour son service d'affoiblir et diminuer l'autorité des Princes et seigneurs Catholiques, qui avec grand zèle avoient grandement hazardé leurs vies combattant sous ses enseignes, pour la défense de ladite Religion Catholique; comme si la réputation qu'ils avoient acquise par leurs vertus et fidélités, les eût dû rendre suspects, au lieu de les faire honorer.

Aussi l'abus qui auroit pris son progrès pied à pied, est depuis tombé comme un torrent en précipice, d'une si violente chûte, que le pauvre Royaume se trouve sur le point d'en être bientôt accablé sans guère d'espérance de salut, car l'Ordre Ecclésiastique, quelques belles assemblées et justes remontrances qu'ils aient su faire, est aujourd'hui opprimé de décimes, et subventions extrordinaires, outre le mépris des choses sacrées de la sainte Église de Dieu, en laquelle désormais tout est tollu et pollu, la Noblesse annullée, asservie et vilennée, et tous les jours foulée misérablement de taxes et indues exactions, qu'elle paie malgré elle, si elle veut substanter la vie, c'est-à-dire, boire et manger, et se vêtir; les Villes, les Officiers royaux et menu peuple serrés de si près par la fréquentation de nouvelles impositions que l'on appelle inventions, qu'il ne reste plus rien à inventer sinon le seul moyen d'y trouver un bon remède.

Pour ces justes causes et considérations, nous Charles de Bourbon, Premier Prince du sang, Cardinal de l'Église Catholique, Apostolique et Romaine, comme celui qui touche de plus près de prendre en sauve-garde et protection la Religion

Catholique en ce royaume, et la conservation des bons et loyaux serviteurs de sa Majesté et de l'État, assisté de plusieurs Princes du sang, Cardinaux et autres Princes, Pairs, Prélats, Officiers de la Couronne, Gouverneurs de Provinces, Principaux seigneurs, Gentilshommes, de beaucoup de bonnes Villes et Communautés, et d'un bon nombre de bons et fidèles sujets, faisant la meilleure et la plus saine partie de ce royaume, après avoir sagement posé le motif de cette entreprise, et en avoir pris l'avis, tant de nos bons amis très affectionnés au bien et repos de ce Royaume, que des gens de savoir et craignant Dieu, que nous ne voudrions offenser en ceci pour rien du monde, déclarons avoir tous juré et saintement promis de tenir la main forte, et armes à ce que la sainte Église de Dieu soit réintégrée en sa dignité et en la vraie et seule Catholique Religion, que la Noblesse jouisse, comme elle doit, de sa franchise toute entière, et le peuple soit soulagé, de nouvelles impositions abolies, et toutes crues ôtées, depuis le Règne du Roi Charles Neuvième, que Dieu absolve, que les Parlements soient remis en la plénitude de leur connoissances et en leur entière souveraineté de leurs jugements en son ressort, et touts sujets du Royaume maintenus en leurs Gouvernements, charges et Offices, sans qu'on leur puisse ôter sinon en trois cas des anciens établissements et par jugement des Juges ordinaires, ressortissant ès Parlements.

« Que tous deniers qui se releveront sur le peuple seront employés à la défense du Royaume et à l'effet auquel ils sont destinés ; et que désormais les États Généraux, libres et sans aucune pratique, soient tenus de trois ans en trois ans pour le plus tard, avec entière liberté à chacun d'y faire ses plaintes auxquels n'aura été duement pourvu.

« Ces choses, et autres qui seront plus particulièrement et amplement déduites, sont le sujet de l'argument de l'assemblée en armes, qui se font pour la restauration de la France, manutention des bons, et punition des mauvais ; et pour la sûreté de nos personnes qu'on a tâché souvent, et même encore depuis peu de jours, par secrètes conspirations, accabler et du tout ruiner, comme si la sûreté de l'État dépendoit de la ruine des bons et de ceux qui ont si souvent hazardé leur vie pour le conserver, ne nous restant plus pour nous garantir du mal, et pour détourner le couteau qui est déjà sur nos testes, sinon de courir aux remèdes qu'avons toujours eus en horreur, qui sont excusables, et doivent être trouvés justes, quand ils sont nécessaires et autorisés, et desquels nous ne voudrions encore à présent aider pour le seul péril de nos biens, si la ruine de la Religion Catholique en ce Royaume, de l'état d'icelle, n'y étoit inséparablement conjointe : pour la conservation desquels nous ne craindrons jamais aucun danger, estimant ne pouvoir choisir un plus honorable tombeau, que de mourir pour une si sainte et juste querelle : et pour nous acquitter du devoir et obligation qu'avons comme bons chrétiens au service de Dieu, et empêcher aussi (comme bons et fidèles sujets) la dissipation de l'État qui suit volontiers ledit changement.

« Protestant que ce n'est contre le Roi notre souverain Seigneur que prenons les armes, ains pour la tuition et défense de sa personne, de sa vie et de son état, pour lequel nous jurons et promettons tous exposer nos biens et nos vies, jusqu'à la dernière goutte de notre sang, avec pareille fidélité qu'avons fait par le passé : et de poser les armes aussitôt qu'il aura plu à sa Majesté faire cesser le péril qui menace la ruine du service de Dieu et de tant de gens de bien : ce que nous supplions très humblement faire au plus tôt, témoignant à chacun par bon et vrai effet, qu'il est vraiment Roi très chrétien : ayant la crainte de Dieu et le zèle de la religion empreints en son âme, ainsi que nous l'avons toujours reconnu, comme bon père et Roi très affectionné à la conservation de ses sujets, avec beaucoup de bienveillance ; ce que nous désirons sur toutes les choses du monde.

« Et combien que ce ne soit chose éloignée de raison, que le Roi fût requis de pourvoir en ce que durant et après sa vie le peuple commis en sa charge ne soit divisé en factions et partialité pour les différends de succession, si est ce que nous sommes si peu émus de telle considération, que la calomnie de ceux qui nous le reprochent ne se trouvera soutenue d'aucun fondement; car outre ce que les lois du Royaume sont assez claires et connues, encore par dessus le hazard auquel nous, Cardinal de Bourbon, nous y jettant sur nos vieux jours et dernier âge, font assez de preuve que nous ne sommes enflés de telle vanité et espérance; ains seulement poussé du vrai zèle de la Religion qui nous fait prétendre part à un Royaume plus assuré et duquel la jouissance est plus désirable et de plus longue durée.

« Notre intention étant telle, supplions tous ensemble très humblement la Reine mère du Roi, notre très honorée Dame (sans la sagesse et la prudence de laquelle le Royaume seroit despiécé, dissipé et perdu, pour le fidèle témoignage qu'elle peut, veut et doit rendre de nos grands services : même en particulier de nous Cardinal de Bourbon, qui l'avons toujours honorée, servie et assistée en ses plus grandes affaires, sans y épargner nos biens, vies, amis et parents, pour avec elle fortifier le parti du Roi et de la Religion catholique), de ne nous vouloir à ce coup abandonner, mais y employer tout le crédit que ses peines et laborieux travaux lui devroient justement attribuer, et que ses ennemis lui pourroient avoir infidellement ravi d'auprès du Roi son fils.

« Supplions aussi tous les Princes, Pairs de France, Officiers de la Couronne, personnes Ecclésiastiques, Seigneurs, Gentilshommes, et autres de quelque qualité qu'ils soient, qui ne sont encore joints avec nous, de nous vouloir assister et aider de leurs moyens à l'exécution d'un si bon et saint œuvre; et exhortons toutes les Villes et Communautés, d'autant qu'elles aiment leur conservation, de juger sommairement nos intentions, et reconnoître le soulagement et repos qu'il leur en peut revenir en leurs affaires, tant publiques que domestiques, et mettre, en ce faisant, la main à cette bonne entreprise, qui ne sauroit que prospérer avec la grâce de Dieu, à qui nous référons toutes choses, ou du moins, si leur avis et résolution ne se pouvoient sitôt rapporter à un; comme leurs conseils seront composés de plusieurs, nous les admonesterons d'avoir l'œil à leurs choses propres, et cependant ne se laisser envahir à personne, et posséder par ceux qui, par quelque sinistre interprétation de nos volontés, se voudroient emparer de leursdites Villes, et en y mettant garnison de gens de guerre, les réduire aux mêmes servitudes que sont les autres Villes par eux occupées.

« Déclarons à tous, que n'entendons user d'aucun acte d'hostilité, que contre ceux qui avec les armes se voudront opposer à nous, ou par autres moyens indus favoriser nos adversaires, qui cherchent à ruiner l'Église et dissiper l'État; et assurons un chacun que nos armées saintes et justes, ne feront foule ni oppression à personne, soit pour le passage ou demeure en quelque lieu que ce soit, ains vivront avec bon réglement, et ne prendront rien sans payer.

« Recevons avec nous tous les bons qui auront zèle à l'honneur de Dieu et de sa sainte Église, et au bien et réputation de la très Chrétienne Religion françoise, sous protestation néanmoins de ne poser jamais les armes jusqu'à l'entière exécution des choses susdites, et plutôt y mourir tous de bon cœur, avec désir d'être amoncelés dans une sépulture consacrée aux derniers françois, morts en armes pour le service de Dieu et de leur Patrie.

« Enfin, d'autant qu'il faut encore que toute notre aide vienne de Dieu, nous prions tous vrais Catholiques de se mettre tous avec nous en bon état, se réconcilier avec sa divine majesté par une entière réformation de leurs vies, afin d'appaiser son ire et l'invoquer en pureté de conscience, tant par prières publiques de processions saintes, que par dévotions privées et particulières, afin que toutes nos actions soient référées à l'honneur et gloire de celui qui est le Dieu des Armées, et de qui nous attendons toute notre force et plus certain appui.

« Donné à Péronne, le dernier jour de Mars mil cinq cent quatre-vingt-cinq.

« Signé, CHARLES,

Cardinal de Bourbon. »

Mémoires de la Ligue, tom. I, p. 56 et suiv.

V.

*

MÉMOIRE

Présenté au Roi par les Évêques de France, au sujet des Ordonnances du 16 juin 1828, relatives aux Écoles secondaires ecclésiastiques.

SIRE,

« Le temps ne calme pas la douleur que les Évêques de votre royaume ont éprouvée à l'occasion des ordonnances du 16 juin; au contraire, ils sentent qu'elle devient plus vive et plus profonde à mesure qu'ils voient s'approcher le terme fatal de leur exécution. Les alarmes de la conscience viennent encore se joindre à cette douleur pour la rendre insupportable. Si les Évêques ne devoient, en effet, que demeurer spectateurs passifs des choses qui se préparent, ils espéreroient trouver du moins dans l'acceptation de cette cruelle épreuve un adoucissement que la résignation et la patience leur rendroient méritoire; mais frappés des coups les plus sensibles par une main qu'ils sont accoutumés à bénir, il ne leur sera pas permis de se contenter de gémir en secret et d'attendre en silence l'accomplissement des mesures qui doivent les désoler et affliger leurs Églises. On leur demande de coopérer eux-mêmes directement à des actes qu'ils ne peuvent s'empêcher de regarder comme humiliants pour la Religion, durs pour le sacerdoce, gênants et vexatoires pour l'autorité spirituelle dont ils ne doivent compte qu'à Dieu parce que lui seul leur en a confié l'exercice. On veut que, par un concours direct et immédiat de leur part, ils paroissent approuver ce que les principes leur semblent condamner, et qu'ils travaillent eux-mêmes à serrer des entraves que la liberté évangélique leur interdit de souffrir; placé ainsi entre les plus chères affections et les devoirs les plus sacrés, l'Épiscopat françois ne sait comment satisfaire à la fois au sentiment du cœur et au cri de la conscience. Pleins d'une inquiétude que des ennemis même n'oseroient leur reprocher, les Évêques tournent leurs regards tour à tour vers le Ciel où préside la Majesté suprême dont ils doivent respecter les ordres, et vers le trône où est assise la *seconde Majesté* dont ils voudroient contenter jusqu'au moindre désir.

« Dans leur anxiété, Sire, après avoir invoqué par de longues supplications les lumières et le secours qui viennent d'en haut, les Évêques ne croient pas s'écarter des bornes du respect et de la soumission dont il leur appartient plus qu'au reste des fidèles de donner l'exemple, s'ils essaient de déposer aux pieds du Roi, comme ils savent que quelques-uns de leurs collègues réunis à Paris l'ont déjà fait par l'organe d'un d'entre eux avant la publication des ordonnances, leurs inquiétudes et leurs craintes, en suppliant sa bonté d'apporter à ces ordonnances des modifications qui les arrachent à la cruelle alternative où elles vont les placer ; ils n'obéissent point à l'exigence des passions, ils n'empruntent pas leur langage ; ce n'est même qu'après avoir maîtrisé le premier mouvement de la douleur qu'ils viennent faire entendre au Roi Très-Chrétien la voix plaintive de la Religion et les douloureux accents de l'Église à celui qu'elle aime à nommer le *premier-né de ses fils*.

« Les Évêques n'ignorent pas qu'on leur conteste le droit d'examen et de discussion sur les ordonnances du 16 juin, qu'on affecte de ne les regarder que comme des réglements d'ordre légal qui appartiennent à la puissance séculière ; on ne cesse de leur rappeler que ces ordonnances ne blessant en aucune manière les intérêts de la Religion ni le pouvoir ecclésiastique, ils ne doivent intervenir que pour se soumettre et seconder l'action du gouvernement.

Plût à Dieu qu'il en fût ainsi ! on les verroit ce qu'ils sont toujours, zélés et fidèles, commander le respect et l'obéissance autant par leur exemple que par leurs discours ; mais il est au contraire trop manifeste que les ordonnances sont de nature à porter l'atteinte la plus déplorable à la prospérité de la Religion Catholique en France, et qu'elles attaquent dans plusieurs de leurs dispositions l'honneur et l'autorité de l'Épiscopat. Ces motifs sont plus que suffisants pour légitimer, nous ne dirons pas les *résistances*, mais l'inaction des Évêques, qui peuvent bien supporter un joug onéreux, mais qui ne sauroient se l'imposer eux-mêmes. C'est ce qui résulte de l'examen approfondi des deux ordonnances sous quelque point de vue qu'on les envisage, soit dans l'ensemble, soit dans les détails.

« L'une et l'autre ordonnances semblent reposer sur ce principe bien contraire aux droits de l'Épiscopat dans une matière évidemment spirituelle, puisqu'il regarde la perpétuité même du sacerdoce, savoir, que les écoles secondaires ecclésiastiques, autrement appelées petits séminaires, seroient tellement du ressort et sous la dépendance de l'autorité civile, qu'elle seule peut les instituer et y introduire la forme et les modifications qu'elle jugeroit à propos, les créer, les détruire, les confier à son gré à des supérieurs de son choix, en transporter la direction, en changer le régime comme elle le voudra, sans le concours des Évêques, même contre leur volonté, et cela sous prétexte que, les lettres humaines étant enseignées dans ces écoles, cet enseignement est du ressort exclusif de la puissance séculière.

« C'est en vertu de ce principe que huit écoles secondaires ecclésiastiques ont été tout d'un coup, sans avertissement, sans ces admonitions préalables qui conviennent si bien à une administration paternelle, arrachées au gouvernement des Évêques sous lequel elles prospéroient, pour être soumises au régime de l'Université. C'est encore par une conséquence de ce principe qu'il est ordonné qu'*à l'avenir*, sans avoir égard à l'institution de l'évêque, non plus qu'à sa responsabilité devant Dieu et devant les hommes, *nul ne pourra demeurer chargé, soit de la direction, soit de l'enseignement dans une des écoles secondaires ecclésiastiques, s'il n'a affirmé par écrit qu'il n'appartient à aucune congrégation religieuse non légalement établie en France*.... C'est toujours de ce principe que découlent les autres dispositions qui limitent au gré de l'autorité laïque le nombre des élèves qui doivent recevoir dans ces mêmes écoles l'éducation ecclésiastique, qui déterminent les conditions sans lesquelles ils ne peuvent la recevoir, et qui, enfin, statuent que désormais cette éducation ne sera donnée, que la vocation au sacerdoce ne pourra être reconnue et dirigée dès son commencement sans l'intervention de cette même autorité laïque; car les supérieurs ou directeurs doivent obtenir l'agrément du Roi avant de s'ingérer, après la mission des Évêques, dans la connoissance et dans la direction de cette vocation.

« Voilà jusqu'où conduit un principe fondé sur une prétention exorbitante, un principe mal conçu, faussement appliqué, et trop largement étendu à des objets devant lesquels la raison, la justice et la conscience le forcent à s'arrêter; voilà aussi comme il provoque des réclamations, des froissements, des luttes très pénibles, que l'on auroit évités, si l'on avoit su se renfermer dans ces bornes en-deçà desquelles il n'y a qu'hésitation et que foiblesse, comme il n'y a au-delà que violence et que collision.

« Que le principe donc de l'autorité de la puissance civile à l'égard des petits séminaires soit réduit à ses justes limites, et tout alors rentrera naturellement dans l'ordre, parce que rien ne sera compromis. Essayons de les déterminer avec précision.

« Que le Prince doive avoir et qu'il ait en effet sur les écoles ecclésiastiques, destinées à perpétuer le sacerdoce, l'inspection et la surveillance nécessaires pour assurer l'ordre public, empêcher la trangression des lois, maintenir les droits et l'honneur de la souveraineté; qu'il puisse exiger, exécuter par lui-même la réforme des abus qui intéressent l'ordre civil; qu'il doive même, en qualité d'*évêque du dehors*, provoquer la réforme des abus dans l'ordre spirituel, et prêter l'appui du bras séculier pour le maintien des règles canoniques, on en convient;

qu'il soit libre d'accorder ou de refuser à ces établissements une protection, des priviléges, des bienfaits, dans l'intention de favoriser les progrès de la foi, en contribuant à perpétuer les ministres de l'Évangile, la religion n'est pas ingrate et lui rendra au centuple, pour prix de sa munificence, non seulement la reconnoissance et l'affection, mais encore le dévouement et les services; qu'ainsi les écoles ecclésiastiques reçoivent une sanction qui les fasse jouir de tous les avantages dont sont en possession tous les autres établissements légalement reconnus; qu'elles aient la capacité d'acquérir, de vendre, de posséder etc.; que ces avantages même ne leur soient accordés qu'à de certaines conditions sans l'accomplissement desquelles elles ne pourroient en jouir : rien dans tout cela qui excède le pouvoir politique, qui envahisse le pouvoir spirituel; mais au-delà l'usurpation est à craindre, elle est bien prochaine.

« Prétendre, par exemple, qu'aucune école destinée à former à la piété, à la science et aux vertus sacerdotales, ne peut exister sans l'autorité du Prince; que les Évêques, soumis d'ailleurs à toutes les lois, ne puissent réunir les jeunes Samuels que le Seigneur appelle dès l'enfance au saint ministère, afin de les rendre plus propres à desservir l'autel et le tabernacle; qu'ils n'aient pas la liberté de confier l'éducation, la direction, l'enseignement de cette chère et précieuse tribu, aux maîtres qu'ils jugeront les plus habiles, les plus capables de la diriger à travers mille dangers jusqu'au terme de sa vocation ; qu'ils ne puissent bénir et *multiplier cette moisson de prophètes*, c'est vouloir asservir l'Église dans ce qu'elle a de plus indépendant, c'est porter atteinte aux droits de sa mission divine ; c'est contredire témérairement ces paroles qui regardent tous les temps : *Allez et enseignez ;* c'est s'inscrire en faux contre l'histoire de l'Église. Au sein de la persécution, elle étoit libre de former des clercs dans les prisons et dans les catacombes ; en lui donnant la paix, les empereurs n'ont pas assujetti à leurs réglements les écoles et les monastères où elle recueilloit l'espérance de son sacerdoce ; et s'ils sont quelquefois intervenus, ce n'est que par leur protection, leur libéralité, ou dans les choses purement temporelles. Depuis, l'Église n'a pu se dessaisir des droits que lui a confiés son divin fondateur.

« Si elle accepte les faveurs des Princes à la condition de quelques priviléges qui touchent au spirituel, comme les droits de nomination, de patronage, etc., elle peut prendre des engagements avec eux, elle se les impose, mais elle ne les reçoit pas ; elle les remplit, mais en cela elle n'obéit qu'à elle-même.

« Et qu'on ne dise pas qu'il ne s'agit ici que de l'enseignement des lettres humaines, qui est du ressort de la puissance civile ; qu'on remarque qu'il est question d'écoles ecclésiastiques où cet enseignement n'est qu'un accessoire dont, après tout, la religion pourroit se passer, et que le principal, qui emporte tout le reste, est évidemment du ressort de l'autorité spirituelle. Les ordonnances elles-mêmes établissent cette différence. La première statue, article 2, que « nul ne pourra demeurer chargé soit de la direction, soit de l'enseignement, *dans une des maisons d'éducation dépendantes de l'Université* » ; et elle ajoute : « *ou dans une des écoles secondaires ecclésiastiques* ». La distinction est formelle, et cependant tout y est compris, tout y est placé sous la même autorité.

« La seconde ordonnance va plus loin encore et d'une manière plus expresse ; on n'a pas même eu la précaution d'y laisser un moyen de défense contre les reproches d'une usurpation évidente ; on n'y invoque pas même le prétexte tiré de l'enseignement des lettres humaines, car l'article 6 de cette ordonnance n'exige pas l'agrément de la puissance civile pour les professeurs qui enseignent les lettres humaines dans ces écoles, mais pour les supérieurs ou directeurs, eux qui sont spécialement chargés de la connoissance, de la culture et de l'examen approfondi de la vocation ecclésiastique, et de former les élèves à la piété, la doctrine, la science, et toutes les vertus nécessaires à cette vocation sainte ; d'où il s'ensuit que c'est l'essentiel même des écoles ecclésiastiques, et ce qui appartient en propre aux Évêques, que l'on semble vouloir partager avec eux.

« Ce n'est pas l'intention sans doute, nous croyons même que les facilités qui seront données pour l'agrément réduiront à presque rien cette formalité ; mais cette formalité peut devenir dangereuse du moment qu'elle est commandée : les systèmes changent avec les hommes, et celui qui a pour but l'asservissement de l'Église, qui a déjà obtenu depuis peu sur elle d'importants avantages, s'en prévaudroit un jour, et pourroit exiger d'autres concessions, si d'avance on ne se mettoit en garde contre des prétentions exagérées. ....

« D'après cet exposé, il résulte, en premier lieu, que les ordonnances qui ont prononcé sur les petits séminaires ont bien pu leur communiquer l'existence légale, et avec elle tous les avantages temporels et civils qui l'accompagnent ; qu'elles peuvent aussi leur accorder des secours, des donations, des maisons pour s'établir ; mais qu'elles ne peuvent rien sur leur existence *proprement dite*, puisque c'est une conséquence de la mission divine que les Évêques, en se conformant d'ailleurs aux lois du pays sur tout le reste, aient le droit d'assurer et de perpétuer la prédication de l'Évangile, l'administration des sacrements et les bienfaits d'un ministère qui a pour objet le salut des âmes. La manière d'user de ce droit, ou plutôt de remplir ce devoir, peut être différente suivant les temps et les besoins ; mais l'exercice n'en appartient pas moins aux Évêques, il ne sauroit leur être contesté.

« Il ne serviroit de rien de dire qu'autrefois il n'y avoit pas de petits séminaires, ou, s'il y en avoit, qu'ils n'étoient pas semblables à ceux qui existent actuellement. Quand cela seroit vrai, le droit des Évêques ne peut avoir été infirmé par le non exercice, et l'on ne sauroit invoquer ici la prescription; mais on est loin d'admettre qu'il n'y eût pas de petits séminaires : on prouveroit, au contraire, par les monuments les plus authentiques, que l'Église et l'État en ont formellement reconnu et même recommandé l'établissement [1].

« Il résulte, en second lieu, de ce principe, que la forme des écoles où les aspirants au saint ministère doivent être reçus, examinés, élevés, dirigés dans leur vocation; que leur nombre, leurs qualités, celles des maîtres qui les enseignent et qui les conduisent dans cette route céleste, sont aussi du ressort de l'autorité spirituelle : c'est porter atteinte à son indépendance, c'est lui mettre des entraves que de lui imposer des conditions qui lui ôteroient ou qui gêneroient sa liberté dans le choix de ceux qu'elle est chargée de séparer pour l'œuvre du Seigneur, et des conducteurs qu'elle reconnoît être les plus habiles pour amener cette œuvre à sa perfection.

---

[1] Voir Concile de Trente, Sess. 23, chap. 18; Édit de Blois; ordonnances de Louis XIV; Fleury, 5e *Discours sur l'Histoire ecclésiastique.*

« Il s'ensuit encore que, si la puissance séculière croit pouvoir refuser ou retirer ses faveurs, ses priviléges, et tous les avantages de l'*existence légale*, même la faculté d'enseigner les lettres humaines, à des prêtres qui, individuellement ou collectivement, suivent, pour leur régime intérieur, la règle d'une congrégation ou d'un ordre dont la loi ne reconnoît pas l'*existence*, elle ne peut exclure ces prêtres de l'enseignement des écoles ecclésiastiques pour ce seul fait, du moment où, appelés par les Évêques, soumis en tout à la juridiction de l'ordinaire comme tous les autres prêtres des diocèses, ils sont préposés à cet enseignement et à cette direction.

« Les Évêques sont donc en droit de conclure, et ils le concluent presque à l'unanimité, qu'il leur paroît répugner à la conscience de soumettre à la sanction du Roi la nomination des supérieurs et directeurs de leurs petits séminaires, parce que cette obligation est contraire à la pleine et entière liberté dont les Évêques doivent jouir dans la direction de ces établissements, en raison de leur nature et de leur destination. Est-il rien qui appartienne plus à l'autorité spirituelle que le droit d'examiner la vocation des sujets qui aspirent au sacerdoce, de former ces sujets aux vertus sacerdotales, ce qui renferme évidemment celui de choisir des hommes chargés de faire cet examen, de juger ces vocations, de former à ces vertus? Comment donc les Évêques pourroient-ils reconnoître dans l'autorité civile le pouvoir d'agréer ou de rejeter les hommes qu'ils auroient chargés de cette mission toute spirituelle ? et ne seroit-ce pas reconnoître ce pouvoir que de contribuer à mettre à exécution l'article 6 de la seconde de ces ordonnances ?

« Si l'on objecte que les Evêques sont déjà soumis à des formalités semblables pour ce qui concerne la nomination des vicaires-généraux, chanoines et curés, il est facile de répondre que, quant aux curés, c'est en vertu d'une clause formelle du concordat de 1801, et par suite avec le consentement exprès du souverain Pontife, lequel, lorsque le bien de la Religion l'exige, peut restreindre l'usage de cette pleine et entière liberté que Jésus-Christ a donnée à son Église, ce qui excède le pouvoir d'un Évêque à l'égard de ces droits sacrés dont il n'est que le dépositaire. Quant aux vicaires-généraux et aux chanoines, on sait que cet *approuvé*, imposé plus tard sous un régime despotique et par une puissance soupçonneuse, n'est regardé que comme une simple formalité qui n'influe en rien sur l'institution canonique, non plus que sur l'exercice des pouvoirs qu'elle confère ; tandis que la nécessité de l'agrément royal pour les supérieurs ou directeurs d'un petit séminaire une fois admise, le refus de cet agrément pourroit jeter le désordre dans cet établissement précieux, et peut-être même en entraîner la ruine.

« Les Évêques concluent, secondement, qu'il ne leur paroît pas non plus possible de concilier avec cette sainte et pleine indépendance dont ils doivent jouir dans l'organisation de leurs écoles ecclésiastiques, l'obligation de fournir des déclarations individuelles de la part des directeurs ou supérieurs qu'ils y appelleroient. Un Évêque ne peut s'interdire la faculté de donner une règle spéciale aux directeurs et professeurs de ses petits séminaires, de les assujettir même à des vœux au for intérieur, d'établir ainsi une espèce de congrégation, afin de faire régner et plus de piété et plus d'harmonie entre des prêtres destinés à former de jeunes clercs à la perfection sacerdotale, à faire observer à leurs élèves une règle sévère, à les édifier par toutes sortes de bons exemples, à leur inspirer, à leur rendre familier l'amour du détachement de soi-même, de l'obéissance, de la pauvreté et des autres conseils évangéliques, dont la pratique, dans un certain degré, est si propre à assurer les fruits du sacré ministère. Est-il rien de plus spirituel de sa nature qu'une congrégation religieuse considérée précisément comme congrégation religieuse et séparée de toute *existence légale*? Si des Évêques peuvent reconnoître dans l'autorité séculière le droit de donner ou de refuser à une congrégation religieuse cette *existence légale*, ils ne peuvent lui reconnoître le droit de défendre à l'autorité spirituelle d'approuver, d'établir, de diriger ces congrégations toutes spirituelles, d'en employer les membres à des fonctions également spirituelles, et conséquemment à former les jeunes clercs à la science et aux vertus ecclésiastiques. Or, ce seroit reconnoître ce droit dans l'autorité civile, que d'exécuter l'article 2 de la première ordonnance, qui défend généralement, sans aucune distinction, d'employer à la direction de l'enseignement dans les écoles secondaires ecclésiastiques tout homme qui appartiendroit à une congrégation non légalement établie en France.

« En troisième lieu, les évêques concluent que la conscience ne leur permet pas davantage de coopérer d'une manière active aux articles 1 et 3 de la seconde ordonnance, qui limitent le nombre des élèves dans les écoles secondaires ecclésiastiques, et qui en excluent les externes, parce que ce seroit vouloir en quelque sorte limiter les vocations et mettre des obstacles à une grâce dont ils doivent au contraire, autant qu'il est en eux, favoriser les progrès et assurer la fin. Qu'ils se soumettent d'une manière passive aux mesures qui interdiroient aux jeunes gens appelés au sacerdoce l'entrée de leurs écoles secondaires, c'est tout ce qu'on peut exiger d'eux; mais il seroit indigne de leur caractère de s'engager à les repousser du sanctuaire ou à les écarter du chemin qui peut les y conduire, sous le prétexte que le nombre en est trop grand, ou que, n'ayant pas les moyens de payer une pension exigée, ils ne peuvent suivre les écoles que comme externes ; il seroit également contraire aux devoirs des Évêques de reconnoître, par une coopération positive, un droit funeste à la religion, à une époque surtout où la rareté des prêtres est la grande plaie de l'Église, et où, il faut en convenir, l'éducation donnée dans les institutions laïques est telle, en général, que les vocations ecclésiastiques s'y perdent loin de s'y développer. La puissance séculière n'est pas d'ailleurs juge compétente pour connoître jusqu'où s'étendent les besoins de l'Église, et où doivent s'arrêter les secours qui lui sont nécessaires.

« Sire, à l'appui des motifs que les Évêques ont l'honneur d'exposer à Votre Majesté pour justifier une conduite qu'on ne manquera pas, peut-être, de lui présenter comme une révolte contre son autorité, ils pourroient invoquer cette liberté civile et cette tolérance religieuse consacrées par les institutions que nous devons à votre auguste frère, et que Votre Majesté a juré aussi de maintenir ; mais ils ne veulent point entrer dans une question de droit public dont les maximes et les conséquences ne sont pas encore bien fixées, sur laquelle les plus habiles eux-mêmes sont divisés d'opinion, et qui les jetteroit dans une discussion susceptible de s'étendre et de se resserrer, selon les temps et les systèmes toujours mobiles, toujours variables.

« Ils ont examiné dans le secret du sanctuaire, en

présence du souverain Juge, avec *la prudence et la simplicité* qui leur ont été recommandées par leur divin Maître, *ce qu'ils devoient à César comme ce qu'ils devoient à Dieu :* leur conscience leur a répondu qu'*il valoit mieux obéir à Dieu qu'aux hommes*, lorsque cette obéissance qu'ils doivent premièrement à Dieu ne sauroit s'allier avec celle que les hommes leur demandent. Ils ne résistent point, ils ne profèrent pas tumultueusement des paroles hardies, ils n'expriment pas d'impérieuses volontés; ils se contentent de dire avec respect, comme les Apôtres, *Non possumus*, nous ne pouvons pas, et ils conjurent Votre Majesté de lever une impossibilité toujours si douloureuse pour le cœur d'un sujet fidèle vis-à-vis d'un Roi si tendrement aimé.

« Jusqu'ici nous n'avons considéré dans les nouvelles ordonnances que ce qu'elles nous paroissent avoir de contraire à la liberté du ministère ecclésiastique, relativement à l'éducation des clercs et à la perpétuité du sacerdoce; mais, Sire, nous n'aurions pas satisfait à l'un des devoirs que Votre Majesté aime toujours que nous remplissions auprès d'elle, celui de lui faire connoître la vérité sans déguisement, si nous lui taisions les autres funestes conséquences que ces ordonnances peuvent avoir pour la religion. Pasteurs du troupeau de Jésus-Christ, notre sollicitude ne doit pas se borner à former les guides qui seront destinés à le conduire sous notre direction aux pâturages de la vie éternelle. Le soin du bercail tout entier nous regarde, et ce seroit pour nous une illusion et une erreur impardonnables, si nous croyions avoir acquitté tout ce que demande la charge pastorale, du moment où nous n'avons rien négligé pour assurer de bons prêtres à nos Églises. C'est sans doute la première et la plus essentielle de nos obligations, pour laquelle nous ne saurions faire trop de sacrifices; mais tout ce qui peut avoir quelque influence sur la sanctification des âmes réclame aussi de nous une vigilance, une attention et des efforts continuels. . . . .

« Or il n'est que trop manifeste que les dispositions des ordonnances qui tendent à interdire rigoureusement l'accès de nos écoles ecclésiastiques à une certaine classe de fidèles qui ne se destineroient pas au sacerdoce, seront très fatales à la foi et aux mœurs. Nous le disons sans orgueil et sans vouloir déprécier les institutions publiques, dans nos séminaires le lait de la plus saine doctrine coule toujours pur et abondant; les précautions pour conserver sans tache l'innocence du jeune âge sont portées d'autant plus loin, que nous aspirons à ne présenter au service des saints autels qu'une virginité sacerdotale : le respect pour les lois, l'amour pour le Monarque, et la fidélité à tous les autres devoirs de la vie sociale, y sont enseignés, développés, inculqués avec d'autant plus de force dans les esprits et dans les cœurs, que nous avons à former des hommes qui seront obligés par état de prêcher toute leur vie la connoissance de ces devoirs et d'en commander la pratique au nom du Ciel; les vertus auxquelles on y exerce les élèves sont d'autant plus solides qu'ils doivent en soutenir l'honneur par les plus courageux exemples. De quel effroi la religion n'a-t-elle donc pas dû être saisie! que de larmes n'a-t-elle pas dû répandre en entendant l'arrêt qui exclut à jamais de la perfection de ses enseignements les enfants de tant de familles honorables qui auroient voulu confier à une vigilance plus maternelle ce qu'elles ont de plus cher, et souvent ce que l'État a de plus précieux! Mais combien cet effroi a-t-il augmenté, combien ces larmes sont-elles devenues plus amères, lorsqu'elle a vu répudier de l'instruction publique les maîtres les plus capables de former la jeunesse aux vertus du christianisme, quand même ils ne seroient pas reconnus comme les plus habiles pour leur enseigner les lettres humaines! Déjà elle n'avoit pu voir, sans pousser de profonds soupirs, l'usage de l'autorité qu'elle doit exercer sur l'éducation de l'enfance affoibli, restreint et presque réduit à une simple voix consultative; elle n'avoit pu que s'affliger de la nouvelle humiliation qu'on lui a fait subir en lui retirant la confiance que lui avoit témoignée le feu Roi quelques années auparavant; ses alarmes redoublent avec sa douleur depuis qu'elle voit écarter, avec tant de précautions, d'auprès des générations qui s'élèvent, ces infatigables et zélés précepteurs de l'adolescence, qu'elle a comptés dans tous les temps au nombre de ses plus puissants auxiliaires.

« Sire, nous ne poussons pas plus loin nos considérations, quoiqu'elles se présentent en foule. François, nous ne voulons pas récriminer contre notre siècle ni contre le système d'éducation organisé dans notre patrie; Évêques, nous devons être attentifs aux périls qui environnent la jeunesse, espérance de l'Église et de l'État. S'il ne nous est pas donné de la préserver entièrement de tous les dangers qui la menacent, nous devons désirer et demander avec instance qu'on ne repousse pas du moins les moyens salutaires qui peuvent en diminuer le nombre et en affoiblir l'excès.

« Sire, quelque profonde que soit l'affliction des Évêques de se trouver dans la pénible nécessité de contrister peut-être Votre Majesté, en lui demandant d'apporter aux mesures qu'elle a ordonnées des tempéraments qui dissipent leurs alarmes, ils se consolent cependant et se rassurent par la pensée que ces mesures n'ont été prises qu'à regret, et dans cette persuasion que, si elles pouvoient s'allier avec les devoirs du christianisme, elles devenoient indispensables à cause de la rigueur des temps. Ils ne s'abusent donc pas en espérant que les conseils de Votre Majesté, plus éclairés par les observations de l'Épiscopat, s'empresseront de lui proposer des modifications capables de satisfaire à la fois à ce qu'exigent la dignité souveraine et l'autorité de la conscience, la paix publique et les trop longues douleurs de la religion. Oui, Sire, ce sont tous les Évêques de France qui sollicitent de Votre Majesté le remède des maux dont ils portent tous ensemble le poids accablant, et non plus seulement quelques Évêques isolés, qui cherchent à détourner un malheur prochain. S'il en est parmi eux, quoique en très petit nombre, qui diffèrent d'opinion sur la conduite à tenir dans ces circonstances difficiles, il n'en est pas un seul qui ne partage les sentiments de l'affliction commune, et qui ne croie fermement que la piété du fils de saint Louis ne repoussera pas les respectueuses doléances que l'Épiscopat tout entier ose prendre la confiance de lui adresser.

« Plus d'une fois, Sire, les Évêques de votre royaume se sont vus obligés de défendre ainsi, par leurs supplications au pied du trône, la cause sacrée de leurs Églises contre les envahissements de la puissance séculière, déposée entre les mains de ces corps antiques si respectables et si utiles à la monarchie, mais qui, malheureusement pour la Religion et pour l'État, se croyoient quelquefois autorisés à soumettre à leur juridiction l'autorité du Prince et celle des Pontifes, réunissant ainsi en une seule main le glaive de la justice, la houlette des pasteurs et le sceptre des rois. L'Épiscopat, alors protégé par ses priviléges, soutenu par son crédit, placé par sa situation sociale dans une parfaite indépendance, luttoit en quelque sorte à force égale avec la magistrature; il lui étoit donné de réunir dans une seule et même action tous ses moyens, et de soutenir avec avantage les attaques livrées à l'indépendance de son ministère. Alors, Sire, il supplioit, il imploroit l'assistance de l'autorité souveraine; il lui parloit toujours avec une dignité pleine de mesure; toujours il en étoit écouté avec bienveillance, et souvent avec succès. Aujourd'hui, privé de ses anciennes ressources, dispersé sans pouvoir se concerter d'une manière facile, mais toutefois investi des mêmes droits spirituels et responsable de l'atteinte qu'il y laisseroit porter par négligence ou par foiblesse, il supplie encore; et la voix de ses prières et de ses larmes sera d'autant plus puissante sur le Roi Très-Chrétien, qu'il n'existe plus aucun prétexte qui puisse faire soupçonner les Évêques de vouloir employer d'autres moyens pour le fléchir.

« Si, malgré cette situation humble et respectueuse, capable de *réduire au silence les langues les plus imprudentes*, il se trouvoit encore des hommes qui osassent prêter à notre zèle et à nos instances les couleurs de la révolte, et nous traduire devant la France et devant Votre Majesté, comme des sujets rebelles, relevant alors nos fronts humiliés, nous repousserions avec une juste indignation d'aussi odieuses calomnies; tous ensemble nous répétérions avec assurance ces expressions de fidélité que nos prédécesseurs portèrent autrefois au pied du trône de votre auguste aïeul, à la suite d'une de ces assemblées générales dont la discipline ecclésiastique et les plus chers intérêts de la religion appellent si impérieusement le retour; nous vous dirions, Sire, « qu'au milieu des maux qui nous affligent, votre « prospérité et votre gloire sont le sujet de nos plus « tendres et de nos plus vives acclamations; que sou-« tenir et défendre les droits sacrés de votre cou-« ronne sera toujours pour nous l'objet d'une noble « et sainte jalousie; que plus nous sommes obligés « de chercher à conserver la liberté d'un ministère « qu'on ne sauroit essentiellement nous ravir, plus « nous nous croyons engagés à donner l'exemple de « la soumission; que cette obligation ne nous ser-« vira jamais que pour porter plus loin notre obéis-« sance et lui donner plus de mérite; que nul ne « peut nous dispenser des moindres devoirs de vé-« ritables François, et qu'enfin dans ce royaume où « Votre Majesté est partout chérie et révérée, nous « ne lui connoissons d'autres ennemis que ceux qui « nous accusent de l'être, et qui n'oublient rien pour

« décrier auprès d'elle nos respects, notre amour
« et notre inébranlable fidélité [1].

« Nous sommes avec respect, Sire,

de Votre Majesté,

Les très humbles, très obéissants
et fidèles sujets et serviteurs,

« Les Cardinaux, Archevèques et Évèques de l'Église de France,

A. J. CARDINAL DE CLERMONT-TONNERRE,

Archevèque de Toulouse, Doyen des Évèques de France;

« *Au nom de l'Épiscopat françois.*

« Paris, le 1er août 1828. »

« [1] Harangue au Roi pour la clôture de l'Assemblée de 1730. »

VI.

*

Suivant Blackstone, « le Parlement peut changer « la religion établie, comme il l'a changée en effet en « diverses circonstances, sous les règnes de Henri « VIII et de ses trois enfants ». *It can alter the established religion of the land, as was done in a variety of instances, in the reign of king Henry VIII and his three children. Blackstone, Book I, ch.* 2, *vol. I, page* 161. *Oxford*, 1768. « Le « Roi, dit le même auteur, est le chef suprême « du royaume dans les matières civiles et ecclésias- « tiques ». *His realm is declared to be an empire, and his crown imperial, by many acts of Parliament, particularly the statutes* 24. *Hen. VIII, c.* 12; *and* 25 *Hen. VIII, c.* 28; *which at the same time declare the king to be the supreme hend of the realm in matters both civil and ecclesiastical, and of consequence inferior to no man upon earth, dependent on no man, accomtable to no man. Ib., ch.* 7, *p.* 242.

Il suit de là qu'en Angleterre, selon la loi constitutionnelle, ce qu'il y a de plus libre par sa nature, de plus indépendant du pouvoir humain, la religion, la pensée, la conscience, sont soumises à l'autorité du Parlement, qui pourroit demain, si cela lui plaisoit, abolir légalement le christianisme et mettre à sa place ou l'islamisme, ou l'idolâtrie même. Le Roi, ministre du Parlement, est nécessairement, dans ce système, le chef suprême du pays, au spirituel comme au temporel: d'où il résulte que la loi consacre, 1° la plus dégradante servitude qui se puisse concevoir, la servitude morale et intellectuelle: 2° l'inamissibilité absolue du pouvoir, et par suite la tyrannie, *car le Roi n'a sur la terre personne au dessus de lui, il ne dépend de personne, et ne doit compte à personne* de l'usage de sa puissance. Nous savons par quel genre de fiction légale on sauve une partie de ces inconvénients; mais la théorie reste avec ses conséquences logiques, et Henri VIII a su les tirer.

Au reste, il est à remarquer que l'Eglise anglicane, quelque asservie qu'elle soit, a du moins rougi de ces doctrines, qui renversent toute notion de christianisme et même de religion quelconque, et a cherché à les modifier dans ses 39 articles, pour faire illusion au peuple anglois et à elle-même peut-être: et certes il est difficile de ne pas éprouver un grand étonnement, lorsqu'on pense que les maximes hautement proclamées par les ministres du Roi Très-Chrétien, paroîtroient intolérables à l'Eglise protestante d'Angleterre. Voici ce qu'on lit dans sa Confession de foi :

« Le Roi a la souveraine autorité dans son royaume « d'Angleterre, et dans ses autres états ; et c'est à lui « qu'appartient le souverain gouvernement de tous « les états de ce royaume soit ecclésiastiques, soit « séculiers, en toutes sortes de causes ; et il n'est et « ne doit être sujet à aucune juridiction étrangère.

« Quand nous attribuons à la majesté royale, la « souveraine autorité, de quoi nous apprenons qu'il « y a certaines personnes médisantes qui s'offensent, « nous ne donnons à nos princes l'administration ni « de la parole de Dieu, ni des sacrements, selon que « les injonctions publiées par la Reine Elisabeth le « témoignent très expressément ; mais nous leur « donnons seulement la prérogative que nous voyons « que Dieu lui-même a toujours donnée à tous les « princes pieux dans les saintes Ecritures, savoir, de « gouverner tous les états et toutes les conditions des « personnes dont Dieu leur a commis la charge, soit « ecclésiastiques, soit laïques, et de réprimer avec « l'épée politique les personnes désobéissantes et « opiniâtres, et les malfaiteurs. » *Article XXXVII.*

VII.

*

« Or y a-t-il trois points en la substance de votre loy fondamentale, outre ce qui est des accessoires et circonstances. Le premier concerne la seureté de la personne des Roys : et de cestui-là, nous en sommes tous d'accord, et offrons de le signer, non de notre encre, mais de notre sang; asçavoir, que pour quelque cause que ce soit, il n'est permis d'assassiner les Roys : et non seulement détestons avec David l'Amalecheite, qui se vanta d'avoir mis la main sur Saül, encore qu'il eust été rejetté et déposé de Dieu, par l'oracle de Samuel ; mais mesme crions à haute voix, avec le sacré concile de Constance (Sess. 15), contre les meurtriers des Roys, voire de ceux que l'on prétendroit estre devenus tyrans : anathème à quiconque assassine les Roys : malédiction éternelle à quiconque assassine les Roys : damnation éternelle à quiconque assassine les Roys. Le second point est de la dignité et souveraineté temporelle des Roys de France : et de cestui-là nous en sommes aussi d'accord. Car nous croyons que nos Roys sont souverains de toute sorte de souveraineté temporelle en leur

Royaume; et ne sont feudataires ny du Pape, comme ceux qui ont reçu ou obligé leurs couronnes à cette condition, ni d'aucun autre prince: mais qu'en la nüe administration des choses temporelles, ils dépendent immédiatement de Dieu et ne recognoissent aucune puissance par dessus eux que la sienne. Ces deux points, donc, nous les tenons pour certains et indubitables, mais de diverses sortes de certitudes; asçavoir : le premier de certitude divine et théologique; et le second, de certitude humaine et historique. Car ce que le Pape Innocent III affirme (cap. *Per venerab.*, tit. *Qui filii sint legitimi*), que le Roy de France ne recognoit aucun supérieur au temporel, c'est par forme de témoignage historique qu'il l'affirme. Et ce que certains autres royaumes, dont il semble écrire le mesme, ont depuis changé, et se sont obligés à quelque dépendance temporelle du Siège apostolique, et que la France est demeurée en son premier état, c'est l'histoire et non la foy qui nous l'apprend. Reste le troisième point, qui est asçavoir si les Princes ayant fait, ou eux ou leurs prédécesseurs, serment à Dieu et à leurs peuples, de vivre et mourir en la religion chrétienne et catholique, viennent à violer leur serment, et à se rebeller contre Jésus-Christ, et à lui déclarer la guerre ouverte, c'est-à-dire, viennent non seulement à tomber en manifeste profession d'hérésie, ou d'apostasie de la religion chrétienne, mais mesme passent jusqu'à forcer leurs subjets en leurs consciences, et entreprennent de planter l'arianisme ou le mahométisme, ou autre semblable infidélité en leurs estats, et y destruire et exterminer le christianisme; leurs subjets peuvent estre reciproquement déclarez absous du serment de fidélité qu'ils leur ont fait: et cela arrivant à qui il appartient de les en déclarer absous. Or c'est ce point-là que nous disons estre contentieux et disputé. Car votre article contient la négation, asçavoir, qu'il n'y a nul cas auquel les subjets puissent être absous du serment de fidélité qu'ils ont fait à leurs Princes. Et au contraire toutes les autres parties de l'Église catholique, voire même toute l'Église gallicane, depuis que les écholes de théologie ont été instituées, jusques à la venue de Calvin, tiennent l'affirmation, asçavoir, que quand un prince vient à violer le serment qu'il a fait à Dieu et à ses subjets, de vivre et mourir dans la religion catholique, et non seulement se rend arien ou mahométan, mais passe jusques à déclarer la guerre à Jésus-Christ, c'est-à-dire, jusques à forcer ses subjets en leurs consciences, et les contraindre d'embrasser l'arianisme ou le mahométisme, ou autre semblable infidélité; ce prince-là peut estre déclaré dechu de ses droits, comme coulpable de felonnie envers celui à qui il a fait le serment de son Royaume, c'est-à-dire envers Jésus-Christ; et ses subjets estre absous en conscience et au tribunal spirituel et ecclésiastique, du serment de fidélité qu'ils luy ont prêté: et que ce cas-là arrivant, c'est à l'authorité de l'Église résidante ou en son chef, qui est le Pape, ou en son corps, qui est le concile, de faire cette déclaration. Et non seulement toutes les autres parties de l'Eglise catholique, mais mesme tous les docteurs qui ont été en France, depuis que les echoles de théologie y ont été instituées, ont tenu l'affirmation, asçavoir, qu'en cas de princes hérétiques ou infidelles et persécutants le christianisme ou la religion catholique, les subjets pouvoient estre absous du serment de fidelité. Au moyen de quoy, quand la doctrine contraire seroit la plus vraie du monde, ce que toutes les autres parties de l'Eglise vous disputent, vous ne la pourriez tenir au plus, que pour problématique en matière de foy. J'appelle problématique en matière de foy, toute doctrine qui n'est point nécessaire de nécessité de foy, et de laquelle la contradiction n'oblige point ceux qui la croient, à anathème et à perte de communion. »

Le Cardinal développe ensuite *quatre inconvénients* de la doctrine qu'on veut établir.

« Le troisième inconvénient est, que c'est nous précipiter en schisme évident et inévitable. Car tous les autres peuples catholiques, tenants cette doctrine, nous ne pouvons la déclarer pour contraire à la parole de Dieu, et pour impie et détestable, que nous ne renoncions à la communion du chef et des autres parties de l'Église, et ne confessions que l'Église a esté depuis tant de siècles, non l'Église de Dieu, mais la synagogue de Satan, non l'épouse de Jésus-Christ, mais l'épouse du Diable .....

« La methode que j'observeray, sera de moutrer deux choses : L'une, que non seulement toutes les autres parties de l'Église, qui sont aujourd'hui au monde, tiennent l'affirmation, asçavoir, qu'en cas de princes hérétiques ou apostats, et persécutants la foy, les subjets peuvent estre absous du serment faict à eux, ou à leurs prédécesseurs : mais mesme que depuis 1100 ans, il n'y a eu siècle auquel, en diverses nations, ceste doctrine n'ait esté creuë et pratiquée. Et l'autre, qu'elle a esté constamment tenuë en France, où nos Roys et particulièrement ceux de la dernière race, l'ont protégée par leur authorité et par leurs armes; où nos conciles l'ont appuyée et maintenuë, où tous nos evesques et docteurs scholastiques, depuis que l'echole de la théologie est instituée, jusques à nos jours, l'ont escrite, prêchée et enseignée : et où finalement, tous nos magistrats, officiers et jurisconsultes, l'ont suivie et favorisée, voire souvent, pour des crimes de religion plus legers que l'hérésie ou. l'aspostasie : mais desquels neantmoins je ne me pretens aider, sinon en tant qu'ils peuvent servir à défendre, ou la thèse générale, asçavoir, qu'en quelques cas les subjets peuvent estre absous du serment faict par eux à leurs princes : ou ceste hypothèse particulière, qu'en cas de princes hérétiques ou apostats ou persécutants la foy, les subjets peuvent estre dispensez de leur obéir. Car afin de vous oster tout ombrage, je ne veux debattre votre article, que par les mesmes maximes dont les docteurs françois, qui ont escrit pour défendre l'authorité temporelle des Roys, sont d'accord. » *OEuvres du Cardinal du Perron*, p. 599, 601, 602.

VIII.

*

« Fidèles à ces documents, nos pères ont jugé constamment que l'autorité des conciles ne pouvoit avoir d'effet civil que par la sanction du prince ; ils ont repoussé, en ce sens, le concile de Trente lui-même.

« Ils ont pensé de la même manière et avec plus de fondement encore, à l'égard des décrets et brefs des Papes.....

« En attendant que la société soit mise à même de supporter les doctrines cachées qu'on tient en réserve, voici celles que la prudence se contente de publier.

« Au sein de toute nation catholique, nous dit « M. d'Hermopolis, il existe deux autorités, l'une « spirituelle établie de Dieu même, pour régler les « choses de la religion ; l'autre temporelle, qui, « quelle qu'en soit la forme, entre également dans « les vues et les desseins de la Providence, pour la « conservation des sociétés humaines, et qui est « établie pour régler les choses civiles et politiques. « A la première appartient par l'institution divine

« le droit de statuer sur la foi, *sur la règle des* « *mœurs* [1], sur l'administration des sacrements, sur « la discipline qui se rapporte aux choses saintes « et au bien spirituel des peuples. A la seconde ap- « partient le droit de régler ce qui regarde les per- « sonnes et les propriétés, les droits civils et poli- « tiques des citoyens. » (*Moniteur.*)

« Rien ne paroît plus innocent à quelques personnes que cet étalage de doctrines. Quand M. d'Hermopolis ajoute par complément *que le pontife, le prêtre, le levite, sont soumis à l'État dans les choses civiles*, il semble que le partisan le plus absolu de l'autorité temporelle n'a plus rien à désirer. Je puis dire d'avance : Qu'on ne s'y fie pas. Tacite dit d'un empereur romain : *Magis dignitatis erat in verbis quàm fidei.* Il importe de rechercher à travers la dignité des paroles, d'un côté ce qu'elles renferment de vérité, et aussi ce qu'elles contiennent de fausseté, je ne voudrois pas dire de perfidie.

« Et d'abord on peut regarder ici comme une distinction assez superflue, celle des deux puissances spirituelle et temporelle. Il y a long-temps que cette distinction est connue. Que la solennité avec laquelle elle a été énoncée ait pu émerveiller les gobe-mouches du temps, je n'ai point à m'en étonner ; mais que quelqu'un de sensé en ait été satisfait, c'est ce que je ne puis concevoir.

---

[1] « Sur la règle des mœurs ! »

« Et d'abord, *le droit de statuer sur la foi*, à merveille ! Mais *le droit de statuer sur les mœurs !* Comment ! la puissance civile restera étrangère à la règle des mœurs ?

« *Le droit de statuer sur l'administration des sacrements.* Quoi ! dans tous les cas ! Et les appels comme d'abus, et la jurisprudence ancienne des parlements ! *Le droit de statuer sur la discipline qui se rapporte aux choses saintes et au bien spirituel des peuples.* Quoi ! aussi dans tous les cas et sans aucune participation de la puissance civile ! » *Dénonciation aux cours royales*, etc., *par M. le comte de Montlosier*; p. 155, 156, 250 et suiv.

IX.

*

Ce fut de son lit de mort, et après avoir pris l'avis des plus habiles et des plus anciens cardinaux, qu'Alexandre VIII publia la constitution *Inter multiplices*, par laquelle il condamne et réprouve la déclaration de 1682. On trouve à ce sujet des détails très intéressants dans les *Mémoires de Coulanges*, qui étoit alors à Rome.

« Trois jours avant sa mort, c'est-à-dire le 30 de « janvier, se sentant plus mal, il convoqua dans « sa chambre une assemblée de douze des plus an- « ciens Cardinaux, savoir, Cebo, Chigi, Allieri, « Carpegni, Colonne, Nerli, Casanata, Ubares- « chotti, Capizuchi, Lauria, Pauciatici, et Albani ; « et après qu'ils furent assis, lui étant dans son lit, « habillé de ses habits pontificaux, avant de faire « lire la constitution, qu'il avoit méditée depuis si « long-temps, et dont il vouloit leur faire part, « pour marquer son improbation sur ce qui s'étoit « passé dans l'assemblée du clergé de France, tenue « en 1682, il fit un assez long discours en latin « qu'il commença par ces paroles : *Deficiunt vires*,

« *sed non deficit animus.* Il parla avec toute la ma- « jesté d'un grand pape, la fermeté d'un jeune « homme, et l'éloquence d'un habile vénitien, pour « leur faire connoître qu'il ne pouvoit résister plus « long-temps au scrupule que lui causoit le silence « qu'il avoit gardé jusqu'alors, dans l'espérance dont « il s'étoit flatté de voir rétablir toutes choses en « France sur le pied où elles étoient avant le ponti- « ficat de son prédécesseur, et avant cette assemblée « du clergé; mais qu'en étant frustré, il se croyoit « obligé, en conscience, de faire, avant de mourir, « une constitution qui marquât à quel point il im- « prouvoit ce qui s'étoit passé. Cette pièce ayant « été lue ensuite, approuvée par les cardinaux et « répandue le même jour, ne fut pas plutôt venue à « la connoissance de l'ambassadeur et du Cardinal de « Janson, qu'ils furent tous deux très surpris, etc. »

Constitution Inter multiplices *d'Alexandre VIII en date du 4 août 1690, qui condamne tant la concession de la Régale que la Déclaration des quatre articles.*

« Alexandre, serviteur des serviteurs de Dieu, pour la perpétuelle mémoire de la chose. Au milieu des soins multipliés qui partagent notre devoir pastoral, comme notre plus grand zèle et notre plus grande activité ont sans cesse pour objet de veiller à la conservation entière de tous les droits et priviléges de l'Église universelle et des sociétés particulières, ainsi que des lieux sacrés et des personnes du clergé; de là vient que nous avons, et avec raison, rappelé d'une manière particulière à notre attention les actes que se sont permis contre les droits des Églises de leur nation et l'autorité du Siége même apostolique, nos vénérables frères les archevêques et évêques, ainsi que plusieurs autres membres du clergé de France, dans une assemblée d'états, tenue il y a plus de neuf ans, d'autant plus qu'ils ont porté les choses jusqu'à consentir à l'extension de la régale dans toutes les Églises de France, jusqu'à donner en outre de la publicité à la déclaration qu'ils ont alléguée; et le dirons-nous? jusqu'à soutenir ou publier ces attentats encore aujourd'hui avec toutes leurs suites, n'ayant compté pour rien, ou assurément pour peu de chose, tous les avertissements qui leur ont été donnés et plusieurs fois répétés inutilement, pour les engager à se désister de leurs entreprises criminelles et de leurs injustes procédés.

« Bien plus, afin de pourvoir le mieux qu'il est possible pour le présent et pour l'avenir, par une déclaration opposée et par une constitution, aux intérêts du Siége pontifical, de l'Église universelle, de chaque société particulière et de toutes personnes du clergé; enfin, après l'examen le plus exact des cardinaux et d'autres personnages très savants, nous

nous sommes déterminé à porter un décret, en vertu de l'autorité qui nous a été donnée d'en haut, et cela à l'exemple d'Innocent XI, notre prédécesseur de sainte mémoire, qui, dans sa réponse en forme de bref du 11 avril 1682, à la lettre du clergé de France, a annulé, cassé et déclaré nuls à perpétuité les actes qu'il s'étoit permis dans son assemblée de Paris.

« Nous déclarons donc aussi par les présentes, et de notre libre et propre mouvement, que toutes les choses qui ont été faites dans cette fameuse assemblée du clergé de France, tant dans l'affaire de l'extension de la régale, que dans celle de la déclaration sur la puissance et la juridiction ecclésiastique, au préjudice de l'état et de l'ordre du clergé, ainsi que du Siége pontifical, et tout ce qui en est suivi, par la volonté des personnes laïques, et même ce qui pourra peut-être par la suite être attenté à cet égard, nous déclarons que toutes ces choses ont été, sont et seront à perpétuité nulles de plein droit, invalides, sans effet, injustes, *condamnées*, *réprouvées*, illusoires, entièrement destituées de force et d'effet. Voulons aussi et ordonnons : que tous les regardent maintenant et toujours comme nulles et sans effet; que personne ne soit tenu de les observer, ni qu'en vertu de ces choses il ait été acquis, il soit, encore moins qu'en aucun temps il puisse être acquis et appartenir à qui que ce soit, aucun droit ou action, ou titre coloré, ou cause de prescription; fût-elle suivie de la plus longue possession. Nous statuons même et ordonnons: qu'on doit les tenir à jamais pour non existantes et non avenues, comme si elles n'eussent point été mises au jour.

« Et néanmoins pour surabondance de précautions, de notre mouvement, sérieuse délibération, et de la plénitude de la Puissance pontificale, nous *condamnons* derechef, nous *réprouvons* et dépouillons de leurs forces et de leur effet, les articles susdits et les autres choses préjudiciables, et nous protestons contre elles et de leur nullité devant Dieu; défendant toutes exceptions quelconques contre cette bulle, surtout le prétexte de subreption et d'obreption, de nullité, ou d'invalidité, décernant au contraire, que les présentes sont et seront à jamais valides et efficaces, et qu'elles sortent et obtiennent leurs pleins et entiers effets; qu'il doit être partout jugé et défini de la sorte, par les juges ordinaires et délégués, quels qu'ils soient, leur ôtant à chacun d'eux toute faculté et autorité de juger et d'interpréter autrement; que ce qui pourra être attenté à l'encontre sur ces choses, avec ou sans connoissance, par quelques personnes, ou en vertu de quelque autorité que ce soit, est sans effet et illusoire; qu'aucun décret des conciles, soit qu'ils aient été allégués, soit qu'ils le soient dans la suite par quelques personnes, n'auront aucune valeur contre la teneur des présentes, non plus que les autres prétentions, coutumes, droits, constitutions, priviléges, lettres, indults des empereurs, princes sages, sous quelque nom qu'ils paroissent; car nous voulons ôter à tous et à chacun de ces titres, et de plus, nous leur ôtons publiquement tout effet par notre diplôme, avec cette seule addition, qu'aux copies des présentes, même imprimées, souscrites de la main d'un notaire public, et munies du sceau de quelque personne constituée en dignité ecclésiastique, il soit ajouté la même foi qu'à l'original même, s'il étoit exhibé ou présenté. »

Extrait de la constitution de N. S. P. le Pape Pie VI, contre le synode de Pistoie, en date du 28 août 1794.

« Et l'on ne doit pas passer sous silence cette insigne et frauduleuse témérité du synode, qui non seulement a osé prodiguer les plus grands éloges à la déclaration de l'assemblée gallicane de 1682, depuis long-temps improuvée par le Siége apostolique, mais s'est permis, pour lui donner plus d'autorité, de la renfermer insidieusement dans un article intitulé *de la Foi*; d'adopter ouvertement les articles qu'elle contient, et de mettre le sceau, par la profession publique et solennelle de ces articles, aux choses qui sont présentées par tout le contenu de ce même décret. En quoi non seulement nous avons beaucoup plus de sujet de nous plaindre de ce synode, que nos prédécesseurs n'ont eu à se plaindre de cette assemblée : mais ce synode fait à l'Église gallicane elle-même une grande injure en la croyant digne que son autorité soit invoquée pour servir d'appui et de défense aux erreurs dont ce décret est souillé. C'est pourquoi notre prédécesseur le vénérable Innocent XI, par ses lettres en forme de bref du 11 avril 1682, et plus expressément ensuite Alexandre VIII par la constitution *Inter multiplices*, du 4 août 1690, ayant, pour satisfaire à leur charge apostolique, improuvé, cassé et déclaré nuls et sans effet les actes de l'assemblée gallicane dès qu'ils ont paru, à plus forte raison, la sollicitude pastorale exige-t-elle de nous, que nous réprouvions et condamnions l'adoption récente et accompagnée de tant de vices, qui en a été faite dans le synode, comme téméraire, scandaleuse, et surtout après les décrets portés par nos prédécesseurs, comme grandement injurieuse à ce Siége apostolique, ainsi que nous la *réprouvons* et *condamnons* par notre présente constitution, et voulons qu'elle soit regardée comme réprouvée et condamnée. » *Collect. des Brefs de Pie VI, part. II, pag.* 198.

Un des plus fougueux gallicans, M. Tabaraud, a pris soin lui-même de réfuter tous les prétextes de ceux qui affectent de douter que la doctrine de la déclaration de 1682, ait été réellement condamnée par le Saint-Siége. Si on ne l'en croit pas, qui croira-t-on ? Voici ses paroles :

« Que d'explications n'a-t-on pas imaginées pour prouver que cette constitution n'emporte pas la censure de la déclaration de 1682 ! M. d'Aguesseau dit qu'elle atteste la foiblesse d'esprit d'un homme mourant. Il ignoroit sans doute qu'elle avoit été composée six mois avant la mort de son auteur, et même avant qu'il fût atteint de la maladie qui le conduisit au tombeau. M. Émery prétend qu'elle n'étoit dirigée que contre le refus d'une simple *satisfaction* de la part des évêques. Mais on a vu que le Pape s'étoit constamment obstiné à exiger une *rétractation*, ou quelque chose d'équivalent, et que c'est ce qui avoit fait échouer la négociation. M. l'évêque d'Hermopolis se prévaut de ce qu'elle ne traite pas la déclaration *d'attentatoire à la foi*, d'où il conclut qu'elle ne touche point à la doctrine. Mais ne lui reproche-t-elle pas d'attenter à la puissance *divine* du Siége apostolique ? C'est bien là toucher à la doctrine de la foi. M. l'évêque de Chartres affirme qu'elle n'oblige point à abjurer les sentiments exprimés dans la déclaration ; mais, en déclarant nulles et de nul effet les quatre propositions qu'elle renferme, n'oblige-t-elle pas d'abjurer les sentiments qu'elles contiennent ?

« Toutes ces explications ont pris leur source dans

le jugement que Bossuet a porté de la constitution *Inter multiplices*. Le savant prélat part de ce principe, très vrai en lui-même, mais mal appliqué; « que des propositions peuvent être rejetées, ou « parce qu'elles renferment des dogmes faux, ou « parce qu'elles pèchent dans la manière d'assurer « et de proposer la doctrine; » et il pense que c'est uniquement dans ce dernier sens qu'il faut entendre la censure portée par Alexandre VIII contre la déclaration, ce qui étoit de sa part une erreur de fait. « On avoit, ajoute-t-il, fait entendre aux souve- « rains Pontifes que nous avions voulu dresser une « profession de foi particulière pour la France, ou « au moins faire un décret, et le publier comme « un jugement épiscopal, afin d'obliger les cons- « ciences à s'y soumettre, et cela sans nous mettre « en peine de l'autorité du Saint-Siége; ce qui n'a « jamais été fait dans l'Église, et ce qu'il n'a jamais « été permis de faire ». M. Bossuet défie ensuite les adversaires des quatre articles, de trouver dans la bulle un seul mot qui tende à imputer aux François une doctrine fausse.

« Cependant, ajoute-t-il, si nous avions enseigné « une doctrine, ou suspecte dans la foi, ou erro- « née, ou hérétique, ou schismatique, il étoit es- « sentiel de ne pas supprimer cette circonstance « principale de l'accusation. Or, l'auteur de la cons- « titution évite avec un soin particulier les diffé-

« rentes qualifications dont on a coutume de flétrir « les doctrines erronées ou perverses [1] ».

« Voilà bien l'objection dans toute sa force. Mais d'abord, est-ce que les éclaircissements et les protestations si souvent réitérées que les évêques n'avoient jamais eu l'intention de dresser une profession de foi, que leur but étoit seulement de donner une déclaration ou une exposition des maximes constamment professées dans l'Église gallicane, ne suffisoient pas pour bannir de l'esprit du Pontife toute espèce d'inquiétude, tout doute sur la nature de la déclaration et sur l'intention de ses auteurs? Ensuite son obstination à exiger une rétractation ne prouvoit-elle pas que la bulle avoit réellement la doctrine pour objet? La doctrine étoit contenue dans les quatre articles. Or, la censure ne tombe pas moins sur ces articles que sur le titre de l'acte qui les renferme. « Nous improuvons, y est-il dit, « nous cassons, nous déclarons nuls, et de nulle « valeur, la déclaration de la puissance ecclésiasti- « que et les quatre articles qu'elle renferme; nous « les déclarons entièrement dénués de toute force « et de tout effet, et nous protestons devant Dieu « de la nullité, tant de la déclaration que des susdits « articles [2] ». C'étoient donc ces deux choses très

[1] Gall. orthod., § X.

[2] Declarationem de potestate ecclesiasticâ et quatuor in eâ contentas propositiones improbamus et annullamus,

distinctes entre elles, et confondues dans le même acte, qu'Alexandre VIII avoit voulu condamner, après avoir échoué dans le projet d'en obtenir la rétractation. A la bonne heure qu'il n'ait pas taxé d'hérésie la doctrine qu'ils contiennent, il les a du moins regardés comme des erreurs qu'il falloit proscrire. S'il n'a pas employé le mot de *condamnation*, c'est par ménagement; mais la chose n'en résulte pas moins des autres qualifications. Nous verrons que Pie VI ne crut pas devoir user du même ménagement.

« L'explication de Bossuet peut bien servir à justifier l'intention des prélats de l'assemblée et le véritable sens de la déclaration, mais elle ne suffit pas pour déterminer le but précis de la constitution d'Alexandre VIII. Comment, en effet, auroit-on pu dire d'un simple titre, après que la prétendue équivoque avoit été levée, qu'il donnoit atteinte à l'autorité du Saint-Siége et de l'Église universelle? Comment le Pape auroit-il eu besoin de déployer toute son autorité divine et apostolique, pour proscrire un simple titre sur le sens duquel il ne pouvoit plus lui rester la moindre difficulté? Comment, enfin, auroit-il pu demander une rétractation de la

---

viribusque et effectu penitùs et omninò vacuamus, et contra illam deque illorum nullitate coram Deo protestamus.

part de ceux qui avoient signé cet acte, si la doctrine l'eût mis à l'abri de toute censure [1].

« Mais, dit M. de Barral, on ne proteste pas contre une hérésie, on l'anathématise : on ne casse pas une doctrine suspecte, on défend de l'enseigner; on n'annule pas une proposition dangereuse, on en proscrit l'usage, etc..... » *Histoire critique de l'Assemblée générale du clergé de France, en* 1682; chap. V, pag. 168 et suiv.

---

[1] Ut potestate divinitùs nobis vindicatâ et commissâ apostolici partes divinitùs exequi valeremus.... præfata ab iis qui ea peregerunt ex animo retractantur.

X.

⁂

« C'est un troisième fondement de la probabilité, d'argumenter par le silence de l'Église ou du Saint-Siége apostolique ; comme si ce qu'on laisse passer durant quelque temps, sans censure, induisoit une approbation ; mais le Saint-Siége lui-même a remédié à cette induction en condamnant la proposition 120e ». *Paroles de Bossuet, extraites du procès-verbal de l'Assemblée de* 1700, pag. 512.

Voici les propositions 120e et 121e, censurées par la même Assemblée.

120.

Si liber sit alicujus junioris ac moderni, debet opinio censeri probabilis, dùm non constet rejectam esse à Sede apostolicâ tanquàm improbabilem.

121.

Non sunt scandalosæ aut erroneæ opiniones, quas Ecclesia non corrigit.

Censura.

Hæc propositiones quatenùs silentium et tolerantiam pro Ecclesiæ vel Sedis apostolicæ approbatione statuunt, falsæ sunt, scandalosæ, saluti animarum noxiæ, patrocinantur pessimis opiniationibus quæ identidem temerè obtruduntur atque ad evangelicam veritatem iniquis præjudiciis opprimendam, viam parant. *Ibid.*, p. 559.

XI.

※

SOMMAIRE

D'un système des Connoissances humaines.

§ 1.

Base de la Raison humaine.

Les mots de vérité et d'erreur existent dans le langage humain : les hommes rangent leurs pensées sous l'une ou l'autre de ces deux catégories. Mais que signifient ces mots? Qu'appellerons-nous vérité, ou erreur? Il ne s'agit pas en ce moment de savoir ce qu'est la vérité en elle-même, de la définir par son essence, mais simplement de savoir ce qu'elle est par rapport à nous, de définir le sens que nous sommes obligés d'attacher à ce mot, sous peine de ne pouvoir affirmer d'aucune chose qu'elle est vraie relativement à la raison humaine. La vérité, par rapport à l'homme, ne pouvant être ce que l'esprit humain repousse, nous sommes forcés, pour nous entendre, d'appeler vérité ce à quoi l'esprit humain adhère. Mais alors dirons-nous que la vérité est ce à quoi l'esprit de chaque individu adhère ? Si nous admettons cette définition, qu'en résultera-t-il ? Comme il arrive souvent que l'esprit d'un individu adhère successivement à des propositions contradictoires, et que d'ailleurs l'un affirmant ce que l'autre nie, leurs adhésions sont non seulement diverses, mais diamétralement opposées, la vérité seroit quelque chose de mobile et de variable ; dès lors on ne pourroit affirmer de quoi que ce soit que cela est vrai relativement à la raison humaine, et le scepticisme seroit l'état naturel de l'homme. Donc, à moins d'être sceptique, nous devons renoncer à notre première définition de la vérité et en trouver une autre. Or l'adhésion individuelle mise à part, que reste-t-il sinon l'adhésion commune ? En conséquence appelons vérité ce à quoi l'esprit de la généralité des hommes adhère partout et toujours, et voyons ce qui en résultera. Les inconvénients qui nous ont obligé d'abandonner notre première définition ne se rencontrent pas ici, puisqu'au lieu de ces adhésions variables et opposées, qui nous présentoient la vérité comme variable elle-même, nous nous attachons précisément à ce qu'il y a de commun et d'invariable dans les pensées humaines. Ainsi, nous sommes placés dans l'alternative ou de tomber dans le scepticisme, si nous nous en tenons à l'adhésion individuelle, ou de prendre pour base l'adhésion commune qui seule nous offre ce caractère d'unité et de fixité qui correspond à la notion propre du vrai.

---

§ 2.

De l'Ordre de foi et de l'Ordre de conception.

Il est aisé d'entendre, d'après ce court exposé, pourquoi et en quel sens nous disons qu'on n'est certain que par la foi; ceux qui croient ou feignent de croire que nous prenons ici ce mot dans son acception purement théologique, nous prêtent très gratuitement une absurdité de leur invention. Dans le sens le plus général, la foi consiste, non pas à concevoir une chose, mais à la croire d'après le témoignage d'une raison supérieure. Si donc la certitude est attachée à la raison générale, il est visible qu'on n'acquiert la certitude que par la foi à cette raison infaillible supérieure à la raison faillible de chaque individu; et tout ce qui est certifié par la raison générale devant être cru par cela seul qu'elle l'atteste, constitue *l'ordre de foi.*

Mais en même temps il est dans la nature de l'homme de chercher à concevoir ce qu'il croit, ou, en d'autres termes, de passer de la simple foi à l'intelligence, autant que les limites de son esprit le comportent. De là *l'ordre de conception.*

Les caractères distinctifs de chacun de ces deux ordres peuvent se réduire aux suivants:

Tout ce qui fait partie de l'ordre de foi est *certain :* tout ce qui n'est que pure conception demeure *contestable*, parce que toute raison individuelle est faillible.

L'ordre de foi est *absolu* ou le même pour tous, d'abord parce qu'il n'est que la même raison permanente, et ensuite parce que tous les individus sont également tenus de se soumettre à l'autorité de la raison générale : l'ordre de conception est *relatif* aux divers degrés de capacité.

Dans l'ordre de foi, l'esprit de chaque homme est *passif*, non pas en ce sens que l'acte par lequel il adhère à la raison générale soit indépendant de sa volonté, mais en ce sens qu'il reçoit la vérité; tandis qu'il est *actif* dans l'autre ordre, parce qu'il produit lui-même ses propres conceptions.

L'ordre de foi ne subsiste que par la *soumission* des raisons individuelles à l'autorité de la raison générale, tandis que la *liberté* des raisons individuelles, à l'égard les unes des autres, est, pour l'ordre de conception, la condition même de son existence, et sa loi inviolable : nul homme ne peut faire de ses propres conceptions une loi pour d'autres hommes, et, supposé qu'ils s'y soumissent, ils sortiroient par cela même de l'ordre de conception pour rentrer dans un ordre de foi absurde, qui consisteroit à soumettre leur raison à une raison également faillible.

Mais il ne suffit pas de connoître les caractères

distinctifs de ces deux ordres, il faut aussi connoître leurs rapports : connoissance fondamentale, qui, liant l'un à l'autre les deux modes essentiels de la pensée, peut seule engendrer une théorie complète de l'esprit humain.

L'ordre de conception est subordonné à l'ordre de foi, dans lequel se trouve en même temps et sa base et sa règle.

Il y a sa base, puisque l'activité de l'esprit humain ne trouveroit rien sur quoi elle pût s'exercer, si l'homme ne commençoit par admettre de pure foi la vérité des notions primitives qui constituent l'intelligence. Toute conception suppose nécessairement une croyance antérieure; car on ne cherche à expliquer que ce dont on admet déjà l'existence. D'ailleurs l'ordre de foi est l'ordre de certitude. Séparé de lui, l'ordre de conception ne pourroit avoir qu'une base relative et variable, comme les jugements de chaque raison individuelle : or la notion même de base implique l'idée de quelque chose de fixe et d'absolu.

L'ordre de conception a sa règle dans l'ordre de foi. Lorsqu'un ensemble de conceptions se trouve en opposition, sur un point quelconque, avec l'ordre de foi, on est averti qu'il renferme, à cet égard du moins, une erreur. Plus au contraire il se trouve en harmonie avec cet ordre, plus on a de raisons de croire que cet ensemble est juste. Qu'un physiologiste, cherchant à expliquer le phénomène de la nutrition, arrive à cette conséquence, que l'homme pourroit vivre sans manger ou qu'il pourroit remplacer le pain par des pierres ; qu'un moraliste imagine une théorie dont la conséquence soit qu'il est permis de tuer ou de voler ; qu'un métaphysicien fasse, sur l'origine des choses, un système d'où il résulte qu'il n'y a pas de Dieu, ils doivent reconnoître que leurs théories contiennent ou des principes faux ou des conséquences mal déduites, par cela seul qu'elles contredisent ce qu'il y a de constant et d'universel dans l'expérience, la conscience et la raison humaine, et renversent ainsi les lois physiques, morales et intellectuelles, au lieu de les expliquer. Si au contraire, les systèmes se trouvent coïncider avec l'ordre de foi, il est essentiel, pour en apprécier la valeur, de ne pas perdre de vue l'observation suivante : c'est que, s'il suffit, pour être assuré du vice d'une théorie, qu'elle renverse une seule partie de la raison commune, il ne suffit pas qu'elle l'explique, pour qu'on soit autorisé à la tenir pour bonne ; car elle pourroit bien ne pas s'accorder avec d'autres points également certains. De là cette maxime d'une extrême importance pour les progrès du véritable esprit philosophique, savoir : qu'il faut se défier de toute explication partielle ; que le degré de confiance qu'une théorie mérite, est toujours proportionné au nombre plus ou moins grand des vérités ou des phénomènes dont elle rend raison ; et qu'ainsi l'on doit tendre incessamment à chercher des explications de plus en plus générales.

On doit remarquer en outre que si l'ordre de conception est, par sa propre essence, contestable dans toutes ses parties, il peut recevoir de l'ordre de foi une consistance dont il n'a pas le principe en lui-même. C'est ainsi qu'on retrouve, partout où l'esprit humain a exercé son activité, des conceptions, qui d'abord purement individuelles et incertaines, mais sanctionnées ensuite par le consentement de la plupart de ceux qui se sont occupés des mêmes matières, sont devenues, par ce moyen, participantes, quoique dans un ordre inférieur, à la certitude qui appartient à l'ordre de foi proprement dit. L'histoire des sciences, dans ce qu'elles offrent de solide, n'est que cette vérification commune des conceptions de chaque savant. Les progrès réels de la science supposent deux choses: premièrement, concevoir ce qui n'avoit pas été conçu, et, de l'aveu universel, ces conceptions demeurent contestables, tant qu'elles sont purement individuelles: secondement, constater la vérité de ces conceptions, et, de l'aveu universel encore, on ne tient pour constaté que ce qui a reçu le sceau du consentement. Ainsi on peut représenter la marche de la science comme le mouvement progressif d'un ordre d'idées douteuses à leur naissance, qui tendent à passer, en obtenant l'approbation commune, dans l'ordre de la certitude, sont reléguées dans l'oubli, si elles n'ont pu résister à cette épreuve, et, tant qu'elles ne l'ont pas encore subie, forment la partie flottante et variable de chaque science.

Certains philosophes, qui, tout en reconnoissant qu'il faut partir du sens commun et revenir au sens commun sous peine d'extravagance, n'en soutiennent pas moins que l'ordre de conception n'est pas subordonné à l'ordre de foi, évidemment ne s'entendent pas eux-mêmes. S'ils veulent parler de la conception infailliblement vraie de toutes choses, telle qu'elle existe en Dieu, cela ne signifie rien ici, puisqu'il s'agit uniquement de l'ordre de conception tel qu'il existe pour la raison de chaque homme, sujette à l'erreur. Si, comparant seulement les hommes entre eux, ils veulent dire qu'un individu, qui est entré dans l'ordre de conception, est supérieur en intelligence à un autre individu qui se renferme dans la foi du sens commun, qu'est-ce que cela fait encore dans la question présente? Cette supériorité relative des raisons individuelles change-t-elle les rapports des deux ordres considérés en eux-mêmes? De ce qu'un savant, qui s'explique certains phénomènes physiques, a une intelligence plus développée que le paysan qui croit seulement à leur existence d'après le témoignage général, s'ensuit-il que les explications scientifiques cessent d'être subordonnées aux faits constatés par l'expérience commune?

Il faut donc nécessairement reconnoître que l'ordre de conception est dépendant de l'ordre de foi : mais cette subordination nécessaire est elle-même la garantie de la liberté qui lui est essentielle, et qui consiste en ce qu'aucun homme ne peut faire, de ses propres conceptions, une loi pour les autres hommes. Car ce seroit usurper l'autorité qui n'appartient qu'à la raison générale ; ce seroit déclarer sa propre raison souveraine ou infaillible, et renverser la base de la certitude ; de sorte que la conséquence immédiate du principe d'autorité est qu'on ne doit à tout jugement de la raison individuelle rien de plus que l'examen.

La doctrine d'autorité tend, par son action propre sur les esprits, à détruire les obstacles qui, sous l'empire de la doctrine contraire, se sont toujours opposés à la liberté dans l'ordre de conception, c'est-à-dire, à l'indépendance respective des raisons individuelles. Quoi qu'on fasse, deux besoins qui veulent être satisfaits sont inhérents à la nature humaine : le besoin de doctrines communes, qui forment la société des esprits, et le besoin, pour chaque esprit, de développer son activité particulière. Lorsque, prenant pour base l'ordre de conception, et faisant reposer sur le raisonnement toutes les vérités nécessaires, on semble provoquer un grand développement de l'activité intellectuelle, d'un autre côté cette souveraineté de chaque raison produit l'anarchie des esprits : mais comme en même temps le besoin des doctrines communes n'en cherche pas moins, avec une indestructible énergie, à se satisfaire plus ou moins complètement, la nécessité de remédier, à quelque égard, à cette anarchie, fait qu'il s'établit, par la force même des choses, des *autorités individuelles*, par la même raison que, lorsqu'on a renversé le pouvoir légitime, l'anarchie politique, qui en est la suite, conduit le peuple à se soumettre à un pouvoir quelconque, même tyrannique. Aussi l'histoire du protestantisme et de la philosophie prouve-t-elle que, tout en rejetant théoriquement le principe d'autorité, la généralité des esprits s'est soumise de fait à l'autorité de quelques hommes. Que si, au contraire, ils reconnoissent l'autorité des croyances générales, dès lors la soumission à des autorités individuelles ne répondant à aucun besoin de la nature humaine, ne paroît plus que ce qu'elle est réellement, une vraie servitude, et le seul sentiment qu'on éprouve pour une soumission de ce genre est celui d'une invincible répugnance.

En résumé, l'ordre de conception est en même temps dépendant et libre, comme l'homme qui est libre sans être indépendant des lois de sa nature. L'ordre de conception est dépendant de l'ordre de foi, parce que dans celui-ci se trouvent les lois de l'intelligence. Il est libre, parce qu'il n'est soumis qu'à ces lois. La dépendance et la liberté, loin de s'exclure réciproquement, sont au contraire inséparables; car la liberté, par laquelle l'homme se perfectionne, n'est que la faculté de développer son être : mais aucun être ne peut réellement se développer que conformément aux lois en vertu desquelles il existe, et, s'il les viole à quelque degré, il se détruit dans la même proportion.

---

§ III.

Nécessité de ces deux Ordres.

Dans tout être intelligent créé, il faut distinguer deux choses : premièrement, ce qui lui est commun avec les autres êtres du même genre, ou ce qui constitue sa nature ; secondement, ce qui le distingue des autres, ce qui constitue son individualité propre, en un mot son *moi*.

Il résulte de là que pour qu'une intelligence se conserve et se perfectionne, deux choses sont nécessaires : d'abord il faut qu'elle connoisse certainement les lois communes à tous les êtres du même genre ; ensuite que son activité propre s'exerce sans violer ces lois.

Comment pourra-t-elle connoître certainement les lois de sa nature ? On ne peut reconnoître une loi quelconque qu'à son caractère de permanence et d'universalité : car autrement comment pourroit-on s'assurer qu'on ne transforme pas en lois de l'espèce des phénomènes purement individuels ? Donc on ne peut connoître avec certitude les lois de l'intelligence humaine qu'en constatant ce qu'elle renferme de permanent et d'universel.

Ainsi la nécessité de l'ordre de foi dérive de la nature de toute intelligence créée.

Ces lois étant connues, il est nécessaire, en second lieu, que l'intelligence de chaque homme exerce, conformément à ces lois, son activité particulière. Car l'activité est l'essence même de l'être intelligent, comme il est de l'essence de la matière d'être purement passive. Or l'intelligence puisant dans l'ordre de foi toutes les notions fondamentales, l'exercice de son activité consiste à combiner ces notions de diverses manières, pour concevoir et expliquer l'ordre de foi.

Ainsi la nécessité de l'ordre de conception dérive aussi de la nature de tout être intelligent, en tant qu'il est un être distinct, ayant une existence et une activité propres.

Supposez l'homme placé hors de l'ordre de foi: dès lors ignorant les lois de l'intelligence, il est hors de son état naturel; car l'état naturel d'un être intelligent implique éminemment cette connoissance, puisque toutes les autres en dépendent. Et comme tout être, placé hors de son état naturel, se dégrade et meurt, toute intelligence qui se sépare de l'ordre de foi finit nécessairement, comme nous l'avons vu, par tomber dans le scepticisme qui est sa mort.

Supposez maintenant l'homme entièrement étranger à l'ordre de conception : l'intelligence demeure inerte et immobile. Nulle activité, nul progrès ; ce seroit, sous ce rapport, l'état de la brute. En n'entrant pas, à un degré quelconque, dans l'ordre de conception, l'homme violeroit donc aussi les lois de sa nature, parce que, si l'intelligence divine est essentiellement infinie, toute intelligence créée doit être progressive.

La combinaison de ces deux ordres constitue le monde des intelligences, comme la combinaison de deux lois semblables constitue le monde physique tel que nous nous le représentons. En vertu de la force d'attraction, les corps célestes gravitent vers un centre commun, tandis que chacun d'eux, en vertu de sa force propre, tend à s'échapper par sa tangente. Ces deux forces combinées déterminent l'orbite de chaque astre, et produisent l'harmonie de l'ensemble. Ainsi le principe de foi fait graviter en quelque sorte toutes les intelligences vers la vérité leur centre commun, tandis que chacune d'elles développe par ses conceptions son activité distinctive. Supposez la force d'attraction détruite dans l'univers, chaque astre et chacune de ses molécules se séparant aussitôt des autres, iroient, emportés par la force qui leur est propre, se perdre dans un vide immense. Si au contraire cette dernière force étoit anéantie, celle d'attraction subsistant, tous les corps se confondroient en un seul corps immobile, et le monde seroit également détruit. De même ôtez l'ordre de foi, les esprits sans lien commun et chacune de leurs pensées s'en vont se perdre dans le vide d'un scepticisme infini. Mais si d'un côté la foi subsistoit seule, les esprits, dépourvus de l'activité propre qui les distingue les uns des autres, ne formeroient plus qu'une sorte de masse intelligente, homogène, inerte et sans vie.

Ces considérations renferment une foule de conséquences, qui sont elles-mêmes des axiomes dans la science de l'esprit humain. Bornons-nous à en faire remarquer quelques-unes, savoir :

1° Que la perfection de l'esprit humain considérée soit dans un individu, soit dans un peuple, ou dans une époque, exige une combinaison de ces deux ordres telle que la plus grande fixité dans l'ordre de foi soit jointe à la plus grande activité dans l'ordre de conception ;

2° Que l'histoire de l'esprit humain consiste fondamentalement à constater l'état respectif de ces deux ordres et leur action réciproque chez les différents peuples ;

3° Que toutes les imperfections et les désordres de l'esprit humain se réduisent à deux déviations fondamentales : la première, lorsque, la foi subsistant chez un peuple, des circonstances toujours étrangères dans leur essence au principe de foi, compriment l'activité des esprits et empêchent leur développement ; la seconde, lorsqu'on sépare l'ordre de conception de l'ordre de foi, et qu'il s'établit, par suite de cette séparation, un mouvement scientifique hostile envers la foi, et par conséquent destructeur;

4° Que ces deux états, étant contraires à la nature de l'esprit humain, sont nécessairement passagers, mais qu'on en sort par deux voies différentes : car on passe de la foi à la science par une loi de simple développement, tandis que les esprits ne sont ramenés à l'ordre de foi que suivant une loi de destruction, en ce sens qu'ils ne sont préparés à reconnoître cet ordre conservateur, qu'à mesure que le principe contraire accomplit son œuvre, en détruisant toutes les vérités, qui sont la vie du genre humain.

---

§ IV.

Que ces deux Ordres embrassent toutes les pensées humaines.

Comme il n'y a pas de milieu entre l'acte par lequel l'homme adhère au témoignage d'une raison supérieure, et l'acte par lequel il acquiesce à ses propres conceptions, l'esprit humain ne peut exister que selon ces deux modes. En conséquence, on doit retrouver, dans chaque partie des connoissances humaines, cette distinction fondamentale.

Et d'abord en ce qui concerne la religion, que trouvons-nous dans l'esprit humain? Des croyances générales promulguant des dogmes et des préceptes ; et ensuite une multitude de systèmes qui ont pour objet de faire concevoir, à quelque degré, les uns et les autres. Les philosophes de l'antiquité ont fait des systèmes sur les vérités de la religion primitive, comme les théologiens en ont fait sur les vérités évangéliques ; et les *hérétiques*, à l'une et l'autre époque, ont été ceux qui, conduits par leurs conceptions à nier quelque point de foi, ont méconnu les rapports de ces deux ordres, et ont voulu, indépendamment de toute règle extérieure, *choisir*, par la voie du jugement privé, leur religion, comme leur nom même l'indique.

De la distinction de ces deux ordres, relativement à l'intelligence, dérive, relativement à la volonté, une distinction identique, qui est le fondement de la théorie de la société, comme la première est le fondement de la théorie de l'esprit humain : car tout a sa racine dans l'intelligence. De même donc que la vie intellectuelle suppose, premièrement la foi, ou l'adhésion à la raison générale, secondement les conceptions propres de chaque esprit ; de même la vie sociale suppose d'abord l'obéissance à des devoirs communs, et ensuite le libre exercice de la volonté de chacun, à condition de ne pas violer ces devoirs. Ainsi la société se compose de deux ordres, l'un de dépendance, l'autre de liberté ; l'un qui réunit et lie entre elles toutes les volontés, l'autre qui consiste dans l'expansion de chacune d'elles ; l'un qui est la base de la société, l'autre qui en est le développement ; l'un absolu et immuable, l'autre variable et progressif : en un mot ces deux ordres ont les mêmes caractères respectifs, et sont entre eux dans les mêmes rapports que l'ordre de foi et l'ordre de conception, parce qu'ils ne sont au fond que ces deux ordres eux-mêmes, considérés dans leurs conséquences relativement aux actions humaines. L'homme en effet n'est tenu d'agir conformément aux devoirs proclamés par la raison commune que parce qu'il est tenu de croire aux vérités qu'elle certifie, et, dans tout le reste, il est maître d'agir comme il veut, parce qu'il est maître de penser comme il veut. Aussi, de même qu'en détruisant l'ordre de foi, on dissout, par l'anarchie des opinions, la société des esprits, de même en détruisant l'obéissance à des devoirs communs, on dissout, par l'anarchie des actions, la société politique ; tandis que, d'un côté, détruire la liberté individuelle, ce seroit transformer une société d'êtres actifs en une agglomération de forces purement passives et mécaniques, de la même manière qu'anéantir l'ordre de conception, ce seroit réduire l'homme à l'état de la brute. D'où l'on voit que la perfection de la société dépend de la meilleure combinaison de l'obéissance et de la liberté, par la même raison que l'état le plus parfait de l'esprit humain seroit, comme nous l'avons vu, celui où l'ordre de foi subsisteroit avec le plus de force, tandis que la plus grande activité régneroit dans l'ordre de conception.

Si maintenant nous considérons les sciences dans leur ensemble, qu'y trouvons-nous encore? Deux parties bien distinctes: l'une qui est la base, appartient à l'ordre de foi, puisque cette base se compose, pour les sciences appelées physiques, ainsi que pour les arts industriels qui en sont l'application, de faits constatés par l'expérience générale, et, pour les sciences intellectuelles, de vérités de sens commun: l'autre, qui est la partie théorique, est, relativement à la première, ce que les systèmes des théologiens sont par rapport à la religion.

En littérature nous retrouvons également la distinction de ces deux ordres. La question fondamentale de la littérature, Qu'est-ce que le beau, et comment le connoître? n'est qu'une face de cette question plus générale: Qu'est-ce que le vrai? car le beau, suivant le mot de Platon, n'est que la *splendeur du vrai*. Prenez pour critérium du beau le goût individuel, vous êtes conduit au scepticisme littéraire, absolument de la même manière qu'en prenant la raison individuelle pour critérium de la vérité, on est conduit au scepticisme universel. Donc point de littérature, si on n'en cherche la base dans le goût général. Tout ce qu'il déclare être beau, doit être tenu pour beau, et un individu, qui n'auroit pas le sentiment de cette beauté, devroit croire que son goût particulier est vicieux, en tant qu'il n'est pas conforme au goût universel. Voilà l'ordre de foi en littérature. Mais, en même temps, de même qu'il existe diverses manières de concevoir, de même chaque individu, chaque peuple, chaque époque, ont diverses manières de sentir, lesquelles tant qu'elles ne choquent pas le goût général, ne sont que le développement varié et inépuisable de tout ce qu'il y a de sentiments au fond de l'âme humaine : ce développement représente, en littérature, l'ordre de conception. D'où il suit que la littérature peut être viciée dans sa base ou arrêtée dans ses progrès par deux théories également fausses : l'une qui renverse l'ordre de foi, en ne donnant pour règle à chaque écrivain, que les caprices de son goût individuel ; l'autre qui détruit la liberté des conceptions, en substituant à l'autorité du goût général, l'autorité de tel ou tel peuple, de telle ou telle époque, et présentant les formes littéraires usitées chez ce peuple, comme le type unique du beau, comme une espèce de moule dans lequel chaque peuple devroit jeter sa littérature. De ces deux théories, la première engendre les littératures extravagantes, la seconde les littératures inanimées. Tout ce que nous venons de dire de la littérature, s'applique également à tous les arts qui ont le beau pour objet. Cette doctrine, en liant la théorie du beau à celle du vrai, le goût à la raison, montre l'unité primitive de l'esprit humain dans ses différentes sphères d'activité, et les mêmes principes qui fournissent la solution des questions fondamentales en religion et en politique, contiennent également la solution des questions fondamentales en littérature, agitées aujourd'hui.

---

§ V.

Classification des Connoissances humaines.

Dieu et les êtres créés, ainsi que les rapports des créatures avec Dieu et des créatures entre elles, voilà l'objet des connoissances humaines.

L'existence de Dieu et des créatures appartient à l'ordre de foi, ainsi que les rapports fondamentaux de tous les êtres. Les rapports des êtres spirituels avec Dieu lesquels déterminent les rapports des êtres spirituels entre eux, sont les lois de la vie intellectuelle et morale, et constituent la religion: Ces lois en tant qu'elles règlent les relations extérieures des hommes constituent la société politique.

Les rapports des êtres matériels les uns avec les autres sont les lois dites physiques, et constituent cet ensemble de phénomènes que nous appelons l'univers.

Les rapports des êtres intelligents et libres avec la matière brute et passive sont les lois qui unissent les deux mondes spirituel et matériel.

Ainsi l'ordre de foi, considéré dans sa plus grande généralité, comprend, soit l'existence des êtres, soit les lois intellectuelles et physiques, et la combinaison des unes avec les autres.

L'ordre de conception, pris aussi dans sa plus grande généralité, a pour but d'expliquer, plus ou moins imparfaitement, l'ordre de foi dans son ensemble. Tous les travaux intellectuels du genre humain tendent vers cette explication qui seroit le complément de toutes les sciences. Que fait-on en effet dans chaque science particulière? On compare certains éléments analogues, de manière à former un ordre d'idées liées entre elles : mais cet ordre d'idées, général par rapport aux éléments dont il se compose, est particulier par rapport à la totalité des connoissances humaines; de sorte qu'après avoir combiné des idées, on doit ensuite combiner des ordres d'idées tout entiers. Chaque science n'est plus alors qu'un simple élément dans cette combinaison générale, par laquelle on cherche, relativement à toutes les sciences, ce que, dans chacune d'elles, on cherche relativement aux idées qui en sont l'objet spécial. Le procédé par lequel l'esprit humain s'efforce d'atteindre à ce but a reçu le nom de métaphysique. Ce qui a décrédité cette science, particulièrement dans les temps modernes, c'est qu'on y a suivi une marche contraire à celle que l'on suit dans toutes les autres. Dans chaque science, on part de certaines notions ou certains faits de sens commun, comme d'une base dont on n'entreprend pas de démontrer l'existence, et sur lesquels l'activité de l'esprit s'exerce pour en trouver l'explication : en métaphysique, au contraire, on a voulu démontrer ce qui forme sa base, c'est-à-dire, cet ensemble de notions communes, qui comprend les bases particulières de chaque science. De là il est résulté que la métaphysique, non seulement isolée des autres ordres de connoissance, mais encore constituée en sens inverse, s'est trouvée en contradiction avec la loi fondamentale de l'esprit humain, qui s'efforce nécessairement de ramener toutes ses connoissances à l'unité de méthode. Au lieu donc de chercher inutilement à démontrer que les notions permanentes et universelles correspondent à des réalités, on doit prendre les vérités ou les faits qu'elles représentent comme un ordre réel, dont il s'agit de trouver l'explication; et de même que la théorie physique qui explique, de la manière la plus satisfaisante, les phénomènes connus, est admise par cette raison seule, puisqu'il n'en existe aucune démonstration *à priori*, de même la meilleure métaphysique ne sauroit être autre chose qu'une explication du même genre, mais qui comprendroit les divers cercles de nos connoissances.

Avant de les classer, nous remarquerons qu'il est un genre de connoissance, pour ainsi dire instrumentale, la connoissance des langues. Elle est le moyen nécessaire pour étudier l'histoire de l'esprit humain, laquelle comprend celle des traditions et celle des opinions; et comme il faut, pour que cette histoire soit aussi complète qu'il est possible, non seulement constater quelles ont été, de fait, ces traditions et ces opinions, mais aussi savoir de quelle manière elles se sont propagées dans le genre humain, l'étude des langues est encore très utile sous ce rapport, parce qu'en jetant un grand jour sur la filiation et les migrations des peuples, elle aide à reconnoître, soit le centre primitif et commun, soit les centres particuliers d'où sont sorties les principales races, dont les nations particulières ne sont que des subdivisions. Or la connoissance des langues, considérées sous le rapport grammatical, appartient à l'ordre de foi, puisqu'elle n'est fondée que sur le témoignage. Mais en même temps, comme elles présentent les différentes formes de la pensée humaine, les langues, considérées sous un point de vue philosophique, occupent une place très importante dans l'ordre de conception.

Revenons maintenant à la classification des connoissances, en distinguant toujours ce qui appartient, dans chaque science, à l'un ou à l'autre de ces deux ordres.

La partie de l'ordre de foi qui constate les rapports de l'homme avec Dieu, ainsi que les rapports des hommes entre eux, tels qu'ils sont déterminés par la loi divine, est la base de la théologie, laquelle, en tant que science, consiste à présenter les vérités qui expriment ces rapports sous une forme méthodique et rationnelle.

La science de la société humaine comprend deux parties, parce que la société est à la fois esprit et corps, comme l'homme même. Point de société possible entre des êtres intelligents, s'ils ne sont liés entre eux par des devoirs communs, et par là même, par des croyances communes ; et comme les devoirs supposent nécessairement des droits également imprescriptibles, le principe de l'ordre est aussi celui de la liberté. Mais en même temps la société a, comme l'individu, une organisation matérielle, et les conditions fondamentales de cette organisation sont constatées par l'expérience générale, comme les devoirs communs sont proclamés par la raison générale. A chacune de ces deux parties, dépendantes de l'ordre de foi, correspond un double développement de la science : car, d'une part, elle doit tendre incessamment à tirer de la loi universelle de justice, le plus grand nombre possible de conséquences, pour les faire passer dans la législation de chaque peuple ; et, d'une autre part, les conditions de l'organisation de la société, bien que partout identiques dans ce qu'elles ont de fondamental, se reproduisant sous des formes prodigieusement variées, déterminées elles-mêmes par les variétés morales et physiques qui constituent l'individualité de chaque peuple, la science a également pour objet de trouver la raison de chacune de ces formes sociales, d'en expliquer le mécanisme, et d'en calculer les résultats.

Les mathématiques forment en quelque sorte la transition des sciences intellectuelles et morales aux sciences purement physiques. Comme les premières, elles s'occupent de vérités nécessaires, et en même temps elles sont uniquement relatives, dans l'ordre d'application, aux phénomènes matériels qui sont l'objet des secondes. Leurs progrès réels tiennent essentiellement à ce double rapport. Car si, d'un côté, elles ne sont utiles que par leur combinaison avec les sciences physiques, d'un autre côté, elles doivent remonter jusqu'à la métaphysique, jusqu'à la région des essences, comme parle Leibnitz, pour y trouver la source qui peut seule les féconder. Aussi les hommes supérieurs qui ont fait en mathématiques ces grandes découvertes qui changent la face d'une science, ont été, en général, de profonds métaphysiciens, et ont été conduits à ces découvertes par des spéculations philosophiques, entièrement indépendantes des procédés du simple calcul; et il est également de fait que lorsque l'alliance des mathématiques avec la métaphysique est rompue, et qu'elles se trouvent réduites, par suite de cette séparation, à une sorte de mécanisme intellectuel, elles ne savent plus s'ouvrir ces vastes points de vue, qui offrent tout à coup à la science comme un nouvel horizon. Du reste, quels que soient leurs progrès, elles ont toujours pour base certaines notions indémontrables, qu'on ne suppose vraies, suivant la remarque de d'Alembert, que parce qu'elles sont admises généralement.

Les sciences purement physiques, lesquelles embrassent la théorie, premièrement des phénomènes astronomiques, qui sont les plus simples parce qu'ils ne sont soumis, relativement à nous, qu'à la loi la plus universelle, celle du mouvement; secondement, des phénomènes qui appartiennent à la physique terrestre et qui, soumis aussi à la même loi, se compliquent d'autres lois qui leur sont particulières; troisièmement, des phénomènes chimiques, qui, dépendants de toutes ces lois, dépendent en outre, probablement, d'une loi plus spéciale encore, celle des affinités; les sciences physiques, disons-nous, n'eussent jamais existé, si chaque homme étoit réduit, relativement à ces divers phénomènes, à sa seule expérience. Comment en effet un individu, qui n'occupe qu'un point de l'espace et de la durée, pourroit-il déduire, des faits qui s'offrent à lui durant le court période de son existence, la connoissance certaine d'une loi de la nature?

La physiologie, qui considère les phénomènes vitaux, fait partie, sous un rapport, des sciences physiques, puisque ces phénomènes ne se produisent que sous des conditions matérielles; et, en tant que science physique, elle est distincte de la physique céleste, terrestre, et de la chimie, en ce que les êtres vivants, bien que soumis, à certaines égards, aux diverses lois du monde matériel, offrent une série de lois qui leur sont exclusivement propres. Mais, comme les phénomènes de la vie, qui impliquent chez les animaux la faculté de sentir, impliquent en outre, dans l'homme, l'action d'un principe intelligent et libre, la physiologie, sous ce rapport, sort de la catégorie des sciences purement physiques, et se trouve immédiatement liée aux sciences spirituelles. Sans faire ici l'application de nos principes à chacune des sciences physiologiques, nous nous bornerons à les appliquer à la médecine, qui renferme seule toutes les autres.

On doit distinguer deux espèces de médecine. L'une est essentiellement empirique : elle repose entièrement sur l'expérience, qui nous apprend que, lorsque tels ou tels symptômes se sont manifestés, l'emploi de tel ou tel traitement a ordinairement réussi. Cette médecine, qui constitue l'art de guérir, a sa base dans l'ordre de foi, puisque sa certitude est toujours proportionnée à la constance des faits et à la généralité des observations. Voilà pourquoi la doctrine d'Hippocrate a conservé dans tous les temps un empire auquel l'histoire de la médecine ne présente rien de comparable. C'est qu'il n'avoit fait que résumer les résultats de l'expérience antérieure, et si, de nos jours, un homme du même mérite résumoit aussi les résultats de l'expérience depuis Hippocrate, ce travail, joint à ceux du médecin grec, contiendroit les véritables bases de la science.

L'autre sorte de médecine, purement théorique, se compose d'hypothèses sur le principe de la maladie en général, et de chaque maladie en particulier. L'histoire de la médecine, sous ce rapport, n'est à peu près que l'histoire de ses variations.

La confusion de la médecine empirique, qui appartient à l'ordre de foi, et de la médecine théorique, qui appartient à l'ordre de conception, est le plus grand obstacle qui puisse s'opposer aux progrès de cette science. Car alors l'on méconnoît et l'on fausse les résultats de l'expérience pour les plier aux théories, et l'incertitude des théories obscurcit à son tour l'expérience confondue avec elles.

La classification que nous venons d'indiquer, présente les principales divisions des connoissances humaines, auxquelles il est aisé de rattacher les sciences particulières qui s'y rapportent.

FIN.

TABLE DES MATIÈRES.

FIN DE LA TABLE.

www.ingramcontent.com/pod-product-compliance
Ingram Content Group UK Ltd.
Pitfield, Milton Keynes, MK11 3LW, UK
UKHW022326190726
13856UKWH00001B/230

9 782011 787460